高等职业教育会计专业系列教材

基础会计

主　编　崔秀芹　贲志红

副主编　吴　湘　徐欢欢
　　　　李　强　杨　科

扫码申请更多资源

南京大学出版社

图书在版编目(CIP)数据

基础会计 / 崔秀芹，贲志红主编. — 南京：南京
大学出版社，2021.1
ISBN 978 - 7 - 305 - 24149 - 9

Ⅰ. ①基… Ⅱ. ①崔… ②贲… Ⅲ. ①会计学－教材
Ⅳ. ①F230

中国版本图书馆 CIP 数据核字(2020)第 265576 号

出版发行　南京大学出版社
社　　址　南京市汉口路 22 号　　　　邮　编　210093
出 版 人　金鑫荣
书　　名　**基础会计**
主　　编　崔秀芹　贲志红
责任编辑　武　坦　　　　　　　　编辑热线　025 - 83592315
照　　排　南京南琳图文制作有限公司
印　　刷　南京人民印刷厂有限责任公司
开　　本　787×1092　1/16　印张 16.25　字数 395 千
版　　次　2021 年 1 月第 1 版　2021 年 1 月第 1 次印刷
ISBN 978 - 7 - 305 - 24149 - 9
定　　价　46.00 元

网址：http://www.njupco.com
官方微博：http://weibo.com/njupco
微信服务号：njuyuexue
销售咨询热线：(025) 83594756

前　言

　　《基础会计》是会计、财务管理、审计等专业的入门课程和专业基础课程,也是一门理论和实践结合十分密切的课程,因此本书编写时注重力求让初学者产生学习兴趣并引导他们去掌握会计学的基本理论、基本方法和基本技能。本书根据新修订的《会计法》《企业会计准则》《会计基础工作规范》等会计法规制度以及财政部2020年度初级会计资格考试大纲编写。本书既可以作为高职高专财经类专业和经济管理类专业《基础会计》课程的教学用书,也可以作为会计实际工作者的参考用书。

　　本书在结构体系的设置上强调理论与实践结合,尤其注重其应用性。本着循序渐进的认知规律和实际工作过程,分项目、设学习情境、按任务进行布局设计,突出体现了理论性、应用性和实践性相结合的特点。教程内容以基本理论知识为基础,以会计工作为主线,基于实际工作任务,实现理实一体。内容设计上从认识会计基础知识开始,进而以模拟企业经济业务的会计核算任务为主线,做到基于工作过程、典型工作任务驱动,利用案例资料,进行详细而全面的讲解。

　　本书将会计核算的基本理论、基本方法和基本技能整合为理论与实践相结合的十一个教学项目,包括认知会计基础知识、确认会计要素与确立会计等式、设置会计科目和会计账户、应用借贷记账法、核算企业的主要经济业务、填制和审核会计凭证、登记会计账簿、清查财产物资、编制财务报表、账务处理程序和管理会计档案等。

本书在编写过程中参阅了相关会计基础知识的优秀教材及论著,在此致以诚挚的谢意。编写组成员在编写过程中付出了辛勤的努力,但由于时间仓促和作者水平有限,书中难免存在不妥和疏漏之处,敬请使用本书的同仁和同学批评指正,并及时反馈给我们,以便本书修订时进一步完善。

编 者

2020 年 12 月

目　录

项目一
认知会计基础知识

学习情境一　认知会计和会计目标

任务一　理解会计的概念和特征

一、会计概念

会计是人类社会发展到一定历史阶段的产物,它是随着社会生产的发展和经济管理的要求而产生、发展并不断完善起来的。在生产活动中,为了获得一定的劳动成果,必然要耗费一定的人力、财力、物力。人们一方面关心劳动成果的多少,另一方面也注重劳动耗费的高低。因此,人们在不断革新生产技术的同时,对劳动耗费和劳动成果进行记录、计算,并加以比较和分析,从而有效地组织和管理生产。会计就是这样产生于人们对经济活动进行管理的客观需要中,并随着加强经济管理、提高经济效益的要求而发展,与经济发展密切相关。

会计的概念可以表述为:会计是指以货币为主要计量单位,运用一系列专门方法,核算和监督一个单位经济活动的一种经济管理工作。

二、会计的基本特征

(一) 会计以货币作为主要计量单位

会计对经济活动过程中使用的财产物资、发生的劳动耗费及劳动成果等以货币作为主要计量单位,进行系统的记录、计算、分析和考核,以达到加强经济管理的目的。

除货币计量以外,还可运用实物计量(千克、吨、米、台、件等)和劳动计量(工作日、工时等)。但只有借助于统一的货币计量,才能取得经营管理上所必需的连续、系统而综合的会计资料。因此,在会计上,对于各种经济事务即使已按实物量或劳动量进行计算和记录,但最终仍需要按货币量度综合加以核算。

(二) 会计拥有一系列专门方法

会计在对经济活动进行核算、监督和分析时,形成了一整套有别于其他工作的独特方法。例如,设置会计科目、复式记账、填制和审核会计凭证、登记账簿、成本计算、财产清查、编制财务报告等会计核算方法。会计最基础性的工作就是运用这些方法,并结合其他技术和方法的运用实现会计工作的目的。

(三) 会计具有核算和监督的基本职能

会计一方面要按照会计法规制度的要求,对经济活动进行确认、计量和报告,另一方面要对业务活动的合法性、合理性进行审查,因此,会计核算是会计工作的基础,会计监督是会计工作质量的保证。会计核算和监督贯穿于会计工作的全过程,是会计工作最基本的职能,也是会计管理活动的重要表现形式。

(四) 会计是一项经济管理活动

会计产生于人们管理社会生产和经济事务的过程,不仅为管理提供各种数据资料,还通过各种方式直接进行管理,如为了实现经营目标而参与经营方案的选择、经营计划的制订、经营活动的控制和评价等。会计工作往往在单位内部管理的整个系统中进行,每一个管理环节都离不开会计人员的参与。在宏观经济中,会计也是国民经济管理的重要基础组成部分。从职能属性看,核算和监督本身是一种管理活动;从本质属性看,会计本身就是一种管理活动。

会计与经济社会密切相关,并随着经济社会的发展而发展。传统意义上的会计,主要是账务处理,仅限于事后的记账、算账、报账等工作内容,实质上就是簿记。随着社会经济的发展,会计的职能、方法、内涵与外延都发生了很大的变化,会计不再局限于记账、算账、报账,还参与经济管理、进行经营决策,形成了现代意义上的会计,具有更完善的功能、更深刻的内涵和更广泛的服务领域。

三、会计的发展历程

会计随着人类社会生产的发展和经济管理的需要而产生、发展并不断得到完善。其中,会计的发展可划分为古代会计、近代会计和现代会计三个阶段。

(一) 会计的产生

会计历史悠久,最早可以追溯到原始社会的"结绳记事"和"刻契记事"等处于萌芽状态的会计行为。当时,只是在生产实践之外附带地把收入、支付日期和数量等信息记载下来,生产尚未社会化,独立的会计职能并未产生,会计是生产职能的附带部分。

随着社会生产力的不断发展,会计的核算内容在逐渐拓展、核算方法在不断完善,会计逐渐从生产职能中分离出来,成为由专门人员从事的特殊的、独立的职能。会计逐渐成为一项记录、计算和考核收支的单独工作,并逐渐形成了专门从事这一工作的专职人员。

(二) 会计的发展

1. 古代会计阶段(原始社会末期到 15 世纪末)

文明古国,如中国、古巴比伦、古埃及、古印度与古希腊都曾留下了对会计活动的记载。当时的会计基本上只是些简单的记录,复式记账也还未出现,是会计的雏形。

会计在我国有着悠久的历史。我国"会计"一词的命名起源于西周时代。"会"字有会合和总计财货两种含义,人们从读音上把两种不同的含义区分开来,即读音为"hui"者指会合之"会"字;读音为"kuai"者,便指会计之"会"。"计"字由言和十两个母体字组合而成。"言,心声也",表示数目计算之言,务必讲求真实、正确,不能有任何虚假伪诈;"十"字本身含有将东西南北各方零星分散之物汇合起来进行计算之意。"言"和"十"组成"计",便有将零星分散之财物进行正确计算的含义。对此,清代学者焦循基于前人对"会计"概念的认识,在其所著《孟子正义》一书中对会计原始含义做了如下概括:"零星算之为计,总合算之为会"。意思是日常的零星计算和岁末的全年总合计算合起来,称为"会计",概括了"会计"二字连用的基本含义。随着社会的发展,会计核算的内容、方法等也都发生了很大的变化。我国历史上的"四柱清册""龙门账""天地合账"都是中式会计发展的里程碑,显示了我国劳动人民在世界会计发展实践中做出的重要贡献。

在外国,会计历史也很悠久,13世纪以前与我国基本相似。

2. 近代会计阶段(从15世纪末到20世纪50年代初)

1494年,意大利数学家卢卡·帕乔利在《算术、几何、比及比例概要》一书的"簿记论"中,介绍了复式记账法。

复式记账法的产生和"簿记论"的问世,标志着近代会计的开始。1494年意大利数学家卢卡·帕乔利(Luca Pacioli)所著《算术、几何、比及比例概要》一书问世,在其第四章"计算与记录详论"中比较系统地介绍了当时在威尼斯最通行、最进步的借贷复式记账法,并结合数学原理在理论上进行了概括,这是借贷复式记账法理论形成的重要标志。人们习惯把复式记账看作现代会计的开始,帕乔利因此也被尊称为"现代会计之父"。

工业化革命后,会计理论和方法出现了明显的发展,从而完成了由簿记到会计的转化。

1854年,苏格兰成立了世界上第一家特许会计师协会,这被誉为是继复式簿记后会计发展史上的又一个里程碑。

3. 现代会计阶段(20世纪50年代以后)

以"公认会计准则"的"会计研究公报"(ARB)的出现为起点。在这一会计发展阶段,会计理论与会计实务都取得了惊人的发展,标志着会计的发展进入成熟时期。

此外,管理会计也从传统、单一的会计系统中分离出来,是会计发展史上的第三个里程碑。会计正式划分为财务会计与管理会计两大领域。

会计按其报告的对象不同,有财务会计与管理会计之分。财务会计主要侧重于向企业外部关系人提供有关企业财务状况、经营成果和现金流量情况等信息;管理会计主要侧重于向企业内部管理者提供进行经营规划、经营管理、预测决策所需的相关信息。财务会计侧重于过去信息,为外部有关各方提供所需数据;管理会计侧重于未来信息,为内部管理部门提供数据。

任务二　明确会计的对象和目标

一、会计对象

(一) 会计的一般对象

会计核算和监督的内容,就是会计对象。凡是特定主体能够以货币表现的经济活动,都是会计对象。以货币表现的经济活动通常又称为资金运动。因此,会计核算和会计监督的内容即会计对象就是资金运动。

资金是指一个单位所拥有的各项财产物资的货币表现。资金运动是资金的形态变化和位置移动。资金运动是客观的。资金运动的客观性体现在任何单位的资金都要经过资金的投入、资金的循环与周转（即运用）和资金退出这样一个运动过程，这个过程不会因为单位所处的国家或地区的不同而不同。也正因为资金运动的客观性，才使得会计能成为一种国际性的"商业语言"。

（二）制造业企业的会计对象

资金运动过程对任何单位来说都是一样的，但具体运动形式并不完全相同。通常情况下，资金的投入、退出，基本一致。

1. 资金的投入

按照相关法律要求，成立任何单位，都需要资金的投入，即来自所有者投入的资本，通常表现为货币资金（现金和银行存款），但有时也表现为存货、固定资产、无形资产等非货币性资产。单位成立后，特别是企业成立后出于经营或扩大规模需要，在资金不足或为解决临时的资金需要时，还可以通过其他筹资活动从单位外部取得一定的资金。投入单位的资金包括投资者投入的资金和向债权人借入的资金，前者形成所有者权益，后者属于债权人权益（即单位的负债）。资金的投入是单位取得资金的过程，是资金运动的起点。

2. 资金的循环和周转

资金的循环和周转在不同的单位（企业、行政和事业单位、民间非营利组织等）存在较大的差异，下面就以制造业（以下简称企业）为例，简要说明资金的循环与周转。

企业将资金运用于生产经营过程就开始了资金的循环与周转。企业的生产经营活动通常包括供应、生产、销售三个过程。

企业进行采购，将投入的资金用于建造或购置厂房、购买机器设备、购买原材料，为生产产品做必要的物资准备，这就是供应过程。

企业劳动者借助机器设备对原材料进行加工、生产出产品，企业支付职工工资和生产经营中必要的开支，这就是生产过程。

企业将生产的产品对外销售并取得收入，这就是销售过程。

在上述过程中，劳动对象的实物形态在供应、生产、销售等环节依次发生转变，即原材料→在产品→库存商品；资金形态也相应地发生变化，即货币资金→储备资金→生产资金→成品资金→结算资金→货币资金，资金运动从货币资金形态开始又回到货币资金形态，我们称之为完成了一次资金循环，资金的不断循环就是资金周转。

3. 资金的退出

资金的退出指的是资金离开本单位，退出资金的循环与周转。资金退出是资金运动的终点，主要包括偿还各项债务，依法缴纳各项税费，以及向所有者分配利润等。

二、会计目标

会计目标也称会计目的，是要求会计工作完成的任务或达到的标准，即向财务会计报告使用者提供与企业财务状况、经营成果和现金流量等有关的会计信息，反映企业管理层受托责任履行情况，有助于财务会计报告使用者做出经济决策。

因此，会计基本目标是提供会计信息，包括两个方面，第一个方面是向各有关方面提供有助于决策与控制的会计信息。有关方面是指会计信息的使用者,包括外部的投资者和债权人、内部的管理人员,以及其他有关部门等。第二个方面是反映企业管理层受托责任履行情况,这是现代公司制下企业所有权与经营权分离造成的,通过会计核算和监督反映的财务信息评价企业的经营管理责任和资源使用的有效性。

任务三　理解会计的职能

会计的职能是指会计在经济管理中所具有的功能。会计具有会计核算和会计监督两个基本职能和预测经济前景、参与经济决策、进行经济控制和评价经营业绩等拓展功能。

一、会计的基本职能

(一) 核算职能

会计核算职能,也称会计反映职能。它是指会计以货币为主要计量单位,通过对特定主体的经济活动进行确认、计量和报告,如实反映特定主体的财务状况、经营成果(或运营绩效)和现金流量等信息。

会计确认是运用特定会计方法,以文字和金额同时描述某一交易或事项,使其金额反映在特定主体财务报表的合计数中的会计程序。会计确认解决的是定性问题,以判断发生的经济活动是否属于会计核算的内容,归属于哪类性质的业务,是作为资产还是负债或其他会计要素等。会计确认分为初始确认和后续确认。

会计计量是指在会计确认的基础上确定具体金额,会计计量解决的是定量问题。

会计报告是确认和计量的结果,即通过报告,将确认、计量和记录的结果进行归纳和整理,以财务报告的形式提供给信息使用者。

会计确认、计量和报告是会计核算的重要环节,企业会计准则对此做出了严格规定。

会计核算职能的特点:

(1) 以货币为主要计量单位,核算各单位的经济活动情况。货币度量是会计最主要的计量尺度,实物量度和劳动量度是会计货币度量的辅助。

(2) 会计的任何记录和计量都必须以会计凭证为依据。

(3) 会计核算具有完整性、连续性和系统性。完整性,是指对所有的经济活动都要进行确认、记录、计量、报告,不能有任何遗漏;连续性,是指对会计对象的确认记录、计量、报告要连续进行,而不能有任何中断;系统性,是指要采用科学的核算方法对会计信息进行加工处理,保证所提供的会计数据资料能够成为一个有序的整体,从而可以揭示客观经济活动的规律性。

会计核算贯穿于经济活动的全过程,是会计最基本的职能。会计核算的内容主要包括以下几方面。

1. 款项和有价证券的收付

款项是作为支付手段的货币资金,主要包括库存现金、银行存款以及其他视同现金和银行存款的银行汇票存款、银行本票存款、信用卡存款、信用证保证金存款、外埠存款和存出投资款等。有价证券有广义和狭义之分。广义的证券一般指财物证券(如货运单、提单等)、货币证券(如支票、汇票、本票等)和资本证券(如股票、公司债券、投资基金份额等)。狭义的证券仅指资本证券。我国证券法规定的证券为股票、公司债券和国务院依法认定的其他证券。其他证券主要指投资基金份额、非公司企业债券、国家政府债券等。本教材就是指狭义的证券。

款项和有价证券是流动性最强的资产,款项和有价证券的收付直接关系到单位资金的增减变动,为了保证单位货币资金的流动性、安全性,提高货币资金的使用效率,企业必须按照国家统一的会计制度的规定,加强监督管理,及时、如实地办理款项和有价证券的收付及结存。

2．财物的收发、增减和使用

财物是财产、物资的简称,企业的财产物资是企业进行生产经营活动且具有实物形态的经济资源,一般包括原材料、燃料、包装物、低值易耗品、在产品、库存商品等流动资产,以及房屋、建筑物、机器、设备、设施、运输工具等固定资产。

由于财物本身就是一种资产,而且大多数都是单位特别是企业组织生产经营所必需的重要生产设备、生产资料或者生活资料,一般价值也比较大,在单位的资产总额中占有重要的比重。因此,各企业必须加强对财物收发、增减和使用环节的核算,维护企业正常的生产经营秩序。

3．债权、债务的发生和结算

债权是企业收取款项的权利,一般包括各种应收和预付款项等,如应收账款、应收票据、其他应收款、预付账款等。

债务则是指由于过去的交易、事项形成的企业需要以资产或劳务等偿付的现时义务,一般包括各项借款、应付和预收款项,以及应交款项等,如短期借款、应付票据、应付账款、预收账款、应付职工薪酬、应交税费、应付利润、其他应付款、长期借款、应付债券、长期应付款等。

债权债务的发生和结算,涉及单位的经营活动、筹资活动、投资活动方面,日常频繁发生,因而必须真实、完整、及时地核算,防止在债权债务环节中出现非法行为。

4．资本、基金的增减

资本是投资者为开展生产经营活动而投入的资金。会计上的资本专指所有者权益中的投入资本,包括实收资本(或股本)和资本公积。资本的利益关系人比较明确,用途也基本定向。

由于政府和事业单位的出资者不要求投资回报和投资收回,但要求按照法律规定或出资者的意愿把资金用在指定的用途上,这就形成了基金。基金是指为了某种目的而设立的具有一定数量的资金,具有特定目的和用途。

办理资本、基金增减的政策性强,一般都以具有法律效力的合同、协议、董事会决议等为依据,各单位必须按照国家统一的会计制度的规定和具有法律效力的文书为依据进行资本的核算。资本的增减,直接影响企业的经营规模和收益分配,因此会计上要求对资本、基金的增减必须及时进行会计核算。

5．收入、支出、费用、成本的核算

收入是指企业在日常活动中形成的、会导致所有者权益增加的、与所有者投入资本无关的经济利益的总流入。如销售商品收入、提供劳务收入、销售不需用的原材料收入等。

支出是指企业所实际发生的各项开支,以及在正常生产经营活动以外的支出和损失。如企业购买原材料、固定资产、无形资产、支付职工薪酬、对外投资以及在正常生产经营活动以外发生的对外捐赠、罚款等。

费用是指企业在日常活动中发生的、会导致所有者权益减少的、与向所有者分配利润无关的经济利益的总流出。费用通常包括营业成本和期间费用,是为了取得收入而发生的资源耗费。

成本是指企业为生产产品、提供劳务而发生的各种耗费,是按一定的产品或劳务对象所归集的费用,是对象化了的费用。企业在一定时期内为生产一定种类、一定数量的产品所支付的各种费用的总和,就是这些产品的成本,也称为制造成本。如工业企业在进行产品生产时所发生的材料、燃料和动力费用(直接材料),人工费用(直接人工),组织和管理生产所发生的车间的折旧费用及车间管理人员的工资等(制造费用)形成该产品的成本。

收入、支出、费用和成本都是计算和判断企业经营成果及其盈亏状况的主要依据。各企业应当重视收入、支出、费用和成本环节的管理,按照国家统一的会计制度的规定,正确核算收入、支出、费用和成本。

6. 财务成果的计算和处理

财务成果主要是指企业在一定时期内通过从事生产经营活动而在财务上所取得的结果,具体表现为盈利或亏损。财务成果的计算和处理一般包括利润的计算、所得税的计算、利润分配或亏损弥补等。

财务成果的计算和处理,涉及所有者、国家等方面的利益,各单位必须按照国家统一的会计制度和其他法规制度的规定,正确计算和处理财务成果。

7. 需要办理会计手续、进行会计核算的其他事项

需要办理会计手续、进行会计核算的其他事项,是指除了以上所列举的六类经济业务事项以外的,在实际工作中还有可能出现的其他经济业务事项。对于发生的其他会计事项,企业也应按照国家统一的会计制度规定办理会计手续,进行会计核算。

(二) 监督职能

会计监督职能也称为会计控制职能,是指会计在其核算过程中,对经济活动的真实性、合法性、合理性所实施的审查。会计监督是一个过程,它分为事前监督、事中监督和事后监督。

真实性审查是指检查各项会计核算是否根据实际发生的经济业务进行。

合法性审查是针对各项经济业务是否遵守国家有关法律制度、是否执行国家各项方针政策等情况的审查,以杜绝违反财经纪律的行为。

合理性审查是指对经济业务是否符合经济运行的客观规律和单位的内部管理要求、是否执行了单位的财务收支计划、是否有利于经营目标或预算目标的实现等进行的审查,为单位增收节支、提高经济和社会效益把关。

《中华人民共和国会计法》(以下简称《会计法》)确立了单位内部监督、社会监督、政府监督三位一体的会计监督体系,为会计监督的具体内涵及其实现方式赋予了新的内容。本教材中会计监督职能的内容,仅限于以会计机构和会计人员为监督主体,对单位经济活动进行的内部监督。

（三）核算职能与监督职能的关系

会计核算与会计监督两大基本职能关系密切、相辅相成。会计核算职能是会计的首要职能，是会计监督的基础。会计核算工作的好坏，直接影响会计信息质量的高低，并为会计监督提供依据。会计监督是会计核算的保证。没有严格的会计监督，就难以保证会计核算所提供信息的真实性，会计核算的作用就难以发挥。可见，会计是通过核算为管理提供会计信息，又通过监督直接履行管理职能，两者必须结合起来发挥作用，才能正确、及时、完整地反映经济活动。

二、会计的拓展职能

除了上述两个基本职能外，会计还具有预测经济前景、参与经济决策、进行经济控制和评价经营业绩等拓展功能。

（一）预测经济前景

预测经济前景是根据已有的会计信息和相关资料，对生产经营过程及其发展趋势进行判断、预计和估测，找到财务方面的预定目标，作为下一个会计期间进行经济活动的指标。

（二）参与经济决策

参与经济决策是指会计按照提供的预测信息和既定目标，在多个备选方案中，进行可行性分析，为企业生产经营管理提供决策相关的信息。

（三）评价经营业绩

评价经营业绩是以会计核算资料为基础，结合其他相关资料，运用专门的方法，对经济活动的过程和结果进行分析，肯定成绩，找出薄弱环节和原因，提出改进措施，改善经营管理。

随着经济的日益发展和人们对会计管理认识的深化，会计职能的内涵和外延也不断地丰富扩展，使得传统的职能得到不断充实，新的职能又不断派生。这就是说，会计职能并不是一成不变的。

学习情境二　初步认知会计核算

任务一　明确会计基本假设

会计基本假设是企业会计确认、计量和报告的前提，是对会计核算所处时间、空间环境等所做的合理设定。明确会计核算的基本前提主要是为了在会计实务中出现一些不确定因素时能进行正常的会计业务处理，而对会计领域里存在的某些尚未确知并无法正面论证和证实的事项所做的符合客观情理的推断和假设。一般认为，会计基本假设包括会计主体、持续经营、会计分期和货币计量四项。

一、会计主体

会计主体，是指会计所核算和监督的特定单位或者组织，是会计确认、计量和报告的空间范围。为了向财务报告使用者反映企业财务状况、经营成果和现金流量，提供与其决策有用的信息，会计核算和财务报告的编制应当集中于反映特定对象的活动，并将其与其他经济实体区别开来，才能实现财务报告的目标。在会计主体假设下，企业应当对其本身发生的交易或者事项进行会计确认、计量和报告，反映企业本身所从事的各项生产经营活动。明确界定会计主体是开展会计确认、计量和报告工作的重要前提。

只有明确会计主体，才能界定不同会计主体会计核算的范围，把握会计处理的立场。而通过界定会计核算的范围，才能正确反映会计主体的资产、负债和所有者权益情况，才能准确提供反映企业财务状况和经营成果的财务报表，才能提供会计信息的使用者所需要的信息资料。

但应当注意，会计主体与法律主体（法人）并非是对等的概念，法人可作为会计主体，但会计主体不一定是法人。一般来说，法律主体必然是一个会计主体。例如，一个企业作为一个法律主体，应当建立财务会计系统，独立反映其财务状况、经营成果和现金流量。但是，会计主体不一定是法律主体。也就是说，会计主体可以是独立法人，也可以是非法人；可以是一个企业，也可以是企业内部的某一个单位或企业中的一个特定的部分；可以是一个单一的企业，也可以是由几个独立企业组成的企业集团。企业集团由若干具有法人资格的企业组成，各个企业既是独立的会计主体也是法律主体，但为了反映整个集团的财务状况、经营成果及现金流量情况，还应编制该集团的合并会计报表。企业集团是会计主体，但通常不是一个独立的法人。

【例1-1】（多选题）下列项目中，可以作为一个会计主体进行核算的有（　　）。

A. 母公司　　　　　　　　　　　　　B. 子公司
C. 母公司和子公司组成的企业集团　　D. 销售部门

本例中，正确选项为ABCD。选项A和B均是独立的法人，符合会计主体的定义；选项C和D即使不是独立法人，但也符合会计主体的定义。

二、持续经营

持续经营是指在可以预见的将来，会计主体将会按当前的规模和状态持续经营下去，不会停业，也不会大规模削减业务。即在可预见的未来，该会计主体不会破产清算，所持有的资产将正常营运，所负有的债务将正常偿还。企业会计确认、计量和报告应当以持续经营为前提。

会计核算上所使用的一系列的会计处理方法和原则都是建立在持续经营前提的基础上。明确这个基本前提，就意味着会计主体将按照既定的用途使用资产，按照既定的合约条件清偿债务，会计人员就可以在此基础上选择会计原则和方法。如果一个企业在不能持续经营时还假定企业能够持续经营，并仍按持续经营基本假设选择会计确认、计量和报告原则与方法，就不能客观地反映企业的财务状况、经营成果和现金流量，会误导会计信息使用者的经济决策。

但需要注意的是，持续经营只是一个假设，任何企业在经营中都存在破产、清算等不能持续经营的风险，一旦进入清算，就应当改按清算会计处理。

【例1-2】（单选题）企业资产以历史成本计价而不以现行成本或清算价格计价，依据的会计基本假设是(   )。

    A. 会计主体   B. 持续经营   C. 会计分期   D. 货币计量

本例中,正确选项为 B。

三、会计分期

会计分期,是指将一个会计主体持续经营的生产经营活动划分为一个个连续的、长短相同的期间,以便分期结算账目和编制财务会计报告。会计分期的目的,在于通过会计期间的划分,将持续经营的生产经营活动划分成连续、相等的期间,据以结算盈亏,按期编制财务报告,从而及时向财务报告使用者提供有关企业财务状况、经营成果和现金流量的信息。

在会计分期假设下,企业应当划分会计期间,分期结算账目和编制财务报告。会计期间通常分为年度和中期。中期,是指短于一个完整的会计年度的报告期间。

根据我国《企业会计制度》的规定,会计期间分为年度、半年度、季度和月度。年度、半年度、季度和月度均按公历起讫日期确定。以一年作为一个会计期间(年度)称为会计年度,我国的会计年度从每年 1 月 1 日至 12 月 31 日;短于一年的会计期间(半年度、季度和月度)统称为会计中期。

会计期间的划分对会计核算有着重要的影响。由于有了会计期间,才产生了本期与非本期的区别,从而出现权责发生制和收付实现制的区别,进而又需要在会计的处理方法上运用预收、预付、应收、应付等一些特殊的会计方法。

会计期间的划分,还有利于企业及时结算账目、编制财务报告以及提供反映企业经营情况的财务信息。

四、货币计量

货币计量,是指会计主体在会计确认、计量和报告时采用货币作为统一的计量单位,反映会计主体的生产经营活动。在会计的确认、计量和报告过程中选择货币为基础进行计量,是由货币本身的属性决定的。

我国会计核算应以人民币作为记账本位币。业务收支以人民币以外的货币为主的单位,也可以选定其中一种货币作为记账本位币,但编制的财务会计报告应当折算为人民币反映。在境外设立的中国企业向国内报送的财务会计报告,也应当折算为人民币。

上述会计核算的四项基本假设,具有相互依存、相互补充的关系。会计主体确立了会计核算的空间范围,持续经营与会计分期确立了会计核算的时间长度,而货币计量则为会计核算提供了必要手段。没有会计主体,就不会有持续经营;没有持续经营,就不会有会计分期;没有货币计量,就不会有现代会计。

任务二　了解会计核算方法

会计的方法就是履行会计职能、完成会计任务、实现会计目标的手段。会计方法体系是由会计核算方法、会计监督方法、会计决策方法、会计控制方法和会计分析方法等组成的。会计核算方法是指对会计对象进行连续、系统、全面、综合的确认、计量和报告所采用的各种方法。会计核算方法是整个会计方法体系的基础。

一、会计核算方法体系

会计核算方法是用来核算和监督会计对象的,会计对象的多样性和复杂性,就决定了用来对其进行反映和监督的会计核算方法不能采取单一的方法形式,而应该采用方法体系的模式。会计核算方法体系由设置会计科目和账户、复式记账、填制和审核会计凭证、登记会计账簿、成本计算、财产清查和编制财务会计报告等专门方法构成。它们相互联系、紧密结合,确保会计工作有序进行。会计核算的主要方法如下。

(一)设置会计科目和账户

设置会计科目和账户是对会计核算的具体内容进行分类核算和监督的一种专门方法。由于会计对象的具体内容是复杂多样的,要对其进行系统的核算和经常性监督,就必须对经济业务进行科学的分类,以便分门别类地、连续地记录,据以取得多种不同性质、符合经营管理所需要的信息和指标。

(二)复式记账

复式记账是指对所发生的每项经济业务,以相等的金额,同时在两个或两个以上相互联系的账户中进行登记的一种记账方法。采用复式记账方法,可以全面反映每一笔经济业务的来龙去脉,而且可以防止差错和便于检查账簿记录的正确性和完整性,是一种比较科学的记账方法。

(三)填制和审核会计凭证

会计凭证是记录经济业务,明确经济责任,作为记账依据的书面证明。正确填制和审核会计凭证,是核算和监督经济活动财务收支的基础,是做好会计工作的前提。

(四)登记会计账簿

登记会计账簿简称记账,是以审核无误的会计凭证为依据在账簿中分类,连续地、完整地记录各项经济业务,以便为经济管理提供完整、系统的会计核算资料。账簿记录是重要的会计资料,是进行会计分析、会计检查的重要依据,是编制财务报表的直接依据。

(五)成本计算

成本计算是按照一定对象归集和分配生产经营过程中发生的各种费用,以便确定各个对象的总成本和单位成本的一种专门方法。

产品成本是综合反映企业生产经营活动的一项重要指标。正确地进行成本计算,可以考核生产经营过程的费用支出水平,同时又是确定企业盈亏和制定产品价格的基础,并为企业进行经营决策提供重要数据。

(六)财产清查

财产清查是指通过盘点实物,核对账目,以查明各项财产物资实有数额的一种专门方法。通过财产清查,可以提高会计记录的正确性,保证账实相符。同时,还可以查明各项财产物资的保管和使用情况以及各种结算款项的执行情况,以便对积压或损毁的物资和逾期未收到的款项,及时采取措施,进行清理和加强对财产物资的管理。

（七）编制财务会计报告

编制财务会计报告是以账簿中的记录和有关资料为依据，以特定表格的形式，定期并总括地反映企业、行政事业单位的经济活动情况和结果的一种专门方法。

以上会计核算的七种方法，虽各有特定的含义和作用，但并不是独立的，而是相互联系、相互依存、彼此制约的。它们构成了一个完整的方法体系。在会计核算中，应正确地运用这些方法。一般在经济业务发生后，按规定的手续填制和审核凭证，并应用复式记账法在有关账簿中进行登记，一定期末还要对生产经营过程中发生的费用进行成本计算和财产清查，在账证、账账、账实相符的基础上，根据账簿记录编制财务会计报告。采用复式记账方法，可以全面反映每一笔经济业务的来龙去脉，而且可以防止差错和便于检查账簿记录的正确性和完整性，是一种比较科学的记账方法。

二、会计循环

会计循环是指按照一定的步骤反复运行的会计程序。从会计工作流程看，会计循环由确认、计量和报告等环节组成；从会计核算的具体内容看，会计循环由填制和审核会计凭证、设置会计科目和账户、复式记账、登记会计账簿、成本计算、财产清查、编制财务会计报告等组成。填制和审核会计凭证是会计核算的起点，登记账簿是会计核算的中心环节，编制财务会计报告是会计核算的终点，在连续的会计期间，这些工作周而复始地循环进行。

任务三　理解会计信息的质量要求

一、会计信息的使用者

会计信息是反映企业财务状况、经营成果以及资金变动的财务信息，是记录会计核算过程和结果的重要载体，是反映企业财务状况、评价经营业绩进行再生产或投资决策的重要依据。

会计信息的使用者主要包括投资者、债权人、企业管理者、政府及其相关部门和社会公众等。其中，企业管理者是会计信息的内部使用人，投资者、债权人、政府及其相关部门和社会公众等构成会计信息的外部使用人。

二、会计信息的质量要求

会计信息质量要求是对企业财务会计报告中所提供高质量会计信息的基本规范，是使财务会计报告中所提供会计信息对投资者等使用者决策有用应具备的基本特征，主要包括可靠性、相关性、可理解性、可比性、实质重于形式、重要性、谨慎性和及时性等。

（一）可靠性

可靠性要求企业应当以实际发生的交易或者事项为依据进行确认、计量和报告，如实反映符合确认和计量要求的各项会计要素及其他相关信息，保证会计信息真实可靠、内容完整。

（1）企业应当以实际发生的交易或者事项为依据进行会计确认、计量和报告，不能以虚构的交易或者事项为依据进行会计确认、计量和报告。

（2）企业应当如实反映其所应反映的交易或者事项，将符合会计要素定义及其确认的资产、负债、所有者权益、收入、费用和利润等如实反映在财务报表中，刻画出企业生产经营及财务活动的真实面貌。

（3）企业应当在符合重要性和成本效益原则的前提下，保证会计信息的完整性，其中包括编制的报表及其附注内容等应当保持完整，不能随意遗漏或者减少应予披露的信息，与使用者决策相关的有用信息都应当充分披露。

会计信息要有用，必须以可靠为基础，如果财务报告所提供的会计信息是不可靠的，就会给投资者等使用者的决策产生误导甚至损失。

（二）相关性

相关性要求企业提供的会计信息应当与财务会计报告使用者的经济决策需要相关，有助于财务会计报告使用者对企业过去和现在的情况做出评价，对未来的情况做出预测。

为了满足会计信息质量的相关性要求，企业应当在确认、计量和报告会计信息的过程中，充分考虑使用者的决策模式和信息需求。当然，对于某些特定目的或者用途的信息，财务报告可能无法完全提供，企业可通过其他形式予以提供。

但是，相关性是以可靠性为基础的，两者之间并不矛盾，不应将两者对立起来。也就是说，会计信息在可靠性前提下，尽可能地做到相关性，以满足投资者等财务报告使用者的决策需要。

（三）可理解性

可理解性要求企业提供的会计信息应当清晰明了，便于财务会计报告使用者理解和使用。

企业编制财务报告、提供会计信息的目的在于使用，而要使使用者能有效地使用会计信息，就应当能让其了解会计信息的内涵，弄懂会计信息的内容，这就要求财务报告所提供的会计信息应当清晰明了，易于理解。只有这样，才能提高会计信息的有用性，实现财务报告的目标，满足向使用者提供决策有用信息的要求。

会计信息毕竟是一种专业性较强的信息产品，在强调会计信息的可理解性要求的同时，还应假定使用者具有一定的有关企业经营活动和会计方面的知识，并且愿意付出努力去研究这些信息。对于某些复杂的信息，如交易本身较为复杂或者会计处理较为复杂，但其对使用者的经济决策相关的，企业就应当在财务报告中予以充分披露。

（四）可比性

可比性要求企业提供的会计信息应当相互可比。这主要包括以下两层含义。

1. 同一企业不同时期可比

为了便于投资者等财务报告使用者了解企业财务状况、经营成果和现金流量的变化趋势，比较企业在不同时期的财务报告信息，全面、客观地评价过去、预测未来，从而做出决策。会计信息质量的可比性要求同一企业不同时期发生的相同或者相似的交易或者事项，应当采用一致的会计政策，不得随意变更。但是，满足会计信息可比性要求，并非表明企业不得变更会计政策,如果按照规定或者在会计政策变更后可以提供更可靠、更相关的会计信息,可以变更会计政策。有关会计政策变更的情况,应当在附注中予以说明。

2. 不同企业相同会计期间可比

为了便于投资者等财务报告使用者评价不同企业的财务状况、经营成果和现金流量及其变动情况,会计信息质量的可比性要求不同企业同一会计期间发生的相同或者相似的交易或者事项,应当采用规定的会计政策,确保会计信息口径一致、相互可比,以使不同企业按照一致的确认、计量和报告要求提供有关会计信息。

(五) 实质重于形式

实质重于形式要求企业应当按照交易或者事项的经济实质进行会计确认、计量和报告,不应仅以交易或者事项的法律形式为依据。

如果企业仅仅以交易或者事项的法律形式为依据进行会计确认、计量和报告,那么就容易导致会计信息失真,无法如实反映经济现实。

在实务中,交易或者事项的法律形式并不总能完全地反映其实质内容。所以,会计信息要想反映其所应反映的交易或事项,就必须根据交易或事项的实质和经济现实进行判断,而不能仅仅根据它们的法律形式。

例如,企业融资租入的固定资产,虽然从法律上所有权仍属于出租人,但由于其租赁期占其使用寿命的大部分,且租赁期满承租企业有优先购买该资产的选择权,最主要的是,租赁期间其经济利益归承租人所有,所以,按照实质重于形式的原则,融资租入固定资产应视为自有固定资产核算,列入承租企业的资产负债表中。再比如,企业按照销售合同销售商品但又签订了售后回购协议,虽然从法律形式上实现了收入,但如果企业没有将商品所有权上的主要风险和报酬转移给购货方,没有满足收入确认的各项条件,即使签订了商品销售合同或者已将商品交付给购货方,也不应当确认销售收入。

(六) 重要性

重要性要求企业提供的会计信息应当反映与企业财务状况、经营成果和现金流量有关的所有重要交易或者事项。

在实务中,如果会计信息的省略或者错报会影响投资者等财务报告使用者据此做出决策的,该信息就具有重要性。

重要性的应用需要依赖职业判断,企业应当根据其所处的环境和实际情况,从项目的性质和金额大小两个方面加以判断。

对于重要会计事项,必须按照规定的会计方法和程序进行处理,经济业务应当分别核算、分项反映,力求翔实、准确,并在会计报告中做出重点说明,而对那些次要的会计事项,在不影响会计信息真实性的情况下,则可适当简化,合并反映。

(七) 谨慎性

谨慎性要求企业对交易或者事项进行会计确认、计量和报告时保持应有的谨慎,不应高估资产或者收益、低估负债或者费用。

在市场经济环境下,企业的生产经营活动面临着许多风险和不确定性,如应收款项的可收回性、固定资产的使用寿命、无形资产的使用寿命、售出存货可能发生的退货或者返修等。

会计信息质量的谨慎性要求,需要企业在面临不确定性因素的情况下做出职业判断时,应当保持应有的谨慎,充分估计到各种风险和损失,既不高估资产或者收益,也不低估负债或者费用。例如,要求企业对可能发生的资产减值损失计提资产减值准备、对售出商品可能发生的保修义务等确认预计负债等,就体现了会计信息质量的谨慎性要求。

谨慎性的应用也不允许企业设置秘密准备,如果企业故意低估资产或者收益,或者故意高估负债或者费用,将不符合会计信息的可靠性和相关性要求,损害会计信息质量,扭曲企业实际的财务状况和经营成果,从而对使用者的决策产生误导,这是会计准则所不允许的。

(八) 及时性

及时性要求企业对于已经发生的交易或者事项,应当及时进行确认、计量和报告,不得提前或者延后。

会计信息的价值在于帮助使用者做出经济决策,因此具有时效性。即使是可靠、相关的会计信息,如果不及时提供,也就失去了时效性,对于使用者的效用就大大降低,甚至不再具有任何意义。在会计确认、计量和报告过程中贯彻及时性,一是要求及时收集会计信息,二是要求及时处理会计信息,三是要求及时传递会计信息。

任务四　理解会计基础

会计基础是会计确认、计量和报告的基础,是指企业在会计确认、计量和报告的过程中所采用的基础,是确认一定会计期间的收入和费用,从而确定损益的标准。

由于会计分期假设,产生了本期与非本期的区别。企业在一定会计期间内,为进行生产经营活动而发生的费用,可能在本期已经付出货币资金,也可能在本期尚未付出货币资金;所形成的收入,可能在本期已经收到货币资金,也可能在本期尚未收到货币资金;同时,本期发生的费用可能与本期取得的收入有关,也有可能无关。所以,在处理这些收支发生期间和应归属期间不一致的经济业务时,就必须正确选择合适的会计处理基础。

会计基础主要有权责发生制基础和收付实现制基础两种。

一、权责发生制

企业会计的确认、计量和报告应当以权责发生制为基础。

权责发生制,也称应计制,是指收入费用的确认应当以收入和费用的实际发生作为确认计量的标准。根据权责发生制基础要求,凡是当期已经实现的收入和已经发生或应当负担的费用,无论款项是否收付,都应当作为当期的收入和费用,计入利润表;凡是不属于当期的收入和费用,即使款项已经在当期收付,也不应当作为当期的收入和费用。

权责发生制原则主要是从时间上规定会计确认的基础,其核心是根据权责发生制关系的实际发生期间来确认收入和费用。根据权责发生制进行收入与成本费用的核算,能够更加准确地反映特定会计期间真实的财务状况及经营成果。

二、收付实现制

收付实现制是与权责发生制相对应的一种会计基础。

收付实现制,也称现金收付制或现金制,是指以收到或支付的现金作为确认收入和费用等的依据。收付实现制是以实际收到或付出款项的日期确认收入或费用的归属期的制度。

目前,我国的行政单位会计主要采用收付实现制,事业单位会计除经营业务可以采用权责发生制以外,其他大部分业务采用收付实现制。

【例1-3】 南通长江自动化有限公司六月份销售甲产品一批,取得银行承兑汇票一张,价款20 000元,销售乙产品一批,取得转账支票一张,价款80 000元,收到5月份欠货款70 000元。

本例中,按收付实现制确定该企业六月份销售收入为150 000元(=80 000+70 000),而按权责发生制确定该企业六月份销售收入为100 000元(=20 000+80 000)。

【例1-4】 南通长江自动化有限公司三月份预付第二季度财产保险费1 800元,支付本季度借款利息共3 900元(一月份1 300元,二月份1 300元,三月份1 300元),用银行存款支付本月广告费30 000元。

本例中,按收付实现制确定该企业三月份费用为35 700元(=1 800+3 900+30 000),而按权责发生制确定该企业三月份费用为31 300元(=1 300+30 000)。

‖‖ 典型工作任务 ‖‖

南通长江自动化有限公司2020年6月份发生的部分经济业务如下:

(1) 销售产品一批,收入100 000元,款项已存入银行。

(2) 销售产品一批,收入50 000元,款项尚未收回。

(3) 收到上月销售产品的收入30 000元,款项存入银行。

(4) 支付本月材料费20 000元,用银行存款付讫。

(5) 用银行存款600元支付下半年报刊订阅费。

(6) 用银行存款3 300元支付本季度银行借款利息。

(7) 预收产品销售款项80 000元,存入银行。

(8) 用现金35 000元支付本月工资费用。

(9) 预付下月水电费4 500元,用银行存款付讫。

根据上述业务分别用权责发生制和收付实现制确认的收入、费用及利润如表1-1所示。

表1-1

业 务	权责发生制		收付实现制	
	收入	费用	收入	费用
(1)	100 000		100 000	
(2)	50 000			
(3)			30 000	
(4)		20 000		20 000

业 务	权责发生制		收付实现制	
	收入	费用	收入	费用
(5)				600
(6)		1 100		3 300
(7)			80 000	
(8)		35 000		35 000
(9)				4 500
合 计	150 000	56 100	210 000	63 400
利 润	93 900		146 600	

从上表可以看出,同样的经济业务,采用不同的记账基础,其收入与费用各不相同,利润也不同。

【案例资料 1-1】

南通长江自动化有限公司 2020 年 6 月发生以下几项业务:

(1) 销售商品一批,总售价 72 000 元,款项已收到并存入银行。

(2) 预收货款 24 000 元,款存入银行,商品将在下月交付。

(3) 以银行存款预付下季度仓库租金 10 800 元。

(4) 销售商品一批,总售价 84 000 元,货物已发出,发票已开具,销售合同规定货款将于下月结算。

(5) 以银行存款支付本月水电费 3 000 元。

(6) 以银行存款支付本季度短期借款利息 12 000 元,其中,本月应负担 4 000 元。

(7) 本月应负担财产保险费 2 000 元,款项尚未支付。

要求:

分别采用权责发生制和收付实现制计算 6 月份收入与费用,并填列表 1-2。

表 1-2

业 务	权责发生制		收付实现制	
	收入	费用	收入	费用
(1)				
(2)				
(3)				
(4)				
(5)				
(6)				
(7)				
合 计				

任务五　了解会计准则体系

一、会计准则的构成

会计准则是反映经济活动、确认产权关系、规范收益分配的会计技术标准,是生成和提供会计信息的重要依据,也是政府调控经济活动、规范经济秩序和开展国际经济交往等的重要手段。会计准则具有严密和完整的体系。我国已颁布的会计准则有《企业会计准则》《小企业会计准则》《事业单位会计准则》和《政府会计准则》。

二、企业会计准则

我国的企业会计准则体系包括基本准则、具体准则、应用指南和解释公告等。2006 年 2 月 15 日,财政部发布了《企业会计准则》,自 2007 年 1 月 1 日起在上市公司范围内施行,并鼓励其他企业执行。

(一) 基本准则

基本准则是企业进行会计核算工作必须遵守的基本要求,是企业会计准则体系的概念基础,是制定具体准则、会计准则应用指南、会计准则解释的依据,也是解决新的会计问题的指南,在企业会计准则体系中具有重要的地位。基本准则包括以下内容:① 财务会计报告目标。② 会计基本假设。③ 会计基础。④ 会计信息质量要求。⑤ 会计要素分类及其确认、计量原则。⑥ 财务会计报告。

(二) 具体准则

具体准则是根据基本准则的要求,主要就各项具体业务事项的确认、计量和报告做出的规定,分为一般业务准则、特殊业务准则和报告类准则。

1. 一般业务准则

一般业务准则是规范各类企业一般经济业务确认、计量的准则,包括存货、固定资产、无形资产、长期股权投资、收入、所得税等准则。

2. 特殊业务准则

特殊业务准则可分为各行业共有的特殊业务准则和特殊行业的特殊业务准则。

3. 报告类准则

报告类准则主要规范普遍适用于各类企业的报告类准则。

(三) 会计准则应用指南

会计准则应用指南是根据基本准则、具体准则制定的,用以指导会计实务的操作性指南,是对具体准则相关条款的细化和对有关重点难点问题提供操作性规定,它还包括会计科目、主要账务处理、财务报表及其格式等,为企业执行会计准则提供操作性规范。

(四) 企业会计准则解释

企业会计准则解释,主要针对企业会计准则实施中遇到的问题做出的相关解释。

三、小企业会计准则

2011 年 10 月 18 日,财政部发布了《小企业会计准则》,要求符合适用条件的小企业自 2013 年 1 月 1 日起执行,并鼓励提前执行。《小企业会计准则》一般适用于在我国境内依法设立、经济规模较小的企业,具体标准参见《小企业会计准则》和《中小企业划型标准规定》。

四、事业单位会计准则

2012 年 12 月 6 日,财政部修订发布了《事业单位会计准则》,自 2013 年 1 月 1 日起在各级各类事业单位施行。该准则对我国事业单位的会计工作予以规范,共九章,包括总则、会计信息质量要求、资产、负债、净资产、收入、支出或者费用、财务会计报告和附则等。与《企业会计准则》相比,《事业单位会计准则》的主要特点有:

(1) 要求事业单位采用收付实现制进行会计核算,部分另有规定的经济业务或事项才能采用权责发生制核算;

(2) 将事业单位会计要素划分为资产、负债、净资产、收入、支出(或费用)五类;

(3) 要求事业单位的会计报表至少包括资产负债表、收入支出表(或收入费用表)和财政补助收入支出表。

五、政府会计准则

2015 年 10 月 23 日,财政部发布了《政府会计准则——基本准则》,自 2017 年 1 月 1 日起在各级政府部门、各部门、各单位施行。

我国的政府会计标准体系由政府会计基本准则、具体准则及其应用指南和政府会计制度组成。

(1) 基本准则主要对政府会计目标、会计主体、会计信息质量要求、会计核算基础,以及会计要素定义、确认和计量原则、列报要求等做出规定。《政府会计准则——基本准则》作为政府会计的"概念框架",统驭政府会计具体准则和政府会计制度的制定,并为政府会计实务问题提供处理原则,为编制政府财务报告提供基础标准。

(2) 具体准则主要规定政府发生的经济业务或事项的会计处理原则,具体规定经济业务或事项引起的会计要素变动的确认、计量和报告。

(3) 应用指南主要对具体准则的实际应用做出操作性规定。

(4) 政府会计制度主要规定政府会计科目及其使用说明、会计报表格式及其编制说明等,便于会计人员进行日常核算。

复习思考题

1. 会计的概念是什么?

2. 会计的特征是哪 5 个?

3. 资金运动包括哪 3 大项、每一项里又包括哪些内容?

4. 会计的基本职能是什么？拓展职能有哪些？

5. 会计核算方法体系包括哪 7 个？

6. 4 个会计基本假设是什么？

7. 什么是权责发生制？什么时候确认收入和费用？适用于什么单位？

8. 什么是收付实现制？什么时候确认收入和费用？适用于什么单位？

9. 会计信息有哪 8 个质量要求？

10. 我国已颁布的会计准则有哪些？

▌▌▌ 技能实训 ▌▌▌

资料:南京华丽达公司 2020 年 6 月发生以下几项业务:

(1) 销售商品一批,总售价 72 000 元,款已收讫;

(2) 预收货款 24 000 元,款已存入银行,商品将在下月交付;

(3) 以银行存款预付下季度仓库租金 10 800 元;

(4) 销售商品一批,总售价 84 000 元,货物已发出,发票已开具,销货合同约定货款将于下月结算;

(5) 以银行存款支付本月水电费 3 000 元;

(6) 以银行存款支付本年度第二季度短期借款利息 12 000 元;

(7) 当年 3 月份已预付本年度第二季度的财产保险费 6 000 元。

要求:分别采用权责发生制和收付实现制确认 6 月份的收入和费用。

项目二
确认会计要素与确立会计等式

学习情境一　确认和计量会计要素

会计要素是对会计对象进行的基本分类,是会计核算对象的具体化,是对资金运动第二层次的划分。会计核算工作就是围绕会计要素的确认、计量和报告展开的。资产、负债、所有者权益、收入、费用、利润统称为企业的六大会计要素。其中,资产、负债和所有者权益三项会计要素表现资金运动的相对静止状态,即反映企业的财务状况;收入、费用和利润三项会计要素表现资金运动的显著变动状态,即反映企业的经营成果。

任务一　资产要素的确认

一、资产的定义及特征

资产是指企业过去的交易或者事项形成的,并由企业拥有或者控制的,预期会给企业带来经济利益的资源。如银行存款、房屋、机器设备、运输工具、仓库里的货物。

资产具有如下特征:

(1)资产是预期能给企业带来经济利益的经济资源。

预期会给企业带来经济利益,是指直接或者间接导致现金和现金等价物流入企业的潜力。按照这一特征,那些已经没有经济价值、不能给企业带来经济利益的项目,就不能继续确认为企业的资产。

【例 2-1】　某企业的某工序上有两台机床,其中 A 机床型号较老,自 B 机床投入使用后,A 机床一直未再使用;B 机床是 A 机床的替代品,目前承担该工序的全部生产任务。A、B 机床是否都是企业的固定资产?

答:A 机床不应确认为该企业的固定资产。该企业原有的 A 机床已长期闲置不用,不能给企业带来经济利益,因此不应作为资产反映在资产负债表中。

(2)资产是企业拥有或控制的资源。

由企业拥有或者控制,是指企业享有某项资源的所有权,或者虽然不享有某项资源的所有权,但该项资源能被企业所控制。

【例 2 - 2】 甲企业的加工车间有两台设备。A 设备系从乙企业融资租入获得,B 设备系从丙企业以经营租入方式获得,目前两台设备均投入使用。A、B 设备是否为甲企业的资产?

答:这里要注意区分经营租入与融资租入。企业对经营租入的 B 设备既没有所有权也没有控制权,因此 B 设备不应确认为企业的资产。而企业对融资租入的 A 设备虽然没有所有权,但享有与所有权相关的风险和报酬的权利,即拥有实际控制权,因此应将 A 设备确认为企业的资产。

(3) 资产是由过去的交易或事项形成的。

资产是过去已经发生的交易或事项所产生的结果,资产必须是现实的资产,而不能是预期的资产。未来交易或事项可能产生的结果不能作为资产确认。只有过去发生的交易或者事项才能增加或减少企业的资产,而不能根据谈判中的交易或计划中的经济业务来确认资产。

【例 2 - 3】 甲企业计划在 10 月份购买一批机器设备,5 月份与销售方签订了购买合同,但实际购买行为将发生在 10 月份,因此企业不能在 5 月份将该批设备确认为资产。

二、资产的确认条件

将一项资源确认为资产,需要符合资产的定义,并同时满足以下两个条件:

(1) 与该资源有关的经济利益很可能流入企业;

(2) 该资源的成本或者价值能够可靠地计量。

符合资产的定义并不一定能确认为资产,资产的特征与确认条件不同。会计核算既要确认科目,又要确认金额,如果二者缺少任意一项,都无法确认,所以说符合资产的定义仅仅表示符合资产确认的一个条件,但是这个资产并不一定能以可靠的金额来计量。

三、资产的分类及构成项目

资产按其流动性不同,可以分为流动资产和非流动资产。

(一) 流动资产

流动资产是指预计在一个正常营业周期中变现、出售或耗用,或者主要为交易目的而持有,或者预计在资产负债表日起一年内(含一年)变现的资产,以及自资产负债表日起一年内交换其他资产或清偿负债的能力不受限制的现金或现金等价物。

流动资产主要包括货币资金、交易性金融资产、应收票据、应收及预付款项、应收利息、应收股利、其他应收款、存货等。

(1) 货币资金,是指企业生产经营过程中处于货币形态的资产,包括库存现金、银行存款和其他货币资金,它们是企业流动性最强的资产。

(2) 交易性金融资产,是指企业为了近期内出售,以赚取差价为目的从二级市场购入的股票、债券和基金等。

(3) 应收及预付款项,是指企业在日常生产经营中发生的各种债权,一般包括各种应收和预付款项等,如应收账款、应收票据、其他应收款、预付账款等。

(4) 存货,是指企业在日常活动中持有以备出售的产成品或商品,处在生产过程中的在产品,在生产过程或提供劳务过程中耗用的材料、物料等,包括原材料、在产品、半成品、产成品、商品、包装物、低值易耗品、委托代销商品等。

(二) 非流动资产

非流动资产是指流动资产以外的资产,主要包括长期股权投资、固定资产、在建工程、工程物资、无形资产等。

(1) 长期股权投资,是指企业持有的对其子公司、合营企业及联营企业的权益性投资以及企业持有的对被投资单位不具有控制、共同控制或重大影响,并且在活跃市场中没有报价、公允价值不能可靠计量的权益性资产。

(2) 固定资产,是指同时具有以下两个特征的有形资产:

第一,为生产商品、提供劳务、出租或经营管理而持有的;

第二,使用寿命超过一个会计年度。使用寿命,是指企业使用固定资产的预计期间,或者该固定资产所能生产产品或提供劳务的数量。

固定资产一般包括房屋及建筑物、机器设备、运输设备和工具器具等。

(3) 无形资产,是指企业拥有或者控制的没有实物形态的可辨认非货币性资产,包括专利权、非专利技术、商标权、著作权、土地使用权和特许权等。

资产要素的内容如图 2-1 所示。

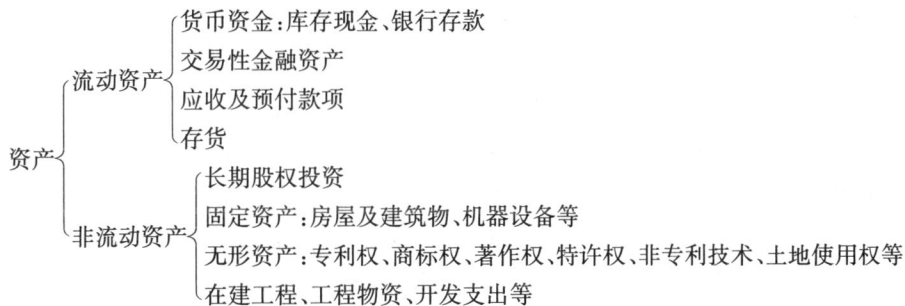

图 2-1 资产要素内容构成

任务二 负债要素的确认

一、负债的定义及特征

负债是指企业由过去的交易或者事项形成的、预期会导致经济利益流出企业的现时义务。

负债具有如下特征:

(1) 负债是由过去的交易或事项形成的。

负债是过去已经发生的交易或事项所产生的结果。只有过去发生的交易或事项才能增加或减少企业的负债,而不能根据谈判中的交易或事项,或计划中的经济业务来确认负债。

(2) 负债是企业承担的现时义务。

现时义务是指企业在现行条件下已承担的义务。未来发生的交易或者事项形成的义务不属于现时义务,不应当确认为负债。

现时义务可以是法定义务,也可以是推定义务。

法定义务是指具有约束力的合同或者法律法规规定的义务,如企业的应纳税款。

推定义务是指企业根据多年来的习惯,公开地承诺或者公开宣布的政策而导致企业将承担的责任。如企业的质量保证承诺。

(3) 负债的清偿预期会导致经济利益流出企业。

清偿负债导致经济利益流出企业的形式多种多样,如用现金偿还或以实物资产偿还、以提供劳务偿还、部分转移资产部分提供劳务偿还、将负债转为所有者权益等。

二、负债的确认条件

将一项现时义务确认为负债,需要符合负债的定义,还需要同时满足以下两个条件。

(1) 与该义务有关的经济利益很可能流出企业。

从负债的定义可以看到,预期会导致经济利益流出企业是负债的一个本质特征。在实务中,履行义务所需流出的经济利益带有不确定性,尤其是与推定义务相关的经济利益通常需要依赖于大量的估计。因此,负债的确认应当与经济利益流出的不确定性程度的判断结合起来,如果有确凿证据表明,与现时义务有关的经济利益很可能流出企业,就应当将其作为负债予以确认;反之,如果企业承担了现时义务,但是导致企业经济利益流出的可能性很小,就不符合负债的确认条件,不应将其作为负债予以确认。

(2) 未来流出的经济利益的金额能够可靠地计量。

负债的确认在考虑经济利益流出企业的同时,对于未来流出的经济利益的金额应当能够可靠计量。对于与法定义务有关的经济利益流出金额,通常可以根据合同或者法律规定的金额予以确定,考虑到经济利益流出的金额通常在未来期间,有时未来期间较长,有关金额的计量需要考虑货币时间价值等因素的影响。对于与推定义务有关的经济利益流出金额,企业应当根据履行相关义务所需支出的最佳估计数进行估计,并综合考虑有关货币时间价值、风险等因素的影响。

三、负债的分类及构成项目

负债按其流动性不同,可以分为流动负债和非流动负债。

(一) 流动负债

流动负债是指预计在一个正常营业周期中偿还,或者主要为交易目的而持有,或者自资产负债表日起一年内(含一年)到期应予以清偿,或者企业无权自主地将清偿推迟至资产负债表日后一年以上的负债。流动负债主要包括短期借款、应付票据、应付及预收款项、应交税费、应付职工薪酬、应付利息、应付股利、其他应付款等。

(1) 短期借款,是指企业向银行或其他金融机构等借入的期限在一年以下(含一年)的各种借款。

(2) 应付票据,是指企业购买材料、商品和接受劳务供应等而开出、承兑的商业汇票。

(3) 应付账款,是指企业因购买材料、商品或接受劳务供应等经营活动应支付的款项。

(4) 预收账款,是指企业按照合同规定向购货单位预收的款项。

（5）应交税费，企业根据税法规定应交纳的各种税费，包括增值税、消费税、城市维护建设税、资源税、所得税、土地增值税、房产税、车船使用税、土地使用税、教育费附加等。

（6）应付职工薪酬，是指企业根据有关规定应付给职工的各种薪酬，包括职工工资、奖金、津贴和补贴，职工福利费，医疗保险费、工伤保险费和生育保险费等社会保险费，住房公积金，工会经费和职工教育经费，非货币性福利等。

（二）非流动负债

非流动负债是指流动负债以外的负债，主要包括长期借款、应付债券、长期应付款等。

（1）长期借款，是指企业向银行或其他金融机构借入的期限在一年以上（不含一年）的各种借款。

（2）应付债券，是指企业为筹集长期资金而发行的债券。

（3）长期应付款，是指企业除长期借款和应付债券以外的其他各种长期应付款项，包括应付融资租入固定资产的租赁费、以分期付款方式购入固定资产等发生的应付款项等。

负债要素的内容如图 2-2 所示。

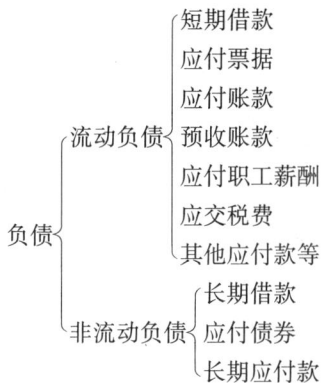

```
                    ┌ 短期借款
                    │ 应付票据
                    │ 应付账款
          ┌ 流动负债 ┤ 预收账款
          │         │ 应付职工薪酬
          │         │ 应交税费
     负债 ┤         └ 其他应付款等
          │         ┌ 长期借款
          └ 非流动负债┤ 应付债券
                    └ 长期应付款
```

图 2-2　负债要素内容构成

任务三　所有者权益要素的确认

一、所有者权益的定义及特征

所有者权益又称为净资产，是指企业资产扣除负债后由所有者享有的剩余权益。公司的所有者权益又称为股东权益。所有者权益是所有者对企业资产的剩余索取权。

所有者权益具有如下特征：

（1）它是一种剩余权益。权益可分为债权人权益（负债）和所有者权益。而债权人的权益优先于所有者权益，即企业的资产必须在保证企业所有的债务得以清偿后，才归所有者所享有。因此，所有者权益在数量上等于企业的全部资产减全部负债后的余额，它是在保证了债权人权益之后的一种权益，即剩余权益。

（2）除非发生减资、清算，否则企业不需要偿还所有者权益。

（3）所有者凭借所有者权益能够参与利润的分配。

二、所有者权益的确认条件

由于所有者权益体现的是所有者在企业中的剩余权益,因此,所有者权益的确认主要依赖于其他会计要素,尤其是资产和负债的确认,所有者权益金额的确定也主要取决于资产和负债的计量。

三、所有者权益的来源及构成项目

所有者权益的来源包括所有者投入的资本、其他综合收益、留存收益等,通常由实收资本(或股本)、资本公积(含股本溢价或资本溢价、其他资本公积)、其他综合收益、盈余公积和未分配利润等构成。

(一) 所有者投入的资本

所有者投入的资本,是指所有者投入企业的资本部分,它既包括构成企业注册资本或者股本的金额,也包括投入资本超过注册资本或股本部分的金额,即资本溢价或股本溢价,这部分投入资本作为资本公积(资本溢价)反映。

(二) 其他综合收益

其他综合收益,是指企业根据会计准则规定未在当期损益中确认的各项利得和损失。其中,利得是指由企业非日常活动所形成的、会导致所有者权益增加的、与所有者投入资本无关的经济利益的流入。损失是指由企业非日常活动所发生的、会导致所有者权益减少的、与向所有者分配利润无关的经济利益的流出。

(三) 留存收益

留存收益,是指企业从历年实现的利润中提取或形成的留存于企业的内部积累,包括盈余公积和未分配利润。

所有者权益一般分为实收资本(或股本)、资本公积、其他综合收益、盈余公积、未分配利润等项目。

(1) 实收资本(或股本),是指所有者投入的构成企业注册资本或者股本部分的金额。

(2) 资本公积,是指企业投入资本超过注册资本或者股本部分的金额,即包括资本溢价或股本溢价。

(3) 其他综合收益,是指企业根据会计准则规定未在当期损益中确认的各项利得和损失。

(4) 盈余公积,是指企业从利润中提取的公积金、公益金,包括法定盈余公积和任意盈余公积。

(5) 未分配利润,是指企业留待以后年度分配的利润或本年度待分配利润。

所有者权益要素的内容如图 2 - 3 所示。

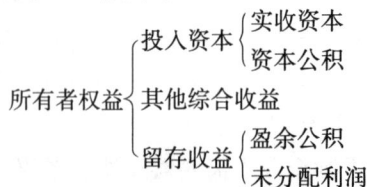

图 2 - 3　所有者权益要素内容构成

任务四　收入要素的确认

一、收入的定义及特征

收入是指企业在日常活动中形成的、会导致所有者权益增加的、与所有者投入资本无关的经济利益的总流入。

收入具有以下几个方面的特征：

（1）收入应当是企业在日常活动中形成的。日常活动是指企业为完成其经营目标所从事的经常性活动以及与之相关的活动，如销售商品、提供劳务及让渡资产使用权等。

（2）收入是与所有者投入资本无关的经济利益的总流入。因为收入应当会导致经济利益的流入，从而导致资产的增加。但是，企业经济利益的流入有时是由所有者投入资本的增加所导致的，所有者投入资本的增加不应当确认为收入，而应当将其直接确认为所有者权益。因此，与收入相关的经济利益的流入应当将所有者投入的资本排除在外。

（3）收入会导致所有者权益的增加。收入形成的经济利益总流入的形式多种多样，既可能表现为资产的增加，如增加银行存款、应收账款；也可能表现为负债的减少，如减少预收账款；还可能表现为两者的组合，如销售实现时，部分冲减预收账款，部分增加银行存款。收入形成的经济利益总流入能增加资产或减少负债或两者兼而有之，根据"资产－负债＝所有者权益"的会计等式，收入一定能增加企业的所有者权益。

二、收入的确认条件

收入在确认时除了应当符合收入定义外，还应当满足严格的确认条件。

当企业与客户之间的合同同时满足下列条件时，企业应当在客户取得相关商品控制权时确认收入。

（1）合同各方已批准该合同并承诺将履行各自义务；

（2）该合同明确了合同各方与所转让商品或提供劳务（以下简称"转让商品"）相关的权利和义务；

（3）该合同有明确的与所转让商品相关的支付条款；

（4）该合同具有商业实质，即履行该合同将改变企业未来现金流量的风险、时间分布或金额；

（5）企业因向客户转让商品而有权取得的对价很可能收回。

三、收入的分类及构成项目

收入的分类：

（1）收入按企业从事日常活动的性质不同，分为销售商品收入、提供劳务收入和让渡资产使用权收入。

（2）收入按企业经营业务的主次不同，分为主营业务收入和其他业务收入。

收入类会计科目包括主营业务收入、其他业务收入、投资收益、公允价值变动损益等。

① 主营业务收入,是指企业经常性的、主要业务所产生的基本收入,如制造业的销售产品的收入,商品流通企业的销售商品收入,旅游服务业的门票收入、客户收入、餐饮收入等。

② 其他业务收入,是指企业除主营业务活动以外的其他经营活动所取得的收入。它包括材料销售、对外转让无形资产使用权、固定资产出租、包装物出租等获得的收入。

③ 投资收益,是对外投资所取得的利润、股利和债券利息等收入减去投资损失后的净收益。

④ 公允价值变动收益,是指企业以各种资产(如投资性房地产、交易性金融资产等)公允价值变动形成的应计入当期损益的收益。例如,企业的交易性金融资产公允价值上升形成收益。

收入要素的内容如图 2-4 所示。

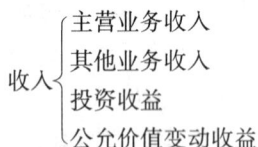

$$收入 \begin{cases} 主营业务收入 \\ 其他业务收入 \\ 投资收益 \\ 公允价值变动收益 \end{cases}$$

图 2-4　收入要素内容构成

任务五　费用要素的确认

一、费用的定义及特征

费用是指企业在日常活动中发生的、会导致所有者权益减少的、与向所有者分配利润无关的经济利益的总流出。

费用具有如下特征:

(1) 费用是在企业的日常经济活动中发生的。

费用必须是企业在日常活动中所形成的,这些日常活动的界定与收入定义中涉及的日常活动的界定相一致。日常活动所产生的费用通常包括销售成本(营业成本)、职工薪酬、折旧费、无形资产摊销等。将费用界定为日常活动所形成的,目的是为了将其与损失相区分,企业非日常活动所形成的经济利益的流出不能确认为费用,而应当计入损失。

(2) 费用是与向所有者分配利润无关的经济利益的总流出。

费用的发生应当会导致经济利益的流出,从而导致资产的减少或者负债的增加,其表现形式包括现金或者现金等价物的流出,存货、固定资产和无形资产等的流出或者消耗等。企业向所有者分配利润也会导致经济利益的流出,而该经济利益的流出属于所有者权益的抵减项目,不应确认为费用,应当将其排除在费用的定义之外。

(3) 费用会导致企业所有者权益的减少。

与费用相关的经济利益的流出应当会导致所有者权益的减少,不会导致所有者权益减少的经济利益的流出不符合费用的定义,不应确认为费用。

二、费用的确认条件

费用在确认时除了应当符合定义外,还应当满足以下条件:

(1) 与费用相关的经济利益应当很可能流出企业。

(2) 经济利益流出企业的结果会导致资产的减少或者负债的增加。

(3) 经济利益的流出额能够可靠计量。

三、费用的分类及构成项目

费用按其性质可分为营业成本、税金及附加和期间费用。

(一) 营业成本

营业成本,是指销售商品或提供劳务的成本。其内容包括主营业务成本和其他业务成本。

(二) 税金及附加

税金及附加,是指企业经营活动应负担的相关税费,包括消费税、城市维护建设税、教育费附加、资源税、房产税、土地使用税、车船税、印花税等。

(三) 期间费用

期间费用是指企业在日常活动中发生的,应当直接计入当期损益的费用。其内容包括销售费用、管理费用和财务费用。

(1) 销售费用,是指企业在销售商品和提供劳务过程中发生的各项费用,包括企业在销售商品过程中发生的包装费、运输费、装卸费,展览费和广告费,商品维修费以及企业专设的销售机构的职工薪酬、业务费等费用。

(2) 管理费用,是指企业为组织和管理生产经营活动而发生的各种管理费用,包括企业在筹建期间发生的开办费,行政管理部门职工薪酬、物料消耗、办公费和差旅费,聘请中介机构费,业务招待费等。

(3) 财务费用,是指企业为筹集生产经营所需资金等而发生的筹资费用,包括利息支出(减利息收入)、汇兑损益以及相关的手续费、企业发生的现金折扣或收到的现金折扣等。

费用要素的内容如图 2-5 所示。

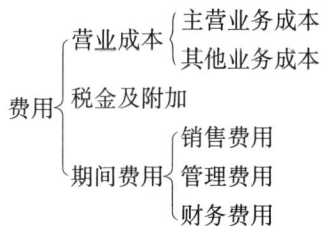

图 2-5　费用要素内容构成

任务六　利润要素的确认

一、利润的定义及特征

利润是指企业在一定会计期间的经营成果,是企业生产经营过程中各种收入减去费用的净额、直接记入当期利润的利得和损失等。

利润的形成将最终导致所有者权益的变动,通常情况下,如果企业实现了利润,表示企业的所有者权益将增加,业绩得到了提升;反之,如果企业发生亏损(即利润为负数),表明企业的所有者权益将减少,业绩下降了。

二、利润的确认条件

利润反映收入减去费用、利得减去损失后的净额。利润的确认主要依赖于收入和费用以及利得和损失的确认,其金额的确定也主要取决于收入、费用、利得、损失金额的计量。当某一会计期间的收入大于费用时,企业表现为盈利,反之则表现为亏损。

三、利润的构成项目

利润包括收入减去费用后的净额、直接计入当期利润的利得和损失等。

(1) 收入减去费用后的净额反映企业日常活动的经营业绩。

(2) 直接计入当期利润的利得和损失,是指应当计入当期损益、会导致所有者权益发生增减变动的、与所有者投入资本或者向所有者分配利润无关的利得或者损失。

① 利得,是指由企业非日常活动所形成的、会导致所有者权益增加的、与所有者投入资本无关的经济利益的流入。

② 损失,是指由企业非日常活动所形成的、会导致所有者权益减少的、与所有者投入资本无关的经济利益的流出。

利润按照构成,可分为营业利润、利润总额和净利润。

营业利润是营业收入减去营业成本、营业税费、期间费用(包括销售费用、管理费用和财务费用)、资产减值损失,加上公允价值变动净收益、投资净收益后的金额。

利润总额是指营业利润加上营业外收入,减去营业外支出后的金额。

净利润是指利润总额减去所得税费用后的金额。

利润要素的内容如图 2-6 所示。

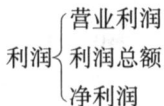

$$
利润\begin{cases}营业利润\\利润总额\\净利润\end{cases}
$$

图 2-6　利润要素内容构成

⫴ 典型工作任务 ⫴

2020年10月,南通长江自动化有限公司发生部分经济业务,所涉及的项目如表2-1所示,请分析各项目应确认为哪一类会计要素,又具体地确认为会计要素中的哪一个具体的科目。

表 2-1 会计要素确认表

序 号	项 目	会计要素类别	会计科目
(1)	厂房一栋		
(2)	投资者投入的资本		
(3)	企业保险柜中的现金		
(4)	从银行借入的3年期的借款		
(5)	应发给职工的工资		
(6)	超过注册资本的部分		
(7)	从税后利润当中提取的公积金		
(8)	销售产品收入		
(9)	业务招待费		
(10)	广告费		
(11)	库存的材料		
(12)	预付购货款		

任务七 会计要素的计量属性

企业在将符合确认条件的会计要素登记入账并列报于会计报表及其附注(又称财务报表)时,应当按照规定的会计计量属性进行计量,确定其金额。计量属性是指所予计量的某一要素的特性方面,如桌子的长度、铁矿的重量、楼房的面积等。从会计角度,计量属性反映的是会计要素金额的确定基础。会计计量属性主要包括历史成本、重置成本、可变现净值、现值和公允价值。

一、历史成本

历史成本,又称为实际成本,就是取得或制造某项财产物资时所实际支付的现金或现金等价物。在历史成本计量下,资产按照其购置时支付的现金或者现金等价物的金额,或者按照购置资产时所付出的对价的公允价值计量。负债按照其因承担现时义务而实际收到的款项或者资产的金额,或者承担现时义务的合同金额,或者日常活动中为偿还负债预期需要支付的现金或者现金等价物的金额计量。

历史成本计量,要求对企业资产、负债和所有者权益等项目的计量,应当基于经济业务的实际交易成本,而不考虑以后市场价格变动的影响。

二、重置成本

重置成本,又称现行成本,是指按照当前市场条件,重新取得同样一项资产所需支付的现金或现金等价物金额。在重置成本计量下,资产按照现在购买相同或者相似资产所需支付的现金或者现金等价物的金额计量;负债按照现在偿付该项债务所需支付的现金或者现金等价物的金额计量。

在实务中,重置成本多应用于盘盈固定资产的计量等。

三、可变现净值

可变现净值,是指在正常生产经营过程中,以预计售价减去进一步加工成本和预计销售费用以及相关税费后的净值。在可变现净值计量下,资产按照其正常对外销售所能收到现金或者现金等价物的金额扣减该资产至完工时估计将要发生的成本、估计的销售费用以及相关税费后的金额计量。

可变现净值是在不考虑资金时间价值的情况下,计量资产在正常经营过程中可带来的预期净现金流入或流出。可变现净值通常应用于存货资产减值情况下的后续计量。

四、现值

现值,是指对未来现金流量以恰当的折现率进行折现后的价值,是考虑货币时间价值的一种计量属性。在现值计量下,资产按照预计从其持续使用和最终处置中所产生的未来净现金流入量的折现金额计量。负债按照预计期限内需要偿还的未来净现金流出量的折现金额计量。

现值通常用于非流动资产可收回金额和以摊余成本计量的金融资产价值的确定等。例如,在确定固定资产、无形资产等可收回金额时,通常需要计算资产预计未来现金流量的现值;对于以摊余成本计量的金融资产,通常需要使用实际利率法将这些资产在预期存续期间或适用的更短期间内的未来现金流量折现,再通过相应的调整确定其摊余成本。

五、公允价值

公允价值,是指在公平交易中,熟悉情况的交易双方自愿进行资产交换或者债务清偿的金额。在公允价值计量下,资产和负债按照在公平交易中熟悉情况的交易双方自愿进行资产交换或者债务清偿的金额计量。

公允价值主要应用于交易性金融资产的计量等。

在企业会计准则体系建设中适度、谨慎地引入公允价值这一计量属性,是因为随着我国资本市场的发展,股权分置改革的基本完成,越来越多的股票、债券、基金等金融产品在交易所挂牌上市,使得这类金融资产的交易已经形成了较为活跃的市场,因此,我国已经具备了引入公允价值的条件。在这种情况下,引入公允价值更能反映企业的实际情况,对投资者等财务报告使用者的决策更加有用,而且也正因如此,我国准则才实现了与国际财务报告准则的趋同。

我国引入公允价值是适度、谨慎和有条件的,原因是考虑到我国尚属新兴的市场经济国家,如果不加限制地引入公允价值,有可能出现公允价值计量不可靠,甚至出现借机人为操纵利润的现象。因此,在投资性房地产和生物资产等具体准则中规定,只有在存在活跃市场、公允价值能够取得并可靠计量的情况下,才能采用公允价值计量。

企业在对会计要素进行计量时,一般应当采用历史成本;采用重置成本、可变现净值、现值、公允价值计量的,应当保证所确定的会计要素金额能够取得并可靠计量。

学习情境二　确立会计等式

任务一　描述会计等式的表现形式

会计等式,又称会计恒等式、会计方程式或会计平衡公式,它是表明各会计要素之间基本关系的等式。

一、财务状况等式

任何企业要正常地开展经营活动,必须拥有一定数量的资产,如房屋建筑物、机器设备、原材料、现金、银行存款等。而企业所拥有的资产,又必然有其来源,为企业提供资产来源的人,对企业的资产就具有索偿权,这种索偿权在会计上称为权益。因此权益代表着资产的来源,资产和权益相互依存,没有权益就没有资产,没有资产也就无所谓权益,两者在数量上,体现为必然相等的关系。即有一定数量的资产就必然有一定数量的权益;反之,有一定数量的权益也就必然有一定数量的资产。资产和权益在任何一个时点都必然保持恒等的关系,这种恒等关系可用公式表达如下:

$$资产=权益$$

企业的资产来源于所有者的投入资本和债权人的借入资金及其在生产经营中所产生的效益,它们分别归属于所有者和债权人。其中,归属于所有者的部分形成所有者权益;归属于债权人的部分形成债权人权益(即企业的负债)。可见,资产来源于权益,而权益又包括所有者权益和债权人权益。因此上述公式可以进一步表述为:

$$资产=债权人权益+所有者权益$$

即
$$资产=负债+所有者权益$$

上述会计等式称为会计恒等式,由于该等式是会计等式中最通用和最一般的形式,因此亦称为会计基本等式或第一会计等式。这一等式反映企业资金运动过程中某一特定时点上资产的分布和权益的构成,资产、负债和所有者权益是企业资金运动在相对静止状态下的基本内容,是资金运动的静态表现。资产与权益的恒等关系是复式记账法的理论基础,也是企业会计中设置账户、试算平衡和编制资产负债表的理论依据。

二、经营成果等式

企业经营的目的是为了获取收入,实现盈利。企业在取得收入的同时,也必然要发生相应的费用。通过收入与费用的比较,才能确定企业一定时期的盈利水平,确定实现的利润总额。在不考虑相关利得和损失的情况下,它们之间的关系用公式表示为:

$$收入-费用=利润$$

这一会计等式可称为第二会计等式,是资金运动的动态表现,体现了企业一定时期内的经营成果。收入、费用和利润之间的上述关系,是企业编制利润表的基础。

三、会计扩充等式

在会计期初,资金运动处于相对静止状态,企业既没有取得收入,也没有发生费用,因此会计等式就表现为:

$$资产=负债+所有者权益$$

随着企业经营活动的进行,在会计期间内,企业一方面取得收入,引起资产的增加或负债的减少;另一方面企业要发生各种费用,引起资产的减少或负债的增加。因此,在会计期间,会计等式就转化为下列形式:

$$资产=负债+所有者权益+(收入-费用)$$

到了会计期末,企业将收入和费用相配比,计算出利润。此时会计等式又转化为:

$$资产=负债+所有者权益+利润$$

企业的利润按规定的程序进行分配,一部分按照比例分配给投资者,使企业的资产减少或负债增加;另一部分形成企业的盈余公积和未分配利润,归入所有者权益。

这样,在会计期末结账之后的会计等式又恢复到会计期初的形式:

$$资产=负债+所有者权益$$

可以看出,六大会计要素之间的等式关系全面、综合地反映了企业资金运动的内在规律。企业的资金总是采用动静结合的方法持续不断地运动。从某一具体时点上观察,可以看出资金的静态规律;从某一时期观察,又可以总结出资金的动态规律。

任务二　分析经济业务对会计等式的影响

经济业务,又称会计事项,是指在经济活动中使会计要素发生增减变动的交易或者事项。企业在生产经营过程中,每天都会发生各种各样、纷繁复杂的经济业务,并引起各会计要素发生增减变动,但各会计要素无论发生怎样的增减变动,都不会影响资产与权益的恒等关系。

企业经济业务按其对财务状况等式的影响不同可以分为以下九种基本类型:

（1）一项资产增加、另一项资产等额减少的经济业务；

（2）一项资产增加、一项负债等额增加的经济业务；

（3）一项资产增加、一项所有者权益等额增加的经济业务；

（4）一项资产减少、一项负债等额减少的经济业务；

（5）一项资产减少、一项所有者权益等额减少的经济业务；

（6）一项负债增加、另一项负债等额减少的经济业务；

（7）一项负债增加、一项所有者权益等额减少的经济业务；

（8）一项所有者权益增加、一项负债等额减少的经济业务；

（9）一项所有者权益增加、另一项所有者权益等额减少的经济业务。

上述九种情形如表2-2所示。

表2-2 九种经济业务情形

经济业务	资 产	负 债	所有者权益
第一种类型	增加、减少		
第二种类型	增加	增加	
第三种类型	增加		增加
第四种类型	减少	减少	
第五种类型	减少		减少
第六种类型		增加、减少	
第七种类型		增加	减少
第八种类型		减少	增加
第九种类型			增加、减少

上述九类基本经济业务的发生均不影响财务状况等式的平衡关系，具体分为三种情形：基本经济业务（1）、（6）、（7）、（8）、（9）使财务状况等式左右两边的金额保持不变；基本经济业务（2）、（3）使财务状况等式左右两边的金额等额增加；基本经济业务（4）、（5）使财务状况等式左右两边的金额等额减少。

但无论经济业务引起资产、负债和所有者权益发生怎样的增减变化，都不会破坏会计等式的平衡关系。下面举例说明经济业务对会计等式的影响。

【例2-4】 南通长江自动化有限公司2020年1月31日资产总额为500万元，负债和所有者权益总额为500万元，资产与权益总额相等。假设南通长江自动化有限公司2020年2月份发生以下资产、负债、所有者权益变动的经济业务事项：

（1）南通长江自动化有限公司收到B公司投入资金10万元，款已存入银行。

这项经济业务事项发生后，南通长江自动化有限公司资产中的银行存款和所有者权益中的实收资本同时增加了10万元。由于资产与所有者权益都以相等的金额同时增加，因此资产与权益的数量关系变成了资产＝权益＝510万元，资产与权益仍然相等。

（2）南通长江自动化有限公司向银行借入三个月的短期借款2万元存入银行。

这项经济业务事项发生后，南通长江自动化有限公司资产中的银行存款和负债中的短期借款同时增加了 2 万元。由于资产与负债都以相等的金额同时增加,因此资产与权益的数量关系变成了资产=权益=512 万元,资产与权益仍然相等。

(3) 南通长江自动化有限公司以银行存款偿还上月所欠 C 公司材料款 2 万元。

这项经济业务事项发生后,南通长江自动化有限公司资产中的银行存款和负债中的应付账款同时减少了 2 万元。由于资产与权益都以相等的金额同时减少,因此资产与权益的数量关系变成了资产=权益=510 万元,资产与权益仍然相等。

(4) 南通长江自动化有限公司因缩小经营规模,经批准减少注册资本 5 万元,并以银行存款发还给投资者。

这项经济业务事项发生后,南通长江自动化有限公司资产中的银行存款和所有者权益中的实收资本同时减少了 5 万元。由于资产与所有者权益都以相等的金额同时减少,因此资产与权益的数量关系变成了资产=权益=505 万元,资产与权益仍然相等。

(5) 南通长江自动化有限公司向银行提取现金 12 万元。

这项经济业务事项发生后,南通长江自动化有限公司资产中的现金增加了 12 万元,资产中的银行存款同时减少了 12 万元,该业务属于资产内部有增有减,不影响资产和权益的总额变化,因此资产与权益的数量关系仍然为资产=权益=505 万元,资产与权益仍然相等。

(6) 经批准南通长江自动化有限公司将盈余公积 8 万元转增资本。

这项经济业务事项发生后,南通长江自动化有限公司所有者权益中的实收资本增加了 8 万元,所有者权益中的盈余公积同时减少了 8 万元,属于所有者权益内部有增有减,不影响资产和权益的总额变化,因此资产与权益的数量关系仍然为资产=权益=505 万元,资产与权益仍然相等。

(7) 南通长江自动化有限公司向银行借入 10 万元直接用于归还拖欠的货款。

这项经济业务事项发生后,南通长江自动化有限公司负债中的短期借款项目增加了 10 万元,同时负债中的应付账款减少了 10 万元,该业务属于负债内部有增有减,不影响资产和权益的总额变化,因此资产与权益的数量关系仍然为资产=权益=505 万元,资产与权益仍然相等。

(8) 南通长江自动化有限公司经与债权人协商并经有关部门批准,将所欠 4 万元债务转为资本。

这项经济业务事项发生后,南通长江自动化有限公司负债中的应付账款减少了 4 万元,同时所有者权益中的实收资本增加了 4 万元,该业务属于负债减少,所有者权益增加,但增减金额相等,所以不影响资产和权益的总额变化,因此资产与权益的数量关系仍然为资产=权益=505 万元,资产与权益仍然相等。

(9) 南通长江自动化有限公司经研究决定,向投资者分配利润 3 万元。

这项经济业务事项发生后,南通长江自动化有限公司负债中的应付利润项目增加了 3 万元,同时所有者权益中的未分配利润减少了 3 万元,该业务属于负债增加,所有者权益减少,但增减金额相等,所以不影响资产和权益的总额变化,因此资产与权益的数量关系仍然为资产=权益=505 万元,资产与权益仍然相等。

由此可见,企业的经济业务无论怎样纷繁复杂,能引起资产和权益发生增减变动的,归纳起来不外乎九种情况,而这些经济业务无论怎样变化都不会破坏上述会计等式的平衡关系。企业在任何时点所有的资产总额总是等于负债和所有者权益总额。

复习思考题

1. 什么是会计要素?有哪6个会计要素?
2. 资产的概念、特征是什么?资产的分类、构成项目有哪些?
3. 负债的概念、特征是什么?负债的分类、构成项目有哪些?
4. 所有者权益的概念、特征是什么?所有者权益包括的内容、构成项目有哪些?
5. 收入的概念、特征及内容分别是什么?
6. 费用的概念、特征及内容分别是什么?
7. 利润的概念、特征及内容分别是什么?
8. 会计要素有哪5种计量属性?
9. 会计等式"资产＝负债＋所有者权益"有哪9种业务变化类型?每一种类型请举例说明。

技能实训

实训一:会计要素的确认

资料:　　　　　　　　　　表2-3

内　容	资　产	负　债	所有者权益
(1) 厂房一栋			
(2) 机器设备			
(3) 办公用房一栋			
(4) 投资者投入的资本			
(5) 各种库存的材料			
(6) 因销货收到商业汇票			
(7) 库存产成品			
(8) 企业保险柜中的现金			
(9) 存在开户银行的存款			
(10) 从银行借入的3年期的借款			
(11) 应收的销货款			
(12) 应付给供货单位的货款			

续 表

内 容	资 产	负 债	所有者权益
(13) 企业尚未分配的利润			
(14) 向银行借入 9 个月的借款			
(15) 购入准备短期持有的股票			
(16) 应发给职工的工资			
(17) 还未上缴的税金			
(18) 预收销货款			
(19) 企业的商标权			
(20) 向销货单位支付预购订金			
(21) 超过注册资本的部分			
(22) 出差人员预借的差旅费			
(23) 因购货开出商业汇票			
(24) 从税后利润当中提取的公积金			

要求:资料中所列内容各属于资产、负债、所有者权益中的哪一个项目,并在相应的项目上写上其账户名称。

实训二:会计等式

资料:五三公司 2020 年 10 月份发生了下列经济业务。

(1) 将现金 5 000 元存入银行。

(2) 收到某单位投资 100 000 元存入银行。

(3) 购入甲材料 10 000 元,货款暂欠。

(4) 以银行存款偿还短期银行借款 5 000 元。

(5) 向银行借入 9 个月的借款 20 000 元,偿还前欠振华工厂购料款。

(6) 以银行存款归还前欠的货款 2 000 元。

(7) 张三出差预借差旅费 2 000 元。

(8) 收回前欠的货款 8 000 元存入银行。

要求:分析上列各项经济业务,并指出每项经济业务属于哪种经济业务类型。

习题集

项目三
设置会计科目和会计账户

学习情境一 设置会计科目

一、会计科目的概念

会计科目,简称科目,是对会计要素的具体内容进行分类核算的项目。企业设置会计科目是为了全面、系统地核算和监督各项会计要素的增减变动情况,满足有关方面对会计信息的需要,就有必要对会计要素做进一步的分类。

会计科目是为了满足会计确认、计量和报告的要求,对会计要素具体内容进行分类的项目,是对会计对象第三层次的划分。

知识链接

会计对象三个层次之间的关系如下:
第一层次→第二层次→第三层次
资金运动→会计要素→会计科目

会计科目是进行各项会计记录和提供各项会计信息的基础,在会计核算中具有重要意义。

(1)会计科目是复式记账的基础。复式记账要求每一笔经济业务在两个或两个以上相互联系的账户中进行登记,以反映资金运动的来龙去脉。

(2)会计科目是编制记账凭证的基础。记账凭证是确定所发生的经济业务应记入何种科目以及分门别类登记账簿的凭据。

(3)会计科目为成本计算与财产清查提供了前提条件。通过会计科目的设置,有助于成本核算,使各种成本计算成为可能;而通过账面记录与实际结存的核对,又为财产清查、保证账实相符提供了必备的条件。

(4)会计科目为编制会计报表提供了方便。会计报表是提供会计信息的主要手段,为了保证会计信息的质量及其提供的及时性,会计报表中的许多项目与会计科目是一致的,并根据会计科目的本期发生额或余额填列。

二、会计科目的分类

(一) 按反映的经济内容分类

会计科目按其反映的经济内容不同,一般分为资产类科目、负债类科目、共同类科目、所有者权益类科目、成本类科目、损益类科目,每一类会计科目可以按一定标准再分为若干具体科目。

1. 资产类科目

资产类科目是对资产要素的具体内容进行分类核算的项目,按资产的流动性分为反映流动资产的科目和反映非流动资产的科目。反映流动资产的科目有"库存现金""银行存款""应收账款""原材料"和"库存商品"等;反映非流动资产的科目有"固定资产""无形资产"和"长期应收款"等。

具体如表 3-1 所示。

表 3-1 制造企业常用会计科目表——资产类

分 类		编 号	会计科目名称	编 号	会计科目名称
资产类	流动资产	1001	库存现金	1231	坏账准备
		1002	银行存款	1401	材料采购
		1012	其他货币资金	1402	在途物资
		1101	交易性金融资产	1403	原材料
		1121	应收票据	1404	材料成本差异
		1122	应收账款	1405	库存商品
		1123	预付账款	1406	发出商品
		1131	应收股利	1408	委托加工物资
		1132	应收利息	1411	周转材料
		1221	其他应收款	1471	存货跌价准备
	非流动资产	1511	长期股权投资	1605	工程物资
		1521	投资性房地产	1606	固定资产清理
		1531	长期应收款	1701	无形资产
		1601	固定资产	1702	累计摊销
		1602	累计折旧	1801	长期待摊费用
		1604	在建工程	1901	待处理财产损溢

2. 负债类科目

负债类科目是对负债要素的具体内容进行分类核算的项目,按负债的偿还期限分为反映流动负债的科目和反映长期负债的科目。反映流动负债的科目有"短期借款""应付账款""应付职工薪酬"和"应交税费"等;反映非流动负债的科目有"长期借款""应付债券"和"长期应付款"等。

具体如表3-2所示。

表3-2制造企业常用会计科目表——负债类

分　类		编　号	会计科目名称	编　号	会计科目名称
负债类	流动负债	2001	短期借款	2221	应交税费
		2201	应付票据	2231	应付利息
		2202	应付账款	2232	应付股利
		2203	预收账款	2241	其他应付款
		2211	应付职工薪酬		
	非流动负债	2501	长期借款		
		2502	应付债券		
		2701	长期应付款		

3. 共同类科目

共同类科目是既有资产性质又有负债性质的科目,主要有"清算资金往来""外汇买卖""衍生工具""套期工具""被套期项目"等科目。

4. 所有者权益类科目

所有者权益类科目是对所有者权益要素的具体内容进行分类核算的项目,按所有者权益的形成和性质可分为反映资本的科目和反映留存收益的科目。反映资本的科目有"实收资本"(或"股本")"资本公积"等;反映留存收益的科目有"盈余公积""本年利润""利润分配"等。所有者权益类的"本年利润"科目归属于利润会计要素,但由于企业实现利润会增加所有者权益,因而将其归为所有者权益类科目。

具体如表3-3所示。

表3-3　制造企业常用会计科目表——所有者权益类

分　类	编　号	会计科目名称
所有者权益类	4001	实收资本
	4002	资本公积
	4101	盈余公积
	4103	本年利润
	4104	利润分配

5. 成本类科目

成本类科目是对可归属于产品生产成本、劳务成本等费用的具体内容进行分类核算的项目,按成本的不同内容和性质可以分为反映制造成本的科目和反映劳务成本的科目。反映制造成本的科目有"生产成本""制造费用"等;反映劳务成本的科目有"劳务成本"等。成本类科目归属于资产要素,成本是企业生产产品、提供劳务所消耗的价值的体现,为了能单独核算产品成本、劳务成本等,因而设置了成本类科目。

具体如表 3-4 所示。

表 3-4 制造企业常用会计科目表——成本类

分　类	编　号	会计科目名称
成本类	5001	生产成本
	5101	制造费用
	5201	劳务成本
	5301	研发支出

6. 损益类科目

损益类科目是对收入和费用要素的具体内容进行分类核算的项目,按损益的不同内容可以分为反映收入的科目和反映费用的科目。反映收入的科目有"主营业务收入""其他业务收入"等;反映费用的科目有"主营业务成本""其他业务成本""销售费用""管理费用""财务费用"等。

具体如表 3-5 所示。

表 3-5 制造企业常用会计科目表——损益类

分　类	编　号	会计科目名称	编　号	会计科目名称
损益类	6001	主营业务收入	6401	主营业务成本
	6051	其他业务收入	6402	其他业务成本
	6101	公允价值变动损益	6403	税金及附加
	6111	投资收益	6601	销售费用
	6301	营业外收入	6602	管理费用
			6603	财务费用
			6701	资产减值损失
			6711	营业外支出
			6801	所得税费用

（二）按提供信息的详细程度及其统驭关系分类

会计科目按其所提供信息的详细程度及其统驭关系不同,分为总分类科目和明细分类科目。

1. 总分类科目

总分类科目也称"总账科目"或"一级科目",它是对会计要素具体内容进行总括分类、提供总括信息的会计科目,如"应收账款""原材料"等。

2. 明细分类科目

明细分类科目也称"明细科目",它是对总分类科目做进一步分类、提供更详细更具体会计信息的科目,如"应收账款"科目按债务人名称或姓名设置明细科目,反映应收账款的具体对象;再如"原材料"科目按原料及材料的种类、规格等设置明细科目,反映各种原材料的具体构成内容。为了适应管理工作的要求,对于明细科目较多的总账科目,可在总分类科目与明细科目之间设置二级或多级科目,如设置二级明细科目、三级明细科目等。二级明细科目是对总分类科目进一步分类的科目,三级明细科目是对二级明细科目进一步分类的科目。

总分类科目与明细分类科目既有联系又有区别。总分类科目是概括地反映会计对象的具体内容,提供的是总括性指标。而明细分类科目是详细地反映会计对象的具体内容,提供的是比较详细具体的指标。总分类科目对明细分类科目具有统驭控制作用,而明细分类科目则是对总分类科目的具体化和详细说明。

下面以生产成本为例,说明总分类科目与各级明细分类科目之间的关系,如表3-6所示。

表3-6　总分类科目与各级明细分类科目之间的关系

总分类科目	明细分类科目	
（一级科目）	二级明细科目	三级明细科目
生产成本	A产品	直接材料
		直接人工
		制造费用
	B产品	直接材料
		直接人工
		制造费用

三、会计科目的设置

(一) 会计科目的设置原则

1. 合法性原则

指所设置的会计科目应当符合国家统一的会计制度的规定,以保证会计信息的规范、统一和可比性。在不影响会计核算质量和对外提供统一的会计报表的前提下,企业也可根据自身特点增补或合并会计科目,做到统一性与灵活性相结合。

2. 相关性原则

指所设置的会计科目应为提供有关各方所需要的会计信息服务,满足对外报告与对内管理的要求。

3. 实用性原则

指所设置的会计科目应符合单位自身特点,满足单位实际需要。企业的组织形式、所处行业、经营内容及业务种类等不同,在会计科目的设置上亦应有所区别。

(二) 会计科目的编号

会计科目编号就是确定会计科目的数字编码。对会计科目编号是为了便于确定会计科目类别和位置,便于查阅和书写,尤其是在信息化条件下满足会计电算化和信息化的需要。

我国会计制度规定对总分类科目采用"四位数字编号法",预定千、百、十、个四位数字,自左至右,分别代表大类(千)、中分类(百)及细分类和具体科目(十、个)。其中,第一位数字,以千位的 1、2、3、4、5、6,分别顺序代表资产类、负债类、共同类、所有者权益类、成本类、损益类等六类;第二位数字,以百位的 0、1、2、……顺序代表大类下面的中分类;第三、四位数字,每个项目之下的科目编号,从 01 到 99 顺序编号。例如,"1001"库存现金、"1002"银行存款。

在手工记账的条件下,一般只对总分类科目进行编号,而在会计电算化条件下,除了对总分类科目采用四位数字编号法外,对二级科目和三级科目可根据其数目的多少采用五位数、六位数或更多位数进行编号。

典型工作任务

南通长江自动化有限公司会计要素具体项目如表3-7所示。

表 3-7

序 号	项 目	会计科目	会计科目类别
1	房屋及建筑物		
2	工作机器及设备		
3	运输汽车		
4	库存生产用钢材		
5	应付职工的工资		
6	发生的办公费		
7	库存完工产品		
8	存放在银行的款项		
9	由出纳人员保管的现金		
10	应收某厂的货款		
11	暂付职工差旅费		
12	从银行借入的6个月的款项		
13	应付给光华厂的材料款		
14	欠交的税金		
15	销售产品的收入		
16	投资者投入的资本		
17	预收的货款		
18	欠付的利息		
19	发生的展览费		
20	销售产品的成本		

根据上述资料,填写会计科目和会计科目所属的类别(包括资产类、负债类、所有者权益类、成本类、损益类)。

学习情境二　开设会计账户

一、会计账户的概念与分类

(一) 会计账户的概念

会计账户是根据会计科目设置的,具有一定格式和结构,用于分类反映会计要素增减变动情况及其结果的载体。设置账户是会计核算的重要方法之一。

各单位在会计核算工作中必须依据会计科目开设账户。一方面,应当根据会计科目按经济内容分类开设账户,另一方面,应当根据会计科目按提供核算指标的详细程度分别开设总分类账户、二级账户和明细分类账户,以全面地反映会计对象的具体内容,为经济管理提供各种各样的核算资料。

(二) 会计账户的分类

1. 根据核算的经济内容分类

会计账户分为资产类账户、负债类账户、共同类账户、所有者权益类账户、成本类账户、损益类账户。

其中,有些资产类账户、负债类账户和所有者权益类账户存在备抵账户。备抵账户亦称"抵减账户"。它是作为被调整对象原始数额的抵减项目,以确定被调整对象实有数额而设置的独立账户。

资产类备抵账户是用来抵减某一资产的数额,以求得该资产账户实有数额的账户。"累计折旧"账户就是一个典型的资产类备抵账户,它与"固定资产"账户之间的关系,就是调整与被调整的关系。属于资产类备抵账户的包括"坏账准备""存货跌价准备""长期股权投资减值准备""固定资产减值准备""无形资产减值准备"等。所有者权益备抵账户是用来抵减某一所有者权益账户余额,以求得所有者权益账户实际余额的账户。如"利润分配"账户就是"本年利润"账户的备抵账户。

2. 根据提供信息的详细程度及其统驭关系分类

会计账户按其所提供信息的详细程度及其统驭关系不同,分为总分类账户和明细分类账户。

(1) 总分类账户是指根据总分类科目设置的,用于对会计要素具体内容进行总括分类核算的账户,简称总账。

(2) 明细分类账户是根据明细分类科目设置的,用来对会计要素具体内容进行明细分类核算的账户,简称明细账。

总分类账户和所属明细分类账户核算的内容相同,只是反映内容的详细程度有所不同,两者相互补充、相互制约、相互核对。总分类账户统驭和控制所属明细分类账户,明细分类账户从属于总分类账户。

二、会计账户的功能与结构

(一) 会计账户的功能

会计账户的功能在于连续、系统、完整地提供企业经济活动中各会计要素增减变动及其结果的具体信息。

会计要素在特定会计期间增加和减少的金额,分别称为账户的"本期增加发生额"和"本期减少发生额",二者统称为账户的"本期发生额"。

会计要素在会计期末的增减变动结果,称为账户的"余额",具体表现为期初余额和期末余额,账户上期的期末余额转入本期,即为本期的期初余额。

账户本期的期末余额转入下期,即为下期的期初余额。

四个金额要素之间的关系是:

$$期末余额＝期初余额＋本期增加发生额－本期减少发生额$$

会计账户的最基本功能是用于记录经济业务增减变动的内容的,每个账户的本期增加发生额和本期减少发生额都应分别记入各账户左右两方的金额栏,以便分别计算增减。至于用哪一方登记增加金额,用哪一方登记减少金额,则取决于所采用的记账方法和该账户所记录的经济内容。

(二) 会计账户的结构

会计账户具有一定的格式,账户的格式就是账户的结构。

尽管企业的经济活动错综复杂,但经济业务所引起的各项会计要素的变动,从数量上看不外乎是增加和减少两种情况。为了清晰反映各项经济业务的增减变动,通常将账户划分为左、右两方,分别登记增加数和减少数。作为账户的基本结构,通常应包括下列内容:

(1) 账户的名称,即会计科目;

(2) 日期,记录经济业务的日期;

(3) 凭证号数,表明账户记录所依据的会计凭证;

(4) 摘要,简要说明经济业务的内容;

(5) 金额,增加和减少的金额及余额。

账户的一般结构如表3-8所示。

表3-8　账户名称(会计科目)

年		凭 证		摘　要	借　方	贷　方	借或贷	余　额
月	日	字	号					

为了教学和学习方便,常常使用一种简化账户的格式,该格式只突出账户主要结构,即账户名称和左方右方,其他部分略去,该简化格式形似英文字母"T",所以称之为"T"字形账户,如图 3-1 所示。

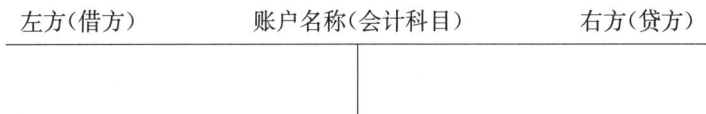

左方(借方)　　　　　　账户名称(会计科目)　　　　　　右方(贷方)

图 3-1　"T"字形账户结构

三、会计科目与账户的区别联系

从理论上讲,会计科目与账户是两个不同的概念,二者既有联系,又有区别。

会计科目与账户都是对会计对象具体内容的分类,两者核算内容一致,性质相同。

二者的联系:会计科目是账户的名称,二者反映的经济业务内容是一致的,都是用来分门别类地反映会计要素的具体内容。

二者的区别:会计科目没有结构,只是表明某一会计事项归属的分类项目;而账户则具有一定结构形式,通过账户可以记载会计事项,连续、系统、全面地反映某项经济业务内容的增减变动情况及其结果。账户在会计科目按照经济内容分类的基础上,还可以按照用途结构分类。

复习思考题

1. 会计科目的定义是什么? 会计科目是如何进行分类的?
2. 会计科目的设置原则是什么?
3. 什么是账户? 账户有哪些分类? 账户包括哪些内容?

技能实训

熟悉五大类会计科目(要求:写出会计科目,并指出属于哪一类)。

(1) 存放在出纳处的现金;

(2) 存放在银行里的款项;

(3) 向银行借入 3 个月期限的临时借款;

(4) 库存原材料;

(5) 机器设备;

(6) 甲企业投入资金;

(7) 向银行贷款,2 年后偿还;

（8）应交未交税金；

（9）预收销货款；

（10）销售产品收入；

（11）产品销售成本；

（12）销售材料收入；

（13）广告费；

（14）办公费；

（15）业务招待费；

（16）捐款收入；

（17）银行借款利息支出；

（18）罚款支出；

（19）车间水费；

（20）存储在公司仓库的产品；

（21）预付购货款；

（22）对外的长期股权投资；

（23）专利权；

（24）应付未付的职工工资；

（25）超过注册资本的部分；

（26）从利润中提取的公积金；

（27）本期实现的利润；

（28）生产产品耗用的成本；

（29）销售材料的成本；

（30）计算应交的消费税等；

（31）计算应交的所得税；

（32）预借差旅费；

（33）出租包装物的收入；

（34）因购货开出商业汇票；

（35）尚未入库的材料。

习题集

项目四

应用借贷记账法

学习情境一　了解会计记账方法

记账方法就是根据一定的原理、记账符号，采用一定的计量单位，利用文字和数字，将经济业务发生所引起的各会计要素的增减变动在有关账户中进行记录的方法。在会计发展过程中，有两种记账方法，一种是单式记账法，另一种是复式记账法。

一、单式记账法

单式记账法是指对发生的交易或事项，只在一个账户中进行记录的记账方法。它在记账时，重点考虑的是现金、银行存款以及债权、债务方面发生的交易或事项，因此它是一种比较简单、不完整的记账方法。它不能全面、完整、系统地反映交易或事项的来龙去脉，也不便于检查、核对账户记录的正确性。

例如，企业用现金购买原材料，金额1 000元。只登记库存现金减少1 000元，不登记原材料增加1 000元。

二、复式记账法

(一) 复式记账法的概念

复式记账法是以资产与权益平衡关系作为记账基础，对于每一项经济业务都要在两个或两个以上相互联系的账户中进行登记，系统地反映每一项经济业务所引起的会计要素的增减变化及其结果的一种记账方法。

例如，企业用现金购买原材料，金额1 000元。不仅要登记库存现金减少1 000元，同时登记原材料增加1 000元。

(二) 复式记账法的优点

(1) 复式记账法能够全面反映经济业务内容和资金运动的来龙去脉。

(2) 复式记账使有关账户之间形成了清晰的对应关系，便于了解交易或事项的内容，检查交易或事项是否合理合法。

(3) 复式记账法下，会计科目形成了一个完整的体系，并可利用各账户的发生额及余额之间相关联系、相互制约的关系进行试算平衡,检查账户的记录是否正确,从而保证账户的记录正确无误。

(三)复式记账法的种类

复式记账法又可分为借贷记账法、增减记账法和收付记账法。在我国,所有企事业单位在进行会计核算时,都必须统一采用借贷记账法。借贷记账法也是目前世界上普遍采用的复式记账方法。

【例4-1】 下列有关复式记账法的表述中,正确的有(   )。

A. 复式记账法一般应在两个或两个以上账户中登记,但有时也在一个账户中登记

B. 复式记账法能如实反映资金运动的来龙去脉

C. 复式记账法便于检查账户的记录是否正确

D. 我国所有企事业单位都必须统一采用复式记账法中的借贷记账法进行会计核算

【答案】 BCD

学习情境二 借贷记账法的应用

任务一 借贷记账法的初步应用

一、借贷记账法的概念

借贷记账法是以"借""贷"为记账符号,对每一笔经济业务,都要在两个或两个以上相互联系的账户中以借贷相等的金额进行登记的一种复式记账方法。

借贷记账法产生于13世纪的意大利,后经逐步发展和完善,并传遍欧洲、美洲等地,成为世界通用的记账方法。20世纪初由日本传入我国,目前已成为我国法定的记账方法。

"借"和"贷"是借贷记账法的记账符号,是用以指明记账的增减方向、账户之间的对应关系和账户余额的性质等。而与这两个文字的字义及其在会计史上的最初含义无关,不可望文生义,不能简单从字面上去理解,"借""贷"不是谁欠了谁,它只是一种符号而已,没有实在的意义。

二、借贷记账法下的账户结构

(一)借贷记账法下账户的基本结构

借贷记账法以"借""贷"为记账符号,将账户分为两个基本部分:左方和右方,一般左方称为借方,右方称为贷方。其格式如图4-1所示:

借方　　　　　　　　账户名称（会计科目）　　　　　　　　贷方

图 4 - 1　借贷记账法下账户的基本结构

借贷记账法分别用"借""贷"两个记账符号来表示各会计要素的增加或减少。至于"借"表示增加还是"贷"表示增加,则取决于账户的性质及结构。

账户按其性质来说,既有反映资产的账户,又有反映负债、所有者权益的账户,还有反映成本、损益的账户。各种不同性质的账户,在借贷记账法下,借方和贷方登记的内容是各不相同的,即它们的基本结构并不完全相同。

在借贷记账法下,一般"借"表示资产、成本、费用的增加和负债、所有者权益、收入的减少;"贷"表示资产、成本、费用的减少和负债、所有者权益、收入的增加。

（二）资产和成本类账户的结构

在借贷记账法下,资产类、成本类账户的借方登记增加数,贷方登记减少数,期初及期末余额一般在借方。资产类、成本类账户的发生额及余额之间的关系,可用公式表示如下:

$$期末借方余额＝期初借方余额＋本期借方发生额－本期贷方发生额$$

资产类、成本类账户的结构用"T"字形账户表示,如图 4 - 2 所示。

资产类、成本类账户名称

借方			贷方
期初余额	×××		
本期增加数	×××	本期减少数	×××
……		……	
本期发生额	×××	本期发生额	×××
期末余额	×××		

图 4 - 2　资产类、成本类账户结构

需要指出,有些成本类账户,如"制造费用"在费用结转后,没有期末余额。

（三）负债及所有者权益类账户的结构

负债类账户和所有者权益类账户的结构与资产类账户正好相反。在借贷记账法下,负债类账户和所有者权益类账户的借方登记减少数,贷方登记增加数,期初及期末余额一般在贷方。负债类账户和所有者权益类账户的发生额及余额之间的关系,可用公式表示如下:

$$期末贷方余额＝期初贷方余额＋本期贷方发生额－本期借方发生额$$

负债类账户和所有者权益类账户的结构用"T"字形账户表示,如图 4 - 3 所示。

负债类、所有者权益类账户名称

借方		贷方	
		期初余额	×××
本期减少数 ×××		本期增加数	×××
……		……	
本期发生额 ×××		本期发生额	×××
		期末余额	×××

图 4-3 负债类、所有者权益类账户结构

(四) 损益类账户的结构

损益类账户主要包括收入类账户和费用类账户。

1. 收入类账户的结构

收入类账户的结构与负债类账户和所有者权益类账户的结构基本相同,即借方登记减少数,贷方登记增加数,期末结转入"本年利润"账户后一般无余额。

收入类账户的结构用"T"字形账户表示,如图 4-4 所示。

收入类账户名称

借方		贷方	
本期减少数 ×××		本期增加数 ×××	
……		……	
本期发生额 ×××		本期发生额 ×××	

图 4-4 收入类账户结构

2. 费用类账户的结构

费用类账户的结构与资产类账户的结构基本相同,即借方登记增加数,贷方登记减少数,期末结转入"本年利润"账户后一般无余额。

费用类账户的结构用"T"字形账户表示,如图 4-5 所示。

费用类账户

借方		贷方	
本期增加数 ×××		本期减少数 ×××	
……		……	
本期发生额 ×××		本期发生额 ×××	

图 4-5 费用类账户结构

总的来讲,可以将账户借方和贷方所记录的经济业务内容归纳如表4-1所示:

表4-1

账户类别	借	贷
资产类账户	＋	－
成本类账户	＋	－
费用类账户	＋	－
负债类账户	－	＋
所有者权益类账户	－	＋
收入类账户	－	＋

三、借贷记账法下的记账规则

借贷记账法的记账规则为:有借必有贷,借贷必相等。即对于每一笔经济业务都要在两个或两个以上相互联系的账户中,以借方和贷方相等的金额进行登记。

具体地说,在借贷记账法下,对发生的每一笔经济业务,都必须记入一个账户的借方,同时记入另一个或几个账户的贷方;或者记入一个账户的贷方,同时记入另一个或几个账户的借方;或者记入几个账户的借方,同时记入另几个账户的贷方,并且记入借方的金额和记入贷方的金额必须相等。

典型工作任务

下面以南通长江自动化有限公司2020年12月发生的9笔经济业务为例,说明借贷记账法的记账规则。

(1) 南通长江自动化有限公司收到B公司投入资金100 000元,款已存入银行。

该笔经济业务涉及"银行存款"和"实收资本"两个账户,它使银行存款增加了100 000元,实收资本增加了100 000元,银行存款的增加属于资产的增加,应记入"银行存款"账户的借方;实收资本的增加属于所有者权益的增加,应记入"实收资本"账户的贷方。如图4-6所示。

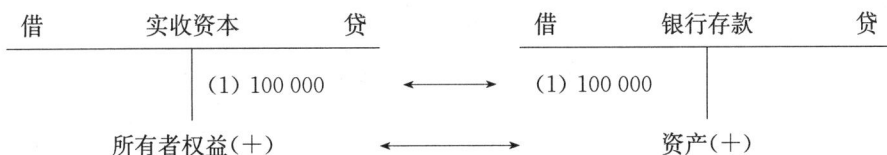

图4-6

(2) 南通长江自动化有限公司向银行借入三个月期限的短期借款20 000元存入银行。

该笔经济业务涉及"银行存款"和"短期借款"两个账户,它使银行存款增加了20 000

元,短期借款增加了20 000元,银行存款的增加属于资产的增加,应记入"银行存款"账户的借方;短期借款的增加属于负债的增加,应记入"短期借款"账户的贷方。如图4-7所示。

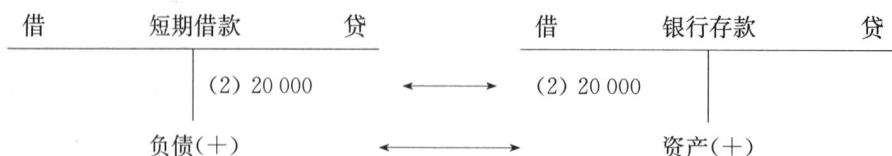

借	短期借款	贷
	(2) 20 000	
	负债(+)	

借	银行存款	贷
(2) 20 000		
资产(+)		

图4-7

(3)南通长江自动化有限公司以银行存款偿还上月所欠C公司材料款20 000元。

该笔经济业务涉及"银行存款"和"应付账款"两个账户。它使银行存款减少了20 000元,应付账款减少了20 000元,银行存款的减少属于资产的减少,应记入"银行存款"账户的贷方;应付账款的减少属于负债的减少,应记入"应付账款"账户的借方。如图4-8所示。

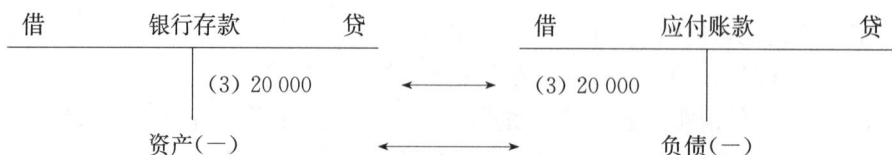

借	银行存款	贷
	(3) 20 000	
	资产(一)	

借	应付账款	贷
(3) 20 000		
负债(一)		

图4-8

(4)南通长江自动化有限公司因缩小经营规模,经批准减少注册资本50 000元,并以银行存款发还给投资者。

该笔经济业务涉及"银行存款"和"实收资本"两个账户,它使银行存款减少了50 000元,实收资本减少了50 000元,银行存款的减少属于资产的减少,应记入"银行存款"账户的贷方;实收资本的减少属于所有者权益的减少,应记入"实收资本"账户的借方。如图4-9所示。

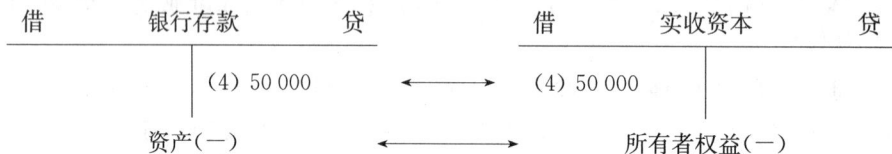

借	银行存款	贷
	(4) 50 000	
	资产(一)	

借	实收资本	贷
(4) 50 000		
所有者权益(一)		

图4-9

(5)南通长江自动化有限公司向银行提取现金120 000元。

该笔经济业务涉及"库存现金"和"银行存款"两个账户,它使现金增加了120 000元,银行存款减少了120 000元,现金的增加属于资产的增加,应记入"库存现金"账户的借方;银行存款的减少属于资产的减少,应记入"银行存款"账户的贷方。如图4-10所示。

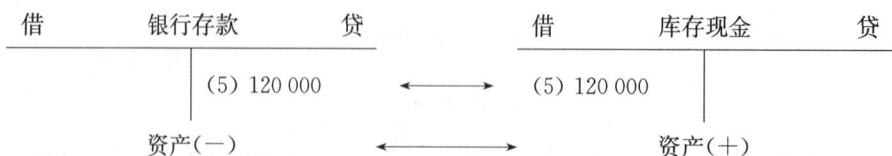

借	银行存款	贷
	(5) 120 000	
	资产(一)	

借	库存现金	贷
(5) 120 000		
资产(+)		

图4-10

（6）经批准南通长江自动化有限公司将盈余公积 80 000 元转增资本。

该笔经济业务涉及"盈余公积"和"实收资本"两个账户，它使盈余公积减少了 80 000 元，实收资本增加了 80 000 元，盈余公积的减少属于所有者权益的减少，应记入"盈余公积"账户的借方；实收资本的增加属于所有者权益的增加，应记入"实收资本"账户的贷方。如图 4-11 所示。

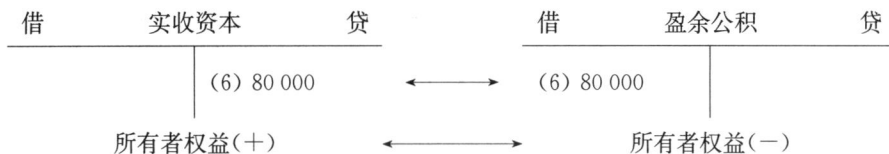

借	实收资本	贷		借	盈余公积	贷
	（6）80 000		← →	（6）80 000		
	所有者权益（+）		← →		所有者权益（-）	

图 4-11

（7）南通长江自动化有限公司向银行借入 100 000 元直接用于归还拖欠的货款。

该笔经济业务涉及"短期借款"和"应付账款"两个账户，它使短期借款增加了 100 000 元，应付账款减少了 100 000 元，短期借款的增加属于负债的增加，应记入"短期借款"账户的贷方；应付账款的减少属于负债的减少，应记入"应付账款"账户的借方。如图 4-12 所示。

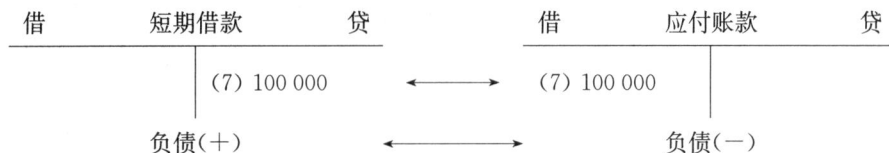

借	短期借款	贷		借	应付账款	贷
	（7）100 000		← →	（7）100 000		
	负债（+）		← →		负债（-）	

图 4-12

（8）南通长江自动化有限公司经与债权人协商并经有关部门批准，将所欠 40 000 元债务转为资本。

该笔经济业务涉及"应付账款"和"实收资本"两个账户，它使应付账款减少了 40 000 元，实收资本增加了 40 000 元，应付账款的减少属于负债的减少，应记入"应付账款"账户的借方；实收资本的增加属于所有者权益的增加，应记入"实收资本"账户的贷方。如图 4-13 所示。

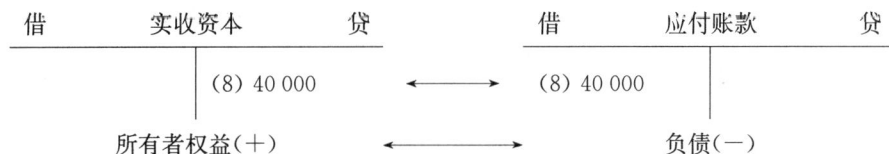

借	实收资本	贷		借	应付账款	贷
	（8）40 000		← →	（8）40 000		
	所有者权益（+）		← →		负债（-）	

图 4-13

（9）南通长江自动化有限公司经研究决定，向投资者分配利润 30 000 元。

该笔经济业务涉及"利润分配"和"应付股利"两个账户，它使未分配利润减少了 30 000 元，应付股利增加了 30 000 元，利润的分配属于所有者权益的减少，应记入"利润分配"账户的借方;应付股利的增加属于负债的增加,应记入"应付股利"账户的贷方。如图 4 - 14 所示。

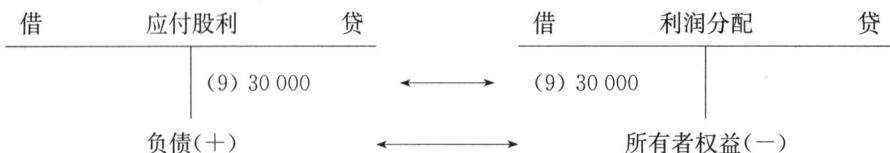

图 4 - 14

以上例子,代表了经济业务所引起的资产、负债和所有者权益增减变化的九种情况。从这九种情况可以看出,不论经济业务的类型如何,在借贷记账法下,对于发生的每一笔经济业务,都是按照"有借必有贷,借贷必相等"的记账规则来记账的。

四、借贷记账法下的对应关系与会计分录

(一) 账户的对应关系

在借贷记账法下,所有经济业务在进行会计记录时,必须同时记入两个或两个以上的账户中,这样,账户之间就形成了一定的相互联系、相互依存的对应关系,这就是账户的对应关系,也称作账户的应借、应贷关系。存在着对应关系的账户称为对应账户。通过账户间的这种对应关系,可以了解每笔经济业务的内容,掌握经济业务的来龙去脉,检查经济业务的会计处理是否合理、合法。

(二) 会计分录

1. 会计分录的含义

会计分录是指对某项经济业务事项标明其应借应贷账户名称及其金额的记录,简称分录。可见,会计分录是由应借应贷方向、对应账户(科目)名称及应记金额三大要素构成的。

编制会计分录是对经济业务进行会计确认和计量的一种初步记载,也是将经济业务记入会计账簿前的一项准备工作。通过编制会计分录还可以根据分录中各账户的对应关系以及借贷金额的平衡来检查并保证其后进行的账簿记录的完整性和正确性。在我国,会计分录记载于记账凭证中。

2. 会计分录的分类

按照所涉及账户的多少,会计分录分为简单会计分录和复合会计分录。

简单会计分录是指只涉及一个账户借方和另一个账户贷方的会计分录,即一借一贷的会计分录。

复合会计分录是指由两个以上(不含两个)对应账户所组成的会计分录,即一借多贷、一贷多借或多借多贷的会计分录。一般来讲,复合会计分录可以分解为若干简单会计分录。

【例 4 - 2】 企业生产产品领用原材料 25 000 元,厂部管理部门一般耗用原材料 3 000 元。应做如下复合会计分录:

借:生产成本　　　　　　　　　　　　　　　　　　　　25 000

　　管理费用　　　　　　　　　　　　　　　　　　　　　3 000

贷:原材料	28 000

需要注意的是,多借多贷会计分录,只有在某一项经济业务比较繁杂,确实需要编制时才可以编制,一般不允许将不同的经济业务合并编制多借多贷会计分录。

3. 会计分录的编制步骤

第一步,分析经济业务事项涉及的是资产(费用、成本),还是权益(收入);

第二步,确定涉及哪些要素项目,是增加,还是减少;

第三步,确定记入哪个(或哪些)账户的借方,哪个(或哪些)账户的贷方;

第四步,确定应借应贷账户是否正确,借贷方金额是否相等。

编制会计分录的书面格式,习惯上采用先借后贷、上借下贷,每一个账户占一行;借方与贷方应错位表示,一般贷字应对齐借方账户的第一个字,金额也要错开写,以便醒目、清晰。

下面仍以前面所述的9笔经济业务为例,说明会计分录的编制。

(1)该笔业务应编制如下会计分录:

借:银行存款	100 000
贷:实收资本	100 000

(2)该笔业务应编制如下会计分录:

借:银行存款	20 000
贷:短期借款	20 000

(3)该笔业务应编制如下会计分录:

借:应付账款	20 000
贷:银行存款	20 000

(4)该笔业务应编制如下会计分录:

借:实收资本	50 000
贷:银行存款	50 000

(5)该笔业务应编制如下会计分录:

借:库存现金	120 000
贷:银行存款	120 000

(6)该笔业务应编制如下会计分录:

借:盈余公积	80 000
贷:实收资本	80 000

(7)该笔业务应编制如下会计分录:

借:应付账款	100 000
贷:短期借款	100 000

(8)该笔业务应编制如下会计分录:

借:应付账款	40 000
贷:实收资本	40 000

(9)该笔业务应编制如下会计分录:

借:利润分配	30 000
贷:应付股利	30 000

任务二 试算平衡

一、试算平衡的基本原理

(一) 试算平衡的含义

试算平衡是指根据资产与权益的恒等关系以及借贷记账法的记账规则,通过对所有账户的记录进行汇总和计算,来检查各类账户记录是否正确的一种方法。

(二) 试算平衡的分类

试算平衡具体可分为发生额试算平衡法和余额试算平衡法两种方法。

1. 发生额试算平衡法

它是根据本期所有账户借方发生额合计与贷方发生额合计的恒等关系,检验本期发生额记录是否正确的方法。公式为:

全部账户本期借方发生额合计＝全部账户本期贷方发生额合计

发生额试算平衡法的理论依据是"有借必有贷、借贷必相等"这一借贷记账法的记账规则。在借贷记账法下,每一笔经济业务都要以相等的金额,分别记入两个或两个以上相关账户的借方和贷方,借贷双方的发生额必然相等。推而广之,将一定时期内的经济业务全部记入有关账户之后,所有账户的借方发生额合计与贷方发生额合计也必然相等。这一恒等关系可以用来检查本期发生额记录是否正确。

2. 余额试算平衡法

它是根据本期所有账户借方余额合计与贷方余额合计的恒等关系,检验本期账户记录是否正确的方法。

根据余额时间不同又分为期初余额平衡与期末余额平衡两类。期初余额平衡是期初所有账户借方余额合计与贷方余额合计相等,期末余额平衡是期末所有账户借方余额合计与贷方余额合计相等,这是由"资产＝负债＋所有者权益"的恒等关系决定的。公式为:

全部账户的借方期初余额合计＝全部账户的贷方期初余额合计

全部账户的借方期末余额合计＝全部账户的贷方期末余额合计

实际工作中,余额试算平衡是通过编制试算平衡表来进行的。

二、试算平衡的编制方法

||| 典型工作任务 |||

南通长江自动化有限公司 2020 年 5 月期初余额如表 4－2 所示:

表 4 - 2

账户名称	借方余额	贷方余额
库存现金	12 000	
银行存款	360 000	
其他应收款	1 000	
原材料	127 000	
固定资产	250 000	
短期借款		200 000
应付账款		50 000
实收资本		500 000
合　计	750 000	750 000

5 月份根据该企业发生的经济业务做了以下会计分录。

(1) 购入设备一台,价值 20 000 元,用银行存款支付。

借:固定资产　　　　　　　　　　　　　　　20 000

　　贷:银行存款　　　　　　　　　　　　　　　　20 000

(2) 购入原材料一批,价值 5 000 元,暂欠供货单位。

借:原材料　　　　　　　　　　　　　　　　5 000

　　贷:应付账款　　　　　　　　　　　　　　　　5 000

(3) 用银行存款偿还银行的短期借款 30 000 元。

借:短期借款　　　　　　　　　　　　　　　30 000

　　贷:银行存款　　　　　　　　　　　　　　　　30 000

(4) 收到某合伙人投资 80 000 元存入银行。

借:银行存款　　　　　　　　　　　　　　　80 000

　　贷:实收资本　　　　　　　　　　　　　　　　80 000

(5) 向银行借入短期借款 20 000 元,偿还前欠购料款。

借:应付账款　　　　　　　　　　　　　　　20 000

　　贷:短期借款　　　　　　　　　　　　　　　　20 000

根据上述有关账户记录如图 4 - 15 至图 4 22 所示:

借	库存现金	贷
期初余额 12 000		
期末余额 12 000		

图 4 - 15

借	银行存款	贷
期初余额 360 000	① 20 000	
④ 80 000	③ 30 000	
本期发生额 80 000	本期发生额 50 000	
期末余额　390 000		

图 4 - 16

借	其他应收款	贷
期初余额 1 000		
期末余额 1 000		

图 4 - 17

借	原材料	贷
期初余额 127 000		
② 5 000		
本期发生额 5 000		
期末余额 132 000		

图 4 - 18

借	固定资产	贷
期初余额 250 000		
① 20 000		
本期发生额 20 000		
期末余额 270 000		

图 4 - 19

借	短期借款	贷
③ 30 000	期初余额 200 000	
	⑤ 20 000	
本期发生额 30 000	本期发生额 20 000	
	期末余额 190 000	

图 4 - 20

借	应付账款	贷
⑤ 20 000	期初余额 50 000	
	② 5 000	
本期发生额 20 000	本期发生额 5 000	
	期末余额 35 000	

图 4-21

借	实收资本	贷
	期初余额 500 000	
	④ 80 000	
	本期发生额 80 000	
	期末余额 580 000	

图 4-22

根据上述有关账户记录编制试算平衡表,如表4-3、表4-4所示。

表 4-3 本期发生额试算平衡表

账户名称	借方发生额	贷方发生额
银行存款	80 000	50 000
原材料	5 000	
固定资产	20 000	
短期借款	30 000	20 000
应付账款	20 000	5 000
实收资本		80 000
合 计	155 000	155 000

表 4-4 本期期末余额试算平衡表

账户名称	借方余额	贷方余额
库存现金	12 000	
银行存款	390 000	
其他应收款	1 000	
原材料	132 000	
固定资产	270 000	
短期借款		190 000
应付账款		35 000
实收资本		580 000
合 计	805 000	805 000

实际工作中,一般将"本期发生额试算平衡"与"期末余额试算平衡"合并,编制"总分类账户本期发生额及余额试算平衡表"(简称试算平衡表)。如表4-5所示。

表4-5 总分类账户本期发生额及余额试算平衡表

账户名称	期初余额		本期发生额		期末余额	
	借方	贷方	借方	贷方	借方	贷方
库存现金	12 000				12 000	
银行存款	360 000		80 000	50 000	390 000	
其他应收款	1 000				1 000	
原材料	127 000		5 000		132 000	
固定资产	250 000		20 000		270 000	
短期借款		2 000 000	30 000	20 000		190 000
应付账款		50 000	20 000	5 000		35 000
实收资本		500 000		80 000		580 000
合 计	750 000	750 000	155 000	155 000	805 000	805 000

在编制试算平衡表时,还应注意以下几点:

首先,必须保证所有账户的余额均已记入试算平衡表。因为会计等式是对六项会计要素整体而言的,缺少任何一个账户的余额,都会造成期初或期末借方余额合计与贷方余额合计不相等。

其次,如果试算平衡表借贷不相等,肯定账户记录有错误,应认真查找,直到实现平衡为止。

最后,即便实现了有关三栏的平衡关系,并不能说明账户记录绝对正确,因为有些错误并不会影响借贷双方的平衡关系。

不影响借贷双方平衡关系的错误通常有:

(1) 漏记某项经济业务,使本期借贷双方的发生额等额减少,借贷仍然平衡;

(2) 重记某项经济业务,使本期借贷双方的发生额等额虚增,借贷仍然平衡;

(3) 某项经济业务记录的应借应贷账户正确,但借贷双方金额同时多记或少记,且金额一致,借贷仍然平衡;

(4) 某项经济业务记错有关账户,借贷仍然平衡;

(5) 某项经济业务在账户记录中,颠倒了记账方向,借贷仍然平衡;

(6) 某借方或贷方发生额中,偶然发生多记和少记并相互抵销,借贷仍然平衡。

因此,试算不平衡,表示记账一定有错误,但是试算平衡时,不能表明记账一定正确。

【例4-3】 下列记账错误中,不能通过试算平衡发现的有( )。

A. 漏记了应记贷方的发生额　　　　B. 借贷记账方向彼此颠倒

C. 借方的金额误记到贷方　　　　　D. 将某一账户借方发生额写错

【答案】 B

复习思考题

1. 借贷记账法的 5 种账户,哪些增加在借方,哪些增加在贷方?
2. 借贷记账法的记账规则是什么?
3. 会计分录的概念、种类分别是什么?
4. 会计分录的编制步骤是什么?
5. 试算平衡的概念、种类分别是什么?
6. 两种试算平衡的公式和理论依据分别是什么?

技能实训

实训一

资料:N 公司 2020 年 8 月份有关科目的期初余额、本期发生额和期末余额如表 4-6 所示。

表 4-6

科目名称	期初余额		本期发生额		期末余额	
	借方	贷方	借方	贷方	借方	贷方
库存现金	7 200		1 200	( )	4 800	
银行存款	96 000		( )	75 600	( )	
原材料	60 000		26 400	( )	48 000	
应收账款	( )		( )	100 800	96 000	
固定资产	( )		28 800	27 000	120 000	
实收资本		180 000		( )		216 000
资本公积		48 000	( )	12 000		36 000
短期借款		60 000	( )			18 000
应付账款		96 000	10 200	( )		165 600
合　计	( )	384 000	( )	( )	( )	( )

要求:填列括号中相关金额。

实训二

资料:某企业 2020 年 11 月份发生如下经济业务:

(1) 从银行取得短期借款 300 000 元存入存款账户。

（2）从银行提取现金 80 000 元。

（3）用现金发放工资 72 000 元。

（4）以银行存款支付行政部门办公费 2 000 元。

（5）以转账支票支付前欠 A 公司材料采购款 32 000 元。

（6）以银行存款 1 000 元支付广告费。

（7）采购员张三出差预借差旅费 2 000 元。

（8）企业销售产品获得收入 50 000 元，货款存入银行存款户。

（9）以银行存款交纳应交税金 2 300 元。

（10）采购员张三出差回来，报销差旅费 1 500 元，多余部分以现金退回。

要求：编制会计分录。

实训三

资料：

1. 某企业全部账户期初余额如表 4 - 7 所示：

表 4 - 7

账户名称	借方余额	账户名称	贷方余额
库存现金	1 600	短期借款	230 000
银行存款	250 000	应付账款	126 000
应收账款	86 000	应交税费	1 600
库存商品	120 000	实收资本	700 000
固定资产	600 000		

2. 该企业发生下列业务：

（1）从银行提取现金 3 000 元备用。

（2）以存款购入材料，价款 80 000 元，材料已验收入库。

（3）从 A 公司购入材料，价款 50 000 元，材料已验收入库，货款尚未支付。

（4）收回 B 公司前欠购货款 46 800 元存入银行。

（5）采购员张明向企业预借差旅费 2 000 元，企业以现金支付。

（6）从银行取得 6 个月期的借款 50 000 元，存入银行以备使用。

（7）以银行存款 12 000 元偿还前欠购料款。

（8）收到某公司投入的货币资金 300 000 元，存入银行。

要求：

（1）根据上述经济业务编制会计分录；

（2）设置"T"形账户，登记期初余额、本期发生额，并结出期末余额；

（3）编制上述业务的总分类账户试算平衡表。

项目五
核算企业的主要经济业务

学习情境一　了解企业的主要经济业务

　　企业从事生产、流通、服务等经济活动,以生产或服务满足社会需要。企业的经营活动,形成了繁多的经济业务,体现在会计确认和计量上,也引起会计要素的增减变动。

　　经济业务,也称经济业务事项,是被会计确认、计量、记录和报告的特定主体的资金运动的具体内容。

　　企业经营过程中,采购材料为生产产品做准备,生产产品,支付购货款,收取销货款,出售生产的产品,发放给职工工资,向银行借款等,都是最常见的经济业务。

　　不同企业的经济业务各有特点,其生产经营业务流程也不尽相同,本项目主要介绍企业的资金筹集、设备购置、材料采购、产品生产、商品销售和利润分配等经济业务。

　　针对企业生产经营过程中发生的上述经济业务,账务处理的主要内容有:

　　(1) 资金筹集业务的账务处理;

　　(2) 固定资产业务的账务处理;

　　(3) 材料采购业务的账务处理;

　　(4) 生产业务的账务处理;

　　(5) 销售业务的账务处理;

　　(6) 期间费用的账务处理;

　　(7) 利润形成与分配业务的账务处理。

学习情境二 企业主要经济业务的账务处理

任务一 资金筹集业务的账务处理

企业为了进行正常的生产经营活动,必须拥有一定数量的经营资金,作为从事生产经营活动的物资基础。企业的资金进入企业主要来源于两个方面:一是投资者投入资本;二是向债权人借入资金。因此,企业在资金进入企业过程中发生的主要经济业务包括接受投资者的投资、从金融机构借款及支付利息。

接受投资者的投资通常称为所有者权益筹资,形成所有者的权益(通常称为权益资本),包括投资者的投资及其增值,这部分资本的所有者既享有企业的经营收益,也承担企业的经营风险;向债权人借入资金通常称为负债筹资,形成债权人的权益(通常称为债务资本),主要包括企业向债权人借入的资金和结算形成的负债资金等,这部分资本的所有者享有按约收回本金和利息的权利。

一、所有者权益筹资业务

(一)所有者投入资本的构成

所有者投入资本按照投资主体的不同可以分为国家资本金、法人资本金、个人资本金和外商资本金等。

所有者投入的资本主要包括实收资本(或股本)和资本公积。

实收资本(或股本)是指企业的投资者按照企业章程、合同或协议的约定,实际投入企业的资本金以及按照有关规定由资本公积、盈余公积等转增资本的资金。

资本公积是企业收到投资者投入的超出其在企业注册资本(或股本)中所占份额的投资,以及其他资本公积等。资本公积作为企业所有者权益的重要组成部分,主要用于转增资本。

(二)账户设置

企业通常设置以下账户对所有者权益筹资业务进行核算。

1. "实收资本(或股本)"账户

"实收资本"账户(股份有限公司一般设置"股本"账户)属于所有者权益类账户,用以核算企业接受投资者投入的实收资本。

该账户贷方登记所有者投入企业资本金的增加额,借方登记所有者投入企业资本金的减少额。期末余额在贷方,反映企业期末实收资本(或股本)总额。

该账户可按投资者的不同设置明细账户,进行明细核算。

2."资本公积"账户

"资本公积"账户属于所有者权益类账户,用以核算企业收到投资者出资额超出其在注册资本或股本中所占份额的部分,以及其他资本公积等。

该账户借方登记资本公积的减少额,贷方登记资本公积的增加额。期末余额在贷方,反映企业期末资本公积的结余数额。

该账户可按资本公积来源的不同,分别通过"资本溢价(或股本溢价)""其他资本公积"进行明细核算。

3."银行存款"账户

"银行存款"账户属于资产类账户,用以核算企业存入银行或其他金融机构的各种款项,但是银行汇票存款、银行本票存款、信用卡存款、信用证保证金存款、存出投资款、外埠存款等,通过"其他货币资金"账户核算。

该账户借方登记存入的款项,贷方登记提取或支出的存款。期末余额在借方,反映企业存在银行或其他金融机构的各种款项。

该账户应当按照开户银行、存款种类等分别进行明细核算。

(三)账务处理

企业接受投资者投入的资本,借记"银行存款""固定资产""无形资产""长期股权投资"等科目,按其在注册资本或股本中所占份额,贷记"实收资本(或股本)"科目,按其差额,贷记"资本公积——资本溢价(或股本溢价)"科目。

典型工作任务

业务5-1:投资者(华强股份有限公司)投入资金60万元,收到对方公司开来的转账支票送存银行,银行收存款项,给企业进账单回单。原始凭证如下:

中国工商银行进账单 (回单或收账通知) 1

2020年12月1日 第71号

付款人	全称	华强股份有限公司	收款人	全称	南通长江自动化有限公司									
	账号	3016003453434566788		账号	3010058777808899666									
	开户银行	工商银行西郊办		开户银行	工商银行工农路支行									
人民币(大写)	陆拾万元整				千	百	十	万	千	百	十	元	角	分
						¥6	0	0	0	0	0	0	0	0
票据种类	转账支票													
票据张数	1													

单位主管 会计 复核 记账　　　　　收款人开户银行盖章

出资证明

    南通长江自动化有限公司因经营需要追加资本 60 万元,南通市工商行政管理局已于 2020 年 10 月 22 日核准(工商字第 180 号)。

    根据国信会计师事务所 2020 年 1 月 1 日签署的【国会所】字第 1 号验资报告,南通市华强股份有限公司应依合同一次缴付增加的注册资本人民币陆拾万元(¥600 000),截至 2020 年 12 月 1 日已全部缴足,出资方为货币资金。

    此致

投资方(盖章)   受资方(盖章)

华强股份有限公司   南通长江自动化有限公司

2020 年 12 月 1 日   2020 年 12 月 1 日

借:银行存款   600 000

    贷:实收资本——华强股份有限公司   600 000

    业务 5-2:投资者(华强股份有限公司)使用固定资产进行投资,双方协商作价 450 000 元,调出单位和调入单位办理了交接,出具固定资产投资交接单。原始凭证如下:

固定资产投资交接单

2020 年 12 月 2 日

名 称	规 格	单 位	数 量	预计 使用年限	已使用年限	原 值	已提折旧	评估价值
车床		台	1	20	5	500 000	50 000	450 000
调出单位	(盖章有效) 华强股份有限公司 财务主管:赵越 经办人:钱多			调入单位		(盖章有效) 南通长江自动化有限公司 财务主管:李滨 经办人:王海		

借:固定资产   450 000

    贷:实收资本——华强股份有限公司   450 000

    【例 5-1】 2020 年 1 月 8 日,A、B、C 三个投资者各投资 500 000 元成立山川有限公司,实收资本 1 500 000 元。会计部门根据公司章程及银行收账通知,应编制如下会计分录:

借:银行存款   1 500 000

    贷:实收资本——A 投资人   500 000

            ——B 投资人   500 000

            ——C 投资人   500 000

    【例 5-2】 承[例 5-1],经营一年后,山川公司留存收益为 150 000 元。2021 年 1 月 31 日,有另一名 D 投资者欲加入该公司,并希望占有 25% 的股份,经协商,该公司将注册资本增加到 2 000 000 元,D 投资者需要投资 550 000 元货币资金,款项已收到存入银行。会计部门根据修改后的公司章程及银行收账通知,应编制如下会计分录:

借:银行存款   550 000

    贷:实收资本——D 投资人   500 000

    资本公积——资本溢价   50 000

二、负债筹资业务

(一) 负债筹资的构成

负债筹资主要包括短期借款、长期借款以及结算形成的负债等。

短期借款是指企业为了满足其生产经营对资金的临时性需要而向银行或其他金融机构等借入的偿还期限在一年以内(含一年)的各种借款。

长期借款是指企业向银行或其他金融机构等借入的偿还期限在一年以上(不含一年)的各种借款。

结算形成的负债主要有应付账款、应付职工薪酬、应交税费等。

(二) 账户设置

企业通常设置以下账户对负债筹资业务进行会计核算。

1. "短期借款"账户

"短期借款"账户属于负债类账户,用以核算企业的短期借款。

该账户贷方登记短期借款本金的增加额,借方登记短期借款本金的减少额。期末余额在贷方,反映企业期末尚未归还的短期借款。

该账户可按借款种类、贷款人和币种进行明细核算。

2. "长期借款"账户

"长期借款"账户属于负债类账户,用以核算企业的长期借款。

该账户贷方登记企业借入的长期借款本金,借方登记归还的本金和利息。期末余额在贷方,反映企业期末尚未偿还的长期借款。

该账户可按贷款单位和贷款种类,分别通过"本金""利息调整"等进行明细核算。

3. "应付利息"账户

"应付利息"账户属于负债类账户,用以核算企业按照合同约定应支付的利息,包括吸收存款、分期付息到期还本的长期借款、企业债券等应支付的利息。

该账户贷方登记企业按合同利率计算确定的应付未付利息,借方登记归还的利息。期末余额在贷方,反映企业应付未付的利息。

该账户可按存款人或债权人进行明细核算。

4. "财务费用"账户

"财务费用"账户属于损益类账户,用以核算企业为筹集生产经营所需资金等而发生的筹资费用,包括利息支出(减利息收入)、汇兑损益以及相关的手续费、企业发生的现金折扣或收到的现金折扣等。为购建或生产满足资本化条件的资产发生的应予资本化的借款费用,通过"在建工程""制造费用"等账户核算。

该账户借方登记手续费、利息费用等的增加额,贷方登记应冲减财务费用的利息收入等。期末结转后,该账户无余额。

该账户可按费用项目进行明细核算。

(三) 账务处理

1. 短期借款的账务处理

(1) 企业借入短期借款。

借:银行存款

　　贷:短期借款

(2) 月末,计提利息。

借:财务费用

　　贷:应付利息

(3) 季末,支付利息。

借:财务费用

　　应付利息

　　贷:银行存款

(4) 归还短期借款。

借:短期借款

　　贷:银行存款

▌▌▌典型工作任务▌▌▌

业务 5 - 3:2020 年 10 月 1 日,向建设银行借入短期借款 200 000 元,期限 6 个月,借款利率 6%,利息按月计算,按季支付。

(1) 2020 年 10 月 1 日,借入款项,收到银行借款凭证。

中国建设银行借款收据

借款日期:2020 年 10 月 1 日

借款单位名称	南通长江自动化有限公司		贷款账号			230005438733							
借款金额 (大写)	贰拾万元整			千	百	十	万	千	百	十	元	角	分
					¥	2	0	0	0	0	0	0	0
借款用途	流动资金周转	借出日期		约定还款日期			利率						
		2020 年 10 月 1 日		2021 年 4 月 1 日			6%						
上列借款已转入你单位结算户内。 　银行盖章		中国建设银行 工农路支行 转讫											

此联由银行借款单位作入账通知

编制会计分录如下：

借：银行存款　　　　　　　　　　　　　　　200 000

　　贷：短期借款　　　　　　　　　　　　　　　　200 000

（2）2020 年 10 月 31 日，计算当月应付利息。

借款利息计算表

借款名称	借款金额	计息期间	借款利率	借款利息
流动资金周转	200 000.00	10.01—10.31	6%	1 000.00
合　计				1 000.00

编制会计分录如下：

借：财务费用　　　　　　　　　　　　　　　1 000

　　贷：应付利息　　　　　　　　　　　　　　　　1 000

（3）2020 年 12 月 31 日，支付本季度的应付利息。

中国建设银行计收利息清单（支款通知）
2020 年 12 月 31 日

户　名	南通长江自动化有限公司				账　号	3010058777808899666
计息起止时间	2020 年 10 月 1 日—2020 年 12 月 31 日				左列贷款利息业已从你单位账户扣付。	
贷款种类	贷款账号	计息日贷款余额	计息积数	月利率	计收利息金额	（银行盖章）
	332		600 000	5‰	3 000.00	转账 2020 年 12 月 31 日
利息金额 人民币（大写）叁仟元整	万千百十元角分 ¥3 0 0 0 0 0					

单位主管　　　会计　　　复核　　　记账

备注：10、11 月份已预提 2 000 元。

编制会计分录如下：

借：财务费用　　　　　　　　　　　　　　　1 000

　　应付利息　　　　　　　　　　　　　　　2 000

　　贷：银行存款　　　　　　　　　　　　　　　　3 000

（4）2021 年 4 月 1 日，借款到期，支付款项。

中国建设银行贷款还款凭证

2021 年 4 月 1 日

借款单位名称	南通长江自动化有限公司		贷款账号	230005438733									
还款金额（大写）	贰拾万元整			千	百	十	万	千	百	十	元	角	分
					￥	2	0	0	0	0	0	0	0
借款用途	流动资金周转	借出日期		约定还款日期			利率						
		2020 年 10 月 1 日		2021 年 4 月 1 日			6%						
上列款项从本单位往来户如数支付。		中国建设银行 工农路支行 转讫				银行盖章 2021 年 4 月 1 日							

此联由银行借款单位作入账通知

编制会计分录如下：

借：短期借款　　　　　　　　　　　　　　　　　200 000

　　贷：银行存款　　　　　　　　　　　　　　　　200 000

2. 长期借款的账务处理

企业借入长期借款，应按实际收到的金额借记"银行存款"科目，按借款本金贷记"长期借款——本金"科目，如存在差额，还应借记"长期借款——利息调整"科目。

资产负债表日，应按确定的长期借款的利息费用，借记"在建工程""制造费用""财务费用""研发支出"等科目，按确定的应付未付利息，贷记"应付利息"科目，按其差额，贷记"长期借款——利息调整"等科目。

（1）长期借款借入的账务处理。

借：银行存款

　　贷：长期借款

（2）计提长期借款利息的账务处理。

长期借款计算确定的利息费用，属于筹建期间的，计入管理费用；属于生产经营期间的，如果长期借款用于购建固定资产等符合资本化条件的资产，在资产尚未达到预定可使用状态前，所发生的利息支出数应当资本化，计入在建工程等相关资产成本；达到预定可使用状态后发生的利息支出，以及按规定不予资本化的利息支出，计入财务费用。

借：财务费用（管理费用、在建工程、研发支出、制造费用）

　　贷：应付利息

（3）归还长期借款本金的账务处理。

借：长期借款

　　贷：银行存款

【例 5-3】 2020 年 1 月 1 日，长江公司从银行借入到期一次还本，每年年初分期付息，偿还期限为 2 年，年利率为 6% 的借款 1 000 000 元。企业收到借款存入银行。会计部门根

据银行的收款通知,应编制如下会计分录:

  借:银行存款   1 000 000

    贷:长期借款   1 000 000

【例5-4】 承【例5-3】,长江公司2020年12月31日计提本年度应承担的利息。

本年应承担的利息＝1 000 000×6％＝60 000(元),会计部门根据预提利息计算表,应编制如下会计分录:

  借:财务费用   60 000

    贷:应付利息   60 000

【例5-5】 长江公司2021年1月1日支付上年度的利息。

  借:应付利息   60 000

    贷:银行存款   60 000

【例5-6】 承【例5-3】、【例5-4】,2021年12月31日,长江公司归还长期借款本金。会计部门根据预提利息计算表及银行付款通知,应编制如下会计分录:

  借:长期借款   1 000 000

    贷:银行存款   1 000 000

任务二　固定资产业务的账务处理

一、固定资产的概念与特征

固定资产是指为生产商品、提供劳务、出租或者经营管理而持有、使用寿命超过一个会计年度的有形资产。

固定资产同时具有以下特征:

(1) 属于一种有形资产;

(2) 为生产商品、提供劳务、出租或者经营管理而持有;

(3) 使用寿命超过一个会计年度。

二、固定资产的成本

固定资产的成本是指企业购建某项固定资产达到预定可使用状态前所发生的一切合理、必要的支出。

企业可以通过外购、自行建造、投资者投入、非货币性资产交换、债务重组、企业合并和融资租赁等方式取得固定资产。不同取得方式下,固定资产成本的具体构成内容及其确定方法也不尽相同。

外购固定资产的成本,包括购买价款,相关税费[2009年1月1日增值税转型改革后,企业购建(包括购进、接受捐赠、实物投资、自制、改扩建和安装)生产用固定资产发生的增值税进项税额可以从销项税额中抵扣],使固定资产达到预定可使用状态前所发生的可归属于该项资产的运输费、装卸费、安装费和专业人员服务费等。

三、固定资产的折旧

(一) 折旧的定义

固定资产折旧是指在固定资产使用寿命内,按照确定的方法对应计折旧额进行的系统分摊。其中,应计折旧额是指应当计提折旧的固定资产的原价扣除其预计净残值后的金额。已计提减值准备的固定资产,还应当扣除已计提的固定资产减值准备累计金额。

预计净残值是指假定固定资产的预计使用寿命已满并处于使用寿命终了时的预期状态,企业目前从该项资产的处置中获得的扣除预计处置费用后的金额。预计净残值率是指固定资产预计净残值额占其原价的比率。企业应当根据固定资产的性质和使用情况,合理确定固定资产的预计净残值。预计净残值一经确定,不得随意变更。

(二) 计提折旧的范围

企业应当按月对所有的固定资产计提折旧,但是,已提足折旧仍继续使用的固定资产、单独计价入账的土地和持有待售的固定资产除外。提足折旧是指已经提足该项固定资产的应计折旧额。当月增加的固定资产,当月不计提折旧,从下月起计提折旧;当月减少的固定资产,当月仍计提折旧,从下月起不计提折旧。提前报废的固定资产,不再补提折旧。

(三) 计提折旧的方法

企业可选用的折旧方法有年限平均法、工作量法、双倍余额递减法和年数总和法等。本部分重点介绍年限平均法和工作量法。

(1) 年限平均法,又称直线法,是指将固定资产的应计折旧额均匀地分摊到固定资产预计使用寿命内的一种方法。

各月应计提折旧额的计算公式如下:

$$月折旧额=(固定资产原价-预计净残值)\times 月折旧率$$

其中,

$$月折旧率=年折旧率\div 12$$

(2) 工作量法,是根据实际工作量计算每期应提折旧额的一种方法。

计算公式如下:

$$某项固定资产月折旧额=该项固定资产当月工作量\times 单位工作量折旧额$$

不同的固定资产折旧方法,将影响固定资产使用寿命期间内不同时期的折旧费用。企业应当根据与固定资产有关的经济利益的预期实现方式合理选择折旧方法,固定资产的折旧方法一经确定,不得随意变更。

固定资产在其使用过程中,因所处经济环境、技术环境以及其他环境均有可能发生很大变化,企业至少应当于每年年度终了,对固定资产的使用寿命、预计净残值和折旧方法进行复核。固定资产使用寿命、预计净残值和折旧方法的改变,应当作为会计估计变更。

四、账户设置

企业通常设置以下账户对固定资产业务进行会计核算。

(一)"在建工程"账户

"在建工程"账户属于资产类账户,用以核算企业基建、更新改造等在建工程发生的支出。

该账户借方登记企业各项在建工程的实际支出,贷方登记工程达到预定可使用状态时转出的成本等。期末余额在借方,反映企业期末尚未达到预定可使用状态的在建工程的成本。

该账户可按"建筑工程""安装工程""在安装设备""待摊支出"以及单项工程等进行明细核算。

(二)"固定资产"账户

"固定资产"账户属于资产类账户,用以核算企业持有的固定资产原价。

该账户的借方登记固定资产原价的增加,贷方登记固定资产原价的减少。期末余额在借方,反映企业期末固定资产的原价。

该账户可按固定资产类别和项目进行明细核算。

(三)"累计折旧"账户

"累计折旧"账户属于资产类备抵账户,用以核算企业固定资产计提的折旧。

该账户贷方登记按月提取的折旧额,即累计折旧的增加额,借方登记因减少固定资产而转出的累计折旧。期末余额在贷方,反映期末固定资产的累计折旧额。

该账户可按固定资产的类别或项目进行明细核算。

五、账务处理

(一)固定资产的购入

1. 企业购入不需要安装的固定资产

按应计入固定资产成本的金额,借记"固定资产""应交税费——应交增值税(进项税额)"科目,贷记"银行存款"等科目。

▌▌▌ **典型工作任务** ▌▌▌

业务 5-4:购买设备,交付使用。

江苏增值税专用发票

开票日期：2020 年 12 月 10 日　　　　　　　NO. 05586074

购货单位	名　　称：	南通长江自动化有限公司							密码区	（略）
	纳税人识别号：	320103001119928								
	地 址 、电话：	南通市崇川区竹山 180 号								
	开户行及账户：	33010058777808899666								

货物或应税劳务名称	规格型号	单位	数量	单价	金额	税率	税额
AS－523 机床		台	1		1 000 000.00	13%	130 000.00
合　计					￥1 000 000.00		￥130 000.00

价税合计（大写）　壹佰壹拾叁万元整　　　　　（小写）￥1 130 000.00

销货单位	名　　称：	江苏省泰州机械有限公司	备注	泰州机械有限公司 发票专用章
	纳税人识别号：	481213911428484		
	地 址 、电话：	泰州工农路 138 号		
	开户行账号：	3435121511669287788		

收款人：×××　　复核：×××　　开票人：×××　　销货单位：（章）

第三联 发票联

江苏增值税专用发票

开票日期：2020 年 12 月 10 日　　　　　　　NO. 015405754

购货单位	名　　称：	南通长江自动化有限公司							密码区	（略）
	纳税人识别号：	320103001119928								
	地 址 、电话：	南通市崇川区竹山 180 号								
	开户行及账号：	33010058777808899666								

货物或应税劳务名称	规格型号	单位	数量	单价	金额	税率	税额
运输费					20 000.00	9%	1 800.00
合　计					￥20 000.00		￥1 800.00

价税合计（大写）　贰万壹仟捌佰元整　　　　　（小写）￥21 800.00

销货单位	名　　称：	泰州联运公司	备注	泰州联运公司 发票专用章
	纳税人识别号：	3503279843238		
	地 址 、电话：	泰州市友谊路 792 号		
	开户行及账号：	工行友谊路支行 51396220187080116		

收款人：　　复核：　　开票人：　　销货单位：（章）

第三联 发票联

中国工商银行 转账支票存根
支票号码:17557047
科　　目 _____
对方科目 _____
出票日期　2020 年 12 月 10 日

收款人:泰州机械公司
金　额:￥1 130 000.00
用　途:支付设备款

单位主管　　　会计　刘小红

中国工商银行 转账支票存根
支票号码:17557048
科　　目 _____
对方科目 _____
出票日期　2020 年 12 月 10 日

收款人:泰州联运公司
金　额:￥21 800.00
用　途:支付运费

单位主管　　　会计　刘小红

固定资产交接(验收)单
2020 年 12 月 10 日

资产编号	名称	规格型号	计量单位	数量	建造单位	建造编号	资金来源	附属资料
08-553	机床	AS-523	台	1			企业购买	

总价	设备费	运费	其他	合计	预计年限	净残值率
	1 000 000.00	20 000.00		1 020 000.00	15	8%

验收意见	合格,交付使用	杨光	保管使用人签章	张冰

编制会计分录如下:

借:固定资产　　　　　　　　　　　　　　　　1 020 000
　　应交税费——应交增值税(进项税额)　　　　131 800
　　贷:银行存款　　　　　　　　　　　　　　　　　1 151 800

2. 企业购入需要安装的固定资产

企业购入需要安装的固定资产的支出以及发生的安装费用等均应通过"在建工程"账户核算,待安装完毕达到预定可使用状态时,按其实际成本由"在建工程"账户转入"固定资产"账户。

【例 5-7】 南通长江自动化有限公司发生如下固定资产增加的业务:

(1) 3 月 12 日,购入一台需要安装的设备,增值税专用发票上注明的设备买价为200 000 元,增值税额为 26 000 元,款项用转账支票支付。

(2) 3 月 30 日,支付安装费 30 000 元,款项用转账支票支付。

(3) 3 月 31 日,设备移交有关部门使用。

借:在建工程　　　　　　　　　　　　　　　　200 000
　　应交税费——应交增值税(进项税额)　　　　26 000
　　贷:银行存款　　　　　　　　　　　　　　　　　226 000

```
借:在建工程                            30 000
    贷:银行存款                                    30 000
借:固定资产                           230 000
    贷:在建工程                                   230 000
```

(二)固定资产的折旧

企业按月计提的固定资产折旧,根据固定资产的用途计入相关资产的成本或者当期损益,借记"制造费用""销售费用""管理费用""研发支出""其他业务成本"等科目,贷记"累计折旧"科目。

【例5-8】 假定2020年6月份应计提的固定资产折旧为10 400元,其中生产车间折旧为6 000元,行政管理部门折旧为2 400元,专设销售机构折旧为2 000元。会计部门根据固定资产折旧计算表,每月应编制如下会计分录:

```
借:制造费用                            6 000
    管理费用                            2 400
    销售费用                            2 000
    贷:累计折旧                                   10 400
```

任务三　材料采购业务的账务处理

一、材料的采购成本

材料的采购成本是指企业物资从采购到入库前所发生的全部支出,包括购买价款、相关税费、运输费、装卸费、保险费、包装费、运输途中合理损耗、入库前的挑选整理费。

在实务中,企业也可以将发生的运输费、装卸费、保险费以及其他可归属于采购成本的费用等先进行归集,期末,按照所购材料的存销情况进行分摊。

二、账户设置

企业通常设置以下账户对材料采购业务进行会计核算。

(一)"原材料"账户

"原材料"账户属于资产类账户,用以核算企业库存的各种材料,包括原料及主要材料、辅助材料、外购半成品(外购件)、修理用备件(备品备件)、包装材料、燃料等的计划成本或实际成本。企业收到来料加工装配业务的原料、零件等,应当设置备查簿进行登记。

该账户借方登记已验收入库材料的成本,贷方登记发出材料的成本。期末余额在借方,反映企业库存材料的计划成本或实际成本。

该账户可按材料的保管地点(仓库)、材料的类别、品种和规格等进行明细核算。

(二)"在途物资"账户

"在途物资"账户属于资产类账户,用以核算企业采用实际成本(或进价)进行材料、商品等物资的日常核算,以及货款已付尚未验收入库的在途物资的采购成本。

该账户借方登记购入材料、商品等物资的买价和采购费用（采购实际成本），贷方登记已验收入库材料、商品等物资应结转的实际采购成本。期末余额在借方，反映企业期末在途材料、商品等物资的采购成本。

该账户可按供应单位和物资品种进行明细核算。

（三）"应付账款"账户

"应付账款"账户属于负债类账户，用以核算企业因购买材料、商品和接受劳务等经营活动应支付的款项。

该账户贷方登记企业因购入材料、商品和接受劳务等尚未支付的款项，借方登记偿还的应付账款。期末余额一般在贷方，反映企业期末尚未支付的应付账款余额；如果在借方，反映企业期末预付账款余额。

该账户可按债权人进行明细核算。

（四）"应付票据"账户

"应付票据"账户属于负债类账户，用以核算企业购买材料、商品和接受劳务等开出、承兑的商业汇票，包括银行承兑汇票和商业承兑汇票。

该账户贷方登记企业开出、承兑的商业汇票，借方登记企业已经支付或者到期无力支付的商业汇票。期末余额在贷方，反映企业尚未到期的商业汇票的票面金额。

该账户可按债权人进行明细核算。

（五）"预付账款"账户

"预付账款"账户属于资产类账户，用以核算企业按照合同规定预付的款项。预付款项情况不多的，也可以不设置该账户，将预付的款项直接记入"应付账款"账户。

该账户的借方登记企业因购货等业务预付的款项，贷方登记企业收到货物后应支付的款项等。期末余额在借方，反映企业预付的款项；期末余额在贷方，反映企业尚需补付的款项。

该账户可按供货单位进行明细核算。

（六）"应交税费"账户

"应交税费"账户属于负债类账户，用以核算企业按照税法等规定计算应交纳的各种税费，包括增值税、消费税、所得税、资源税、土地增值税、城市维护建设税、房产税、土地使用税、车船使用税、教育费附加、矿产资源补偿费等；企业代扣代交的个人所得税等，也通过本账户核算。

该账户贷方登记各种应交未交税费的增加额，借方登记实际缴纳的各种税费。期末余额在贷方，反映企业尚未交纳的税费；期末余额在借方，反映企业多交或尚未抵扣的税费。

该账户可按应交的税费项目进行明细核算。

三、账务处理

材料的日常收发结存可以采用实际成本核算，也可以采用计划成本核算。本教材主要介绍采用实际成本核算材料。

实际成本法下，一般通过"原材料"和"在途物资"等科目进行核算。企业外购材料时，按材料是否验收入库分为以下两种情况。

（一）材料已验收入库

如果货款已经支付，发票账单已到，材料已验收入库，按支付的实际金额，借记“原材料”“应交税费——应交增值税（进项税额）”等科目，贷记“银行存款”“预付账款”等科目。

如果货款尚未支付，材料已经验收入库，按相关发票凭证上应付的金额，借记“原材料”“应交税费——应交增值税（进项税额）”等科目，贷记“应付账款”“应付票据”等科目。

如果货款尚未支付，材料已经验收入库，但月末仍未收到相关发票凭证，按照暂估价入账，即借记“原材料”科目，贷记“应付账款”等科目。下月初做相反分录予以冲回，收到相关发票账单后再编制会计分录。

典型工作任务

业务5-5：购买原材料，材料已入库。款项已经支付。

江苏增值税专用发票

开票日期：2020年12月1日　　　　NO. 004893596

<table>
<tr><td rowspan="4">购货单位</td><td>名　　称：</td><td colspan="3">南通长江自动化有限公司</td><td rowspan="4">密码区</td><td colspan="3" rowspan="4">（略）</td><td rowspan="7">第二联 发票联</td></tr>
<tr><td>纳税人识别号：</td><td colspan="3">320103001119928</td></tr>
<tr><td>地 址 、电 话：</td><td colspan="3">南通市崇川区竹山180号</td></tr>
<tr><td>开户行及账号：</td><td colspan="3">33010058777808899666</td></tr>
<tr><td colspan="2">货物或应税劳务名称</td><td>规格型号</td><td>单位</td><td>数量</td><td>单价</td><td>金额</td><td>税率</td><td>税额</td></tr>
<tr><td colspan="2">A材料</td><td>国标</td><td>吨</td><td>30</td><td>5 000</td><td>150 000.00</td><td>13%</td><td>19 500.00</td></tr>
<tr><td colspan="2">合　计</td><td></td><td></td><td></td><td></td><td>¥150 000.00</td><td></td><td>¥19 500.00</td></tr>
<tr><td colspan="2">价税合计（大写）</td><td colspan="7">壹拾陆万玖仟伍佰元整　　　　（小写）¥169 500.00</td></tr>
<tr><td rowspan="4">销货单位</td><td>名　　称：</td><td colspan="3">南京宏远机械公司</td><td rowspan="4">备注</td><td colspan="3" rowspan="4">南京宏远机械有限公司
发票专用章</td></tr>
<tr><td>纳税人识别号：</td><td colspan="3">2402021679933</td></tr>
<tr><td>地 址 、电 话：</td><td colspan="3">南京市北京路109号</td></tr>
<tr><td>开户行及账号：</td><td colspan="3">工商银行南京支行 42223041317080166</td></tr>
</table>

收款人：　　　　复核：　　　　开票人：　　　　销货单位：（章）

收 料 单

材料科目:原材料　　　　　　　　　　　　　　　　　　　　　　　编号:102
材料类别:原料及主要材料　　　　　　　　　　　　　　　　　收料仓库:1 号仓库
供应单位:南京宏远机械公司　　　2020 年 12 月 1 日　　　发票号码:004893596

材料编号	材料名称	规格	计量单位	数量		实际价格				计划价格	
				应收	实收	单价	发票金额	运费	合计	单价	金额
011	A	国标	吨	30	30	5 000.00	150 000.00		150 000.00		
备　注											

采购员:张永　　　检验员:施宁　　　记账员:方令红　　　保管员:周宏

中国工商银行
转账支票存根

支票号码:09937860
科　　　目＿＿＿＿＿＿＿＿＿＿＿
对方科目＿＿＿＿＿＿＿＿＿＿＿
出票日期　2020 年 12 月 1 日

收款人:南京宏远机械公司
金　额:￥169 500.00
用　途:购货

单位主管　　　会计　马红

编制会计分录如下:

借:原材料——A 材料　　　　　　　　　　　　　　　150 000
　　应交税费——应交增值税(进项税额)　　　　　　 19 500
　　贷:银行存款　　　　　　　　　　　　　　　　　　　　　169 500
特别业务:采用预付款项购货。

【例 5-9】 南通长江自动化有限公司发生如下原材料采购的业务:

(1) 2020 年 3 月 21 日,公司以转账支票预付恒通公司采购甲材料款 10 000 元。

(2) 2020 年 3 月 26 日,公司收到恒通公司发来的甲材料,发票标明的价款为 30 000 元,增值税为 3 900 元,甲材料已验收入库。

(3) 2020 年 3 月 29 日,公司开出转账支票补付恒通公司的货款 23 900 元。

编制会计分录如下：

借：预付账款——恒通公司　　　　　　　　　　　　10 000

　　贷：银行存款　　　　　　　　　　　　　　　　　　　10 000

借：原材料——甲材料　　　　　　　　　　　　　　30 000

　　应交税费——应交增值税(进项税额)　　　　　　3 900

　　　贷：预付账款——恒通公司　　　　　　　　　　　　33 900

借：预付账款——恒通公司　　　　　　　　　　　　23 900

　　贷：银行存款　　　　　　　　　　　　　　　　　　　23 900

(二) 材料尚未验收入库

如果货款已经支付，发票账单已到，但材料尚未验收入库，按支付的金额，借记"在途物资""应交税费——应交增值税(进项税额)"等科目，贷记"银行存款"等科目；待验收入库时再借"原材料"科目，贷记"在途物资"科目。

业务5-6： 购买原材料，材料尚未入库，款项未付。

(1) 2020年12月5日，购买材料。

江苏增值税专用发票

开票日期：2020 年 12 月 5 日　　　　　　　　　　NO. 02356278

购货单位	名　　　称：	南通长江自动化有限公司			密码区	(略)			
	纳税人识别号：	320103001119928							
	地 址 、电 话：	南通市崇川区竹山 180 号							
	开户行及账户：	33010058777808899666							
货物或应税劳务名称		规格型号	单位	数量	单价	金额	税率	税额	
B 材料		国标	吨	100	2 700	270 000.00	13%	35 100.00	
合　　计						￥270 000.00		￥35 100.00	
价税合计(大写)		叁拾万伍仟壹佰元整					(小写)￥305 100.00		
销货单位	名　　　称：	常州广发商贸公司			备注	常州广发商贸公司　发票专用章			
	纳税人识别号：	331103001116789							
	地 址 、电 话：	常州市临湖北路 12 号 86241286							
	开户行及账号：	建行 1255678998256327788							

收款人：　　　复核：傅和　　　开票人：晓欣　　　销货单位：(章)

第四联 记账联

江苏增值税专用发票

开票日期:2020 年 12 月 6 日　　　　　　　　　NO. 015405754

<table>
<tr><td rowspan="4">购货单位</td><td>名　　称:</td><td colspan="6">南通长江自动化有限公司</td><td rowspan="4">密码区</td><td rowspan="4">(略)</td></tr>
<tr><td>纳税人识别号:</td><td colspan="6">320103001119928</td></tr>
<tr><td>地址、电话:</td><td colspan="6">南通市崇川区竹山 180 号</td></tr>
<tr><td>开户行及账号:</td><td colspan="6">33010058777808899666</td></tr>
<tr><td colspan="2">货物或应税劳务名称</td><td>规格型号</td><td>单位</td><td>数量</td><td>单价</td><td>金额</td><td>税率</td><td>税额</td></tr>
<tr><td colspan="2">B 材料运输费</td><td></td><td></td><td></td><td></td><td>2 000.00</td><td>9%</td><td>180.00</td></tr>
<tr><td colspan="2">合　计</td><td></td><td></td><td></td><td></td><td>￥2 000.00</td><td>9%</td><td>￥180.00</td></tr>
<tr><td colspan="2">价税合计(大写)</td><td colspan="5">贰仟壹佰捌拾元整</td><td colspan="2">(小写)￥2 180.00</td></tr>
<tr><td rowspan="4">销货单位</td><td>名　　称:</td><td colspan="6">常州运输集团</td><td rowspan="4">备注</td><td rowspan="4">常州运输有限公司
发票专用章</td></tr>
<tr><td>纳税人识别号:</td><td colspan="6">3503279843238</td></tr>
<tr><td>地址、电话:</td><td colspan="6">常州市工农路 483 号</td></tr>
<tr><td>开户行及账号:</td><td colspan="6">工商银行工农路支行
51396220187080116</td></tr>
</table>

收款人:　　　　复核:　　　　开票人:　　　　销货单位:(章)

编制会计分录如下:

借:在途物资——B 材料　　　　　　　　　　272 000
　　应交税费——应交增值税(进项税额)　　35 280
　　贷:应付账款——常州广发商贸公司　　　　　307 280

(2) 2020 年 12 月 9 日,材料验收入库。

收料单

材料科目:原材料　　　　　　　　　　　　　　　　编号:139
材料类别:原料及主要材料　　　　　　　　　　收料仓库:1 号仓库
供应单位:常州广发商贸公司　　2020 年 12 月 9 日　发票号码:0234900315

<table>
<tr><td rowspan="2">材料编号</td><td rowspan="2">材料名称</td><td rowspan="2">规格</td><td rowspan="2">计量单位</td><td colspan="2">数量</td><td colspan="4">实际价格</td><td colspan="2">计划价格</td></tr>
<tr><td>应收</td><td>实收</td><td>单价</td><td>发票金额</td><td>运费</td><td>合计</td><td>单价</td><td>金额</td></tr>
<tr><td>013</td><td>B</td><td>国际</td><td>吨</td><td>100</td><td>100</td><td>2 700.00</td><td>270 000.00</td><td>2 000.00</td><td>272 000.00</td><td></td><td></td></tr>
<tr><td></td><td></td><td></td><td></td><td></td><td></td><td></td><td></td><td></td><td></td><td></td><td></td></tr>
<tr><td></td><td></td><td></td><td></td><td></td><td></td><td></td><td></td><td></td><td></td><td></td><td></td></tr>
<tr><td>备　注</td><td colspan="11"></td></tr>
</table>

采购员:　　　　检验员:施安　　　　记账员:　　　　保管员:沈宁

编制会计分录如下：

借：原材料——B材料　　　　　　　　　　　272 000

　　贷：在途物资——B材料　　　　　　　　　　272 000

任务四　生产过程经济业务的账务处理

企业产品的生产过程同时也是生产资料的耗费过程。企业在生产过程中发生的各项生产费用，是企业为获得收入而预先垫支并需要得到补偿的资金耗费。这些费用最终都要归集、分配给特定的产品，形成产品的成本。

产品成本的核算是指把一定时期内企业生产过程中所发生的费用，按其性质和发生地点，分类归集、汇总、核算，计算出该时期内生产费用发生总额，并按适当方法分别计算出各种产品的实际成本和单位成本等。

一、生产费用的构成

生产费用是指与企业日常生产经营活动有关的费用，按其经济用途可分为直接材料、直接人工和制造费用。

（一）直接材料

直接材料是指构成产品实体的原材料以及有助于产品形成的主要材料和辅助材料。

（二）直接人工

直接人工是指直接从事产品生产人员的薪酬。

（三）制造费用

制造费用是指企业为生产产品和提供劳务而发生的各项间接费用。

有些费用在发生当时，无法区分是何种产品生产所耗用，是生产多种产品共同发生的费用，因而不能在发生当时就记入各种产品成本中，必须先汇总在一起，到期末时，按一定标准，采用科学方法将这部分费用分配到所生产的产品成本中去。这种先归集汇总，再分配转出的费用称为间接费用，如车间管理人员工资、车间办公费、水电费、机器设备折旧费等。

二、账户设置

企业通常设置以下账户对生产费用业务进行会计核算。

（一）"生产成本"账户

"生产成本"账户属于成本类账户，用以核算企业生产各种产品（产成品、自制半成品等）、自制材料、自制工具、自制设备等发生的各项生产成本。

该账户借方登记应计入产品生产成本的各项费用，包括直接计入产品生产成本的直接材料费、直接人工费和其他直接支出，以及期末按照一定的方法分配计入产品生产成本的制造费用；贷方登记完工入库产成品应结转的生产成本。期末余额在借方，反映企业期末尚未加工完成的在产品成本。

该账户可按基本生产成本和辅助生产成本进行明细分类核算。基本生产成本应当分别按照基本生产车间和成本核算对象(如产品的品种、类别、订单、批别、生产阶段等)设置明细账(或成本计算单),并按照规定的成本项目设置专栏。

(二)"制造费用"账户

"制造费用"账户属于成本类账户,用以核算企业生产车间(部门)为生产产品和提供劳务而发生的各项间接费用。

该账户借方登记实际发生的各项制造费用,贷方登记期末按照一定标准分配转入"生产成本"账户借方的应计入产品成本的制造费用。期末结转后,该账户一般无余额。

该账户可按不同的生产车间、部门和费用项目进行明细核算。

(三)"库存商品"账户

"库存商品"账户属于资产类账户,用以核算企业库存的各种商品的实际成本(或进价)或计划成本(或售价),包括库存产成品、外购商品、存放在门市部准备出售的商品、发出展览的商品以及寄存在外的商品等。

该账户借方登记验收入库的库存商品成本,贷方登记发出的库存商品成本。期末余额在借方,反映企业期末库存商品的实际成本。

该账户可按库存商品的种类、品种和规格等进行明细核算。

(四)"应付职工薪酬"账户

"应付职工薪酬"账户属于负债类账户,用以核算企业根据有关规定应付给职工的各种薪酬。

该账户借方登记本月实际支付的职工薪酬数额;贷方登记本月计算的应付职工薪酬总额,包括各种工资、奖金、津贴和福利费等。期末余额在贷方,反映企业应付未付的职工薪酬。

该账户可按"工资""职工福利""社会保险费""住房公积金""工会经费""职工教育经费""非货币性福利""辞退福利""股份支付"等进行明细核算。

三、账务处理

(一)材料费用的归集与分配

在确定材料费用时,应根据领料凭证区分车间、部门和不同用途后,按照确定的结果将发出材料的成本借记"生产成本""制造费用""管理费用"等科目,贷记"原材料"等科目。

对于直接用于某种产品生产的材料费用,应直接计入该产品生产成本明细账中的直接材料费用项目;对于由多种产品共同耗用、应由这些产品共同负担的材料费用,应选择适当的标准在这些产品之间进行分配,按分担的金额计入相应的成本计算对象(生产产品的品种、类别等);对于为提供生产条件等间接消耗的各种材料费用,应先通过"制造费用"科目进行归集,期末再同其他间接费用一起按照一定的标准分配计入有关产品成本;对于行政管理部门领用的材料费用,应记入"管理费用"科目。

(二)职工薪酬的归集与分配

职工薪酬是指企业为获得职工提供的服务或解除劳动关系而给予各种形式的报酬或补

偿,具体包括短期薪酬、离职后福利、辞退福利和其他长期职工福利。企业提供给职工配偶、子女、受赡养人、已故员工遗属及其他受益人等的福利,也属于职工薪酬。

对于短期职工薪酬,企业应当在职工为其提供服务的会计期间,按实际发生额确认为负债,并计入当期损益或相关资产成本。企业应当根据职工提供服务的受益对象,分别按下列情况处理:

(1)应由生产产品、提供劳务负担的短期职工薪酬,计入产品成本或劳务成本。其中,生产工人的短期职工薪酬,应借记"生产成本"科目,贷记"应付职工薪酬"科目;生产车间管理人员的短期职工薪酬属于间接费用,应借记"制造费用"科目,贷记"应付职工薪酬"科目。

当企业采用计件工资制时,生产工人的短期职工薪酬属于直接费用,应直接计入有关产品的成本。当企业采用计时工资制时,对于只生产一种产品的生产工人的短期职工薪酬也属于直接费用,应直接计入产品成本;对于同时生产多种产品的生产工人的短期职工薪酬,则需采用一定的分配标准(实际生产工时或定额生产工时等)分配计入产品成本。

(2)应由在建工程、无形资产负担的短期职工薪酬,计入建造固定资产或无形资产成本。

(3)除上述两种情况之外的其他短期职工薪酬应计入当期损益。如企业行政管理部门人员和专设销售机构销售人员的短期职工薪酬均属于期间费用,应分别借记"管理费用""销售费用"等科目,贷记"应付职工薪酬"科目。

(三) 制造费用的归集与分配

企业发生的制造费用,应当按照合理的分配标准按月分配计入各成本核算对象的生产成本。企业可以采取的分配标准包括机器工时、人工工时、计划分配率等。

企业发生制造费用时,借记"制造费用"科目,贷记"累计折旧""银行存款""应付职工薪酬"等科目;结转或分摊时,借记"生产成本"等科目,贷记"制造费用"科目。

(四) 完工产品生产成本的计算与结转

产品生产成本的计算是指将企业生产过程中为制造产品所发生的各种费用按照成本计算对象进行归集和分配,以便计算各种产品的总成本和单位成本。有关产品成本信息是进行库存商品计价和确定销售成本的依据,产品生产成本计算是会计核算的一项重要内容。

企业应设置产品生产成本明细账,用来归集应计入各种产品的生产费用。通过对材料费用、职工薪酬和制造费用的归集和分配,企业各月生产产品所发生的生产费用已记入"生产成本"科目中。

如果月末某种产品全部完工,该种产品生产成本明细账所归集的费用总额,就是该种完工产品的总成本,用完工产品总成本除以该种产品的完工总产量即可计算出该种产品的单位成本。如果月末某种产品全部未完工,该种产品生产成本明细账所归集的费用总额就是该种产品在产品的总成本。

如果月末某种产品一部分完工,一部分未完工,这时归集在产品成本明细账中的费用总额还要采取适当的分配方法在完工产品和在产品之间进行分配,然后才能计算出完工产品的总成本和单位成本。完工产品成本的基本计算公式为:

完工产品生产成本=期初在产品成本+本期发生的生产费用-期末在产品成本

当产品生产完成并验收入库时,借记"库存商品"科目,贷记"生产成本"科目。

典型工作任务

南通长江自动化有限公司发生如下生产过程经济业务：

业务5-7:生产产品领用原材料一批,编制领料凭证汇总表如下。

领料凭证汇总表

2020 年 12 月 6 日　　　　　　　　　　　　　　　　单位:元

材料种类	领料部门及用途				金额合计
	甲产品	乙产品	车间耗用	管理部门	
A 材料	40 000	5 000			45 000
B 材料		18 000			18 000
C 材料			3 000	1 000	4 000
D 材料	11 000	3 000			14 000
合 计	51 000	26 000	3 000	1 000	81 000

编制会计分录如下：

借:生产成本——甲产品　　　　　　　　　51 000
　　　　　　——乙产品　　　　　　　　　26 000
　制造费用　　　　　　　　　　　　　　　3 000
　管理费用　　　　　　　　　　　　　　　1 000
　贷:原材料——A 材料　　　　　　　　　　45 000
　　　　　　——B 材料　　　　　　　　　　18 000
　　　　　　——C 材料　　　　　　　　　　4 000
　　　　　　——D 材料　　　　　　　　　　14 000

业务5-8:从银行提取现金备用。

中国工商银行
现金支票存根
00286640
附加信息
出票日期 2020 年 12 月 8 日
收款人:南通长江自动化有限公司
金　额:￥5 000.00
用　途:备用金
单位主管 赵伟　会计 刘红

编制会计分录如下：

借:库存现金 5 000

   贷:银行存款 5 000

业务 5-9:分配职工工资。

职工工资结算汇总表
2020 年 12 月 10 日

部 门	应发工资					代扣款项	实发金额
	基本工资	奖金	津贴	缺勤工资	合计		
生产甲产品工人							125 000
生产乙产品工人	略	略	略	略	240 000	略	115 000
车间管理人员	略	略	略	略	40 000	略	40 000
行政管理部门	略	略	略	略	42 000	略	42 000
总 计					322 000		322 000

公司根据上述"职工工资结算汇总表"，应编制如下会计分录：

借:生产成本——甲产品 125 000

         ——乙产品 115 000

  制造费用 40 000

  管理费用 42 000

   贷:应付职工薪酬——工资 322 000

业务 5-10:支付工资。

中国工商银行
转账支票存根
00286681

附加信息

出票日期 2020 年 12 月 11 日

收款人:南通长江自动化有限公司

金 额:¥322 000.00

用 途:发工资

单位主管 赵伟 会计 刘红

编制会计分录如下：

借:应付职工薪酬——工资 322 000

   贷:银行存款 322 000

业务 5－11：预借差旅费。

借 款 单

借款日期:2020 年 12 月 8 日

借款单位:厂部					
借款理由:参加广交会					
借款金额:人民币(大写)肆仟伍佰元整					小写¥4 500.00
部门负责人意见:同意					现金付讫
部门领导	李祥	会计主管	赵伟	借款人	王强

编制会计分录如下:

借:其他应收款——王强　　　　　　　　　　4 500

　　贷:库存现金　　　　　　　　　　　　　　4 500

业务 5－12：报销差旅费。

差旅费报销单

2020 年 12 月 18 日

姓　名		王强		工作部门		厂部	出差事由			公务活动			
日期 12 月		地点		车船费		深夜补贴	途中补贴	住勤费			旅馆费	公交费		金额合计
起	讫	起	讫	车次	时间	金额			地区	天数	补贴		
9 日	10 日	南通	广州			830			广州	8	800	1 400	80	3 110.00
15 日	16 日	广州	南通			830								830.00
报销金额(大写)			叁仟玖佰肆拾元整						¥3 940.00				
补付金额:					退回金额:¥560.00								

领导批准:王华　　会计主管:吴奇　　部门负责人　　审核:刘莉　　报销人:王强

收款收据

日期:2020 年 12 月 18 日　　　　　　　　NO. 561898

交款单位 王强　　收款方式 现金
人民币(大写)伍佰陆拾元整　　　小写¥560.00
收款事由 报销差旅费多余现金退回
现金收讫　　　　　　2020 年 12 月 18 日

第二联　记账联

领导批准:王华　　会计主管:吴奇　　部门负责人　　审核:刘莉　　报销人:王强

编制会计分录如下:

借:库存现金　　　　　　　　　　　　　　　　　　560

　　管理费用　　　　　　　　　　　　　　　　　　3 940

　　　贷:其他应收款——王强　　　　　　　　　　　　　　4 500

业务 5-13:计提折旧。

固定资产折旧计提表

2020 年 12 月 31 日

固定资产类别		本月应计提折旧的固定资产原值	月折旧额
一车间	房屋	2 975 000	14 700
	设备	300 000	2 900
	小计	3 275 000	17 600
管理部门	房屋	750 000	3 000
	设备	500 000	1 500
	小计	1 250 000	4 500
合　计		4 525 000	22 100

编制会计分录如下:

借:制造费用　　　　　　　　　　　　　　　　　　17 600

　　管理费用　　　　　　　　　　　　　　　　　　4 500

　　　贷:累计折旧　　　　　　　　　　　　　　　　　　22 100

业务 5-14:制造费用的归集与分配(按两种产品生产工人的工资分配)。

制造费用分配表

2020 年 12 月 31 日　　　　　　　　　　　　　　　　　单位:元

产品名称	生产人员工资	分配率	分配金额
甲产品	125 000	0.252 5	31 562.5
乙产品	115 000	0.252 5	29 037.5
合　计	240 000	0.252 5	60 600

编制会计分录如下:

借:生产成本——甲产品　　　　　　　　　　　　　31 562.5

　　　　　　　——乙产品　　　　　　　　　　　　　29 037.5

　　　贷:制造费用　　　　　　　　　　　　　　　　　　60 600

业务 5－15：甲产品全部完工入库,乙产品全部未完工。

产品成本计算单

生产车间：一车间　　　　　　　　　　　　　　　　　　　　　　　　　单位：元

产品名称：甲产品　　　　　　　　2020 年 12 月　　　　　　　　产量：350 套

2020年		摘　要	成本项目			
月	日		直接材料	直接人工	制造费用	合　计
12	1	期初在产品成本	9 000	2 000	3 300	14 300
12	31	分配材料费	51 000			51 000
12	31	分配职工薪酬		125 000		125 000
12	31	分配制造费用			31 562.5	31 562.5
12	31	费用合计	60 000	127 000	34 862.5	221 862.5
12	31	结转完工产品成本	60 000	127 000	34 862.5	221 862.5

注：□表示红字。

库存商品入库单

交库单位：一车间　　　　　　　　2020 年 12 月 31 日　　　　　　　编号：1097

产品名称	规　格	计量单位	交付数量	入库数量	单　价	金　额	备　注
甲产品		套	350	350	633.89	221 862.5	

检验：胡检　　　　　仓库验收：何必　　　　　车间交件人：吕敏

编制会计分录如下：

借：库存商品——甲产品　　　　　　　　221 862.5

　　贷：生产成本——甲产品　　　　　　　　221 862.5

【案例资料 5－1】　南通长江自动化有限公司发生下列业务。

（1）本月材料耗用汇总如下表所示。

耗用材料费用分配表　　　　　　　　　　　　　　　　　　　　　单位：元

	A 材料	B 材料	合　计
甲产品耗用	60 000		60 000
乙产品耗用	25 000	50 000	75 000
车间一般耗用	8 000	300	8 300
公司管理部门耗用	2 000		2 000
合　计	95 000	50 300	145 300

（2）开出转账支票支付广告费 20 000 元。

（3）开出现金支票 1 800 元购买办公用品,其中生产车间用 800 元,管理部门用 1 000 元。

（4）本月工资汇总计算如下：

本月生产总工时 25 000 小时，其中甲产品 15 000 工时，乙产品 10 000 工时。按生产工时比例分配基本生产工人工资。

产品生产工人工资	80 000 元
车间管理人员工资	9 000 元
销售人员工资	6 000 元
公司行政管理人员工资	28 000 元
合计	123 000 元

（5）开出现金支票 123 000 元，发放工资。

（6）以现金支付业务招待费 300 元。

（7）计提本月固定资产折旧 40 000 元，其中车间生产设备折旧 25 000 元，管理部门厂房等折旧 15 000 元。

（8）以银行存款支付水电费 15 000 元，其中生产车间耗用 10 000 元，管理部门耗用 5 000元。

（9）将本月制造费用转入甲、乙两种产品成本，分配标准为生产工时。

（10）甲、乙两种产品全部完工并验收入库，结转完工产品成本，并计算产品单位成本，甲产品产量 400 件，乙产品产量 500 件。

要求：编制上述经济业务的会计分录。

任务五　销售过程业务的账务处理

销售业务的账务处理涉及商品销售和其他销售等业务收入、成本、费用和相关税费的确认与计量等内容。

一、商品销售收入的确认与计量

企业销售商品收入的确认，必须同时符合以下条件：① 企业已将商品所有权上的主要风险和报酬转移给购货方；② 企业既没有保留通常与商品所有权相联系的继续管理权，也没有对已售出的商品实施控制；③ 收入的金额能够可靠地计量；④ 相关的经济利益很可能流入企业；⑤ 相关的已发生或将发生的成本能够可靠地计量。

二、账户设置

企业通常设置以下账户对销售业务进行会计核算。

（一）"主营业务收入"账户

"主营业务收入"账户属于损益类账户，用以核算企业确认的销售商品、提供劳务等主营业务的收入。

该账户贷方登记企业实现的主营业务收入，即主营业务收入的增加额；借方登记期末转入"本年利润"账户的主营业务收入（按净额结转），以及发生销售退回和销售折让时应冲减本期的主营业务收入。期末结转后，该账户无余额。

该账户应按照主营业务的种类设置明细账户,进行明细分类核算。

(二)"其他业务收入"账户

"其他业务收入"账户属于损益类账户,用以核算企业确认的除主营业务活动以外的其他经营活动实现的收入,包括出租固定资产、出租无形资产、出租包装物和商品、销售材料等。

该账户贷方登记企业实现的其他业务收入,即其他业务收入的增加额;借方登记期末转入"本年利润"账户的其他业务收入。期末结转后,该账户无余额。

该账户可按其他业务的种类设置明细账户,进行明细分类核算。

(三)"应收账款"账户

"应收账款"账户属于资产类账户,用以核算企业因销售商品、提供劳务等经营活动应收取的款项。

该账户借方登记由于销售商品以及提供劳务等发生的应收账款,包括应收取的价款、税款和代垫款等;贷方登记已经收回的应收账款。期末余额通常在借方,反映企业尚未收回的应收账款;期末余额如果在贷方,反映企业预收的账款。

该账户应按不同的债务人进行明细分类核算。

(四)"应收票据"账户

"应收票据"账户属于资产类账户,用以核算企业因销售商品、提供劳务等而收到的商业汇票。

该账户借方登记企业收到的应收票据,贷方登记票据到期收回的应收票据;期末余额在借方,反映企业持有的商业汇票的票面金额。

该账户可按开出、承兑商业汇票的单位进行明细核算。

(五)"预收账款"账户

"预收账款"账户属于负债类账户,用以核算企业按照合同规定预收的款项。预收账款情况不多的,也可以不设置本账户,将预收的款项直接记入"应收账款"账户。

该账户贷方登记企业向购货单位预收的款项等,借方登记销售实现时按实现的收入转销的预收款项等。期末余额在贷方,反映企业预收的款项;期末余额在借方,反映企业已转销但尚未收取的款项。

该账户可按购货单位进行明细核算。

(六)"主营业务成本"账户

"主营业务成本"账户属于损益类账户,用以核算企业确认销售商品、提供劳务等主营业务收入时应结转的成本。

该账户借方登记主营业务发生的实际成本,贷方登记期末转入"本年利润"账户的主营业务成本。期末结转后,该账户无余额。

该账户可按主营业务的种类设置明细账户,进行明细分类核算。

(七)"其他业务成本"账户

"其他业务成本"账户属于损益类账户,用以核算企业确认的除主营业务活动以外的其他经营活动所发生的支出,包括销售材料的成本、出租固定资产的折旧额、出租无形资产的摊销额、出租包装物的成本或摊销额等。

该账户借方登记其他业务的支出额,贷方登记期末转入"本年利润"账户的其他业务支出额。期末结转后,该账户无余额。

该账户可按其他业务的种类设置明细账户,进行明细分类核算。

(八)"税金及附加"账户

"税金及附加"账户属于损益类账户,用以核算企业经营活动发生的消费税、城市维护建设税、资源税和教育费附加、房产税、车船使用税、土地使用税、印花税等相关税费。

该账户借方登记企业应按规定计算确定的与经营活动相关的税费,贷方登记期末转入"本年利润"账户的与经营活动相关的税费。期末结转后,该账户无余额。

三、账务处理

(一)主营业务收入的账务处理

企业销售商品或提供劳务实现的收入,应按实际收到、应收或者预收的金额,借记"银行存款""应收账款""应收票据""预收账款"等科目,按确认的营业收入,贷记"主营业务收入"科目。

对于增值税销项税额,一般纳税人应贷记"应交税费——应交增值税(销项税额)"科目;小规模纳税人应贷记"应交税费——应交增值税"科目。

(二)主营业务成本的账务处理

期(月)末,企业应根据本期(月)销售各种商品、提供各种劳务等实际成本,计算应结转的主营业务成本,借记"主营业务成本"科目,贷记"库存商品""劳务成本"等科目。

(三)其他业务收入和成本的账务处理

主营业务和其他业务的划分并不是绝对的,一个企业的主营业务可能是另一个企业的其他业务,即便在同一个企业,不同期间的主营业务和其他业务的内容也不是固定不变的。

当企业发生其他业务收入时,借记"银行存款""应收账款""应收票据"等科目,按确定的收入金额,贷记"其他业务收入"科目,同时确认有关税金;在结转其他业务收入的同一会计期间,企业应根据本期应结转的其他业务成本金额,借记"其他业务成本"科目,贷记"原材料""累计折旧""应付职工薪酬"等科目。

(四)税金及附加的账务处理

企业应按规定计算确定的与经营活动相关的税费,包括消费税、城市维护建设税、资源税和教育费附加、房产税、车船使用税、土地使用税、印花税等相关税费。

当企业发生应交的税金及附加时,借记"税金及附加",贷记"应交税费"科目;实际交纳税金及附加时,借记"应交税费"科目,贷记"银行存款"科目。

▌▌▌典型工作任务▌▌▌

业务 5－16： 销售甲产品，款已收。

江苏增值税专用发票　　　　　　NO. 014565456

3200098221　　　　　　　发票联　　　　　　开票日期：2020 年 12 月 03 日
国家税务总局监制

购货单位	名　　　称：徐州市奇立有限公司 纳税人识别号：320300763327332 地址、电话：河海东路 45 号 85499890 开户行及账号：建行 23000987768970116	密码区	241766＜98/198533204＋＜63＜加密版本：01 ＋ 64 ＜－＞ 876 ＊ 98 ＞/8765/＞ 32 00098221 ＋216＞2＞7/3－＋47561＜＞＋ 782－/5432＜4 ＊－62＞－＞－8　　014565456

货物或应税劳务的名称	规格型号	单位	数量	单价	金额	税率	税额
甲产品		件	300	900	270 000.00	13％	35 100.00
合　计					￥270 000.00		￥35 100.00

价税合计（大写）	叁拾万伍仟壹佰元整	（小写）￥305 100.00

销货单位	名　　　称：南通长江自动化有限公司 纳税人识别号：320103001119928 地址、电话：江苏省南通市竹山 180 号 开户行及账号：建行 33010058777808899666	备注	南通长江自动化有限公司 发票专用章

收款人：　　　　复核：　　　　开票人：周欣　　　　销货单位：（章）

中国建设银行　进账单（收款通知）3

2020 年 12 月 03 日

出票人	全　　称	徐州市奇立有限公司	收款人	全　　称	南通长江自动化有限公司									
	账　　号	23000987768970116		账　　号	33010058777808899666									
	开户银行	建行新北区支行		开户银行	建行工农路支行									

金额	（大写）人民币叁拾万伍仟壹佰元整	亿	千	百	十	万	千	百	十	元	角	分
				￥3	0	5	1	0	0	0	0	0

票据种类	转账支票	数据张数	一张	中国建设银行 工农路支行 转讫
票据号码		2186765526532894		

复核　　　　记账　　　　　　　　　　　　　　　开户银行签章

借:银行存款　　　　　　　　　　　　　　　　　　305 100
　　贷:主营业务收入　　　　　　　　　　　　　　　　270 000
　　　　应交税费——应交增值税(销项税额)　　　　　35 100

业务 5－17:销售甲产品,收到银行承兑汇票。

3200069521　　　　　　　　　**江苏增值税专用发票**　　　　　　　　NO. 014565458

发票联　　　　　　　　　　　　　　　　　　　　　开票日期:2020 年 12 月 22 日

购货单位	名　称:江淮商贸有限责任公司 纳税人识别号:320300762456332 地址 、电话:河海东路 45 号 85499890 开户行及账号:建行城南区支行 　　　　　　23240987766456790	密码区	241766＜98/198533204＋＜63＜加密版本:01 ＋ 64 ＜ － ＞ 876 ＊ 98 ＞/8765/＞ 32 00069521 ＋216＞2＞7/3－＋47561＜＞＋ 782－/5432＜4＊－62＞－＞－8　　　014565458

货物或应税劳务的名称	规格型号	单位	数量	单价	金额	税率	税额
甲产品		件	50	1 000.00	50 000.00	13％	6 500.00
合　计					￥50 000.00		￥6 500.00
价税合计(大写)	伍万陆仟伍佰元整				(小写)￥56 500.00		

销货单位	名　称:南通长江自动化有限公司 纳税人识别号:320103001119928 地址 、电话:江苏省南通市竹山 180 号 开户行及账号:建行 33010058777808899666	备注	(南通长江自动化有限公司 发票专用章)

收款人:　　　复核:　　　开票人:周欣　　　销货单位:(章)

第一联 记账联 销货方记账凭证

银行承兑汇票　　2

出票日期(大写)贰零贰零年壹拾贰月贰拾贰日　　　　　　HB/01 0876531112

出票人全称	江淮商贸有限责任公司	收款人	全　称	南通长江自动化有限公司
出票人账号	2324098776		账　号	33010058777808899666
付款行全称	建行城南区支行		开户银行	建行工农路支行

出票金额	人民币(大写) 伍万陆仟伍佰元整	亿	千	百	十	万	千	百	十	元	角	分
					￥	5	6	5	0	0	0	0

汇票到日期(大写)	贰零贰壹年叁月贰拾贰日	付款行	行号	南京招行 876
承兑协议编号 2020 江字第 G102 号			地址	南京市天字路 34 号

本汇票请你行承兑,到期无条件付款。

出票人签章
2020 年 12 月 22 日

本汇票已经承兑,到期日由本行付款。

承兑行签章
承兑日期 2020 年 12 月 22 日

复核　记账

70111 周伯海

借:应收票据   56 500
　　贷:主营业务收入   50 000
　　　　应交税费——应交增值税(销项税额)   6 500

业务 5‑18:销售 A 材料,款项未收。

江苏增值税专用发票

NO.014565458

3200069521　　　　　　　　　　发票联　　　　　　　开票日期:2020 年 12 月 22 日
　　　　　　　　　　　　　　国家税务总局监制

购货单位	名　　称:江淮商贸有限责任公司 纳税人识别号:320300762456332 地址、电话:河海东路 45 号 85499890 开户行及账号:建行城南区支行 　　　　　23240987766456790	密码区	241766＜98/198533204＋＜63＜加密版本:01 ＋64＜－＞876＊98＞/8765/＞ 32 00069521 ＋216＞2＞7/3－＋47561＜＞＋ 782－/5432＜4＊－62＞－＞－8　　014565458

货物或应税劳务的名称	规格型号	单位	数量	单价	金额	税率	税额
A 材料		件	20	4 500.00	90 000.00	13%	11 700.00
合　　计					￥90 000.00		￥11 700.00

价税合计(大写)	壹拾万零壹仟柒佰元整	(小写)￥101 700.00

销货单位	名　　称:南通长江自动化有限公司 纳税人识别号:320103001119928 地址、电话:江苏省南通市竹山 180 号 开户行及账号:建行 33010058777808899666	备注	南通长江自动化有限公司 发票专用章

收款人:　　　　复核:　　　　　开票人:周欣　　　　销货单位:(章)

第一联　记账联　销货方记账凭证

编制会计分录如下:
借:应收账款   101 700
　　贷:其他业务收入   90 000
　　　　应交税费——应交增值税(销项税额)   11 700

业务 5‑19:结转销售甲产品的成本。

产品销售成本计算单

2020 年 12 月 31 日

项　　目	销售数量	单位成本	总销售成本
甲产品	350	633.89	221 862.50
合　　计			221 862.50

编制会计分录如下：

借：主营业务成本 221 862.50

　　贷：库存商品——甲产品 221 862.50

业务 5 - 20: 结转销售 A 材料的成本。

材料出库单(财务联)

2020 年 12 月 31 日　　　　　　　　　　　　　　单位:元

序　号	材料名称	规　格	计量单位	数　量	单　价	金　额	备　注
1	A 材料		吨	20	4 000	80 000	
合　计				20		80 000	

编制会计分录如下：

借：其他业务成本 80 000

　　贷：原材料 80 000

业务 5 - 21: 计算本月应交的城市维护建设税和教育费附加。

城市维护建设税及教育费附加计算表

2020 年 12 月 31 日　　　　　　　　　　　　　　单位:元

项　目	金　额
当期销项税额	6 500 000
当期进项税额	6 160 000
当期应纳增值税税额	340 000
应交城市维护建设税(7%)	23 800
应交教育费附加(3%)	10 200

会计主管：赵伟　　　　　　　　　　　　　　　　　　制表人：吴奇

编制会计分录如下：

借：税金及附加 34 000

　　贷：应交税费——应交城市维护建设税 23 800

　　　　　　　　——应交教育费附加 10 200

业务 5－22：交纳本月应交的城市维护建设税和教育费附加。

中华人民共和国

税收通用缴款书

隶属关系：

注册类型：有限责任公司　　　填发日期　2020 年 12 月 31 日　　　征收机关：南京市税务局

<table>
<tr><td rowspan="4">缴款单位</td><td>代　码</td><td>320103001119928</td><td rowspan="4">预算科目</td><td>编码</td><td colspan="2">010106</td></tr>
<tr><td>全　称</td><td>南通长江自动化有限公司</td><td rowspan="2">名称</td><td colspan="2" rowspan="2">城建税，教育费附加</td></tr>
<tr><td>开户银行</td><td>建设银行工农路支行</td></tr>
<tr><td>账　号</td><td>3309901737659906888</td><td>级次</td><td></td><td></td></tr>
<tr><td colspan="3">税款所属时期 2020 年 12 月 1 日至 2020 年 12 月 31 日</td><td colspan="4">税款限缴日期 2020 年 12 月 31 日</td></tr>
<tr><td colspan="2">品　目
名　称</td><td>课税数量</td><td>计税金额
或销售收入</td><td colspan="2">税率或
单位税额</td><td>已缴或
扣除额</td><td>实缴金额</td></tr>
<tr><td colspan="2">城建税</td><td></td><td>340 000.00</td><td colspan="2">7％</td><td></td><td>￥23 800.00</td></tr>
<tr><td colspan="2">教育费附加</td><td></td><td>340 000.00</td><td colspan="2">3％</td><td></td><td>￥10 200.00</td></tr>
<tr><td colspan="2">合计</td><td colspan="5">（大写）叁万肆仟元整</td><td>￥34 000.00</td></tr>
<tr><td colspan="2">缴款单位（人）
（盖章）
经办人（章）</td><td>税务机关
（盖章）
填票人（章）</td><td colspan="4">上列款项已收妥并划转收款单位账户
国库（银行）盖章　　年　月　日</td><td>备注：</td></tr>
</table>

编制会计分录如下：

借：应交税费——应交城市维护建设税　　　　　　23 800
　　　　　　——应交教育费附加　　　　　　　　10 200
　　贷：银行存款　　　　　　　　　　　　　　　　　　34 000

任务六　期间费用的账务处理

一、期间费用的构成

期间费用是指企业日常活动中不能直接归属于某个特定成本核算对象的，在发生时应直接计入当期损益的各种费用。期间费用包括管理费用、销售费用和财务费用。

管理费用是指企业为组织和管理企业生产经营活动所发生的各种费用。

销售费用是指企业销售商品和材料、提供劳务的过程中发生的各种费用。

财务费用是指企业为筹集生产经营所需资金等而发生的筹资费用。

二、账户设置

企业通常设置以下账户对期间费用业务进行会计核算。

（一）"管理费用"账户

"管理费用"账户属于损益类账户，用以核算企业为组织和管理企业生产经营所发生的管理费用。

该账户借方登记发生的各项管理费用，贷方登记期末转入"本年利润"账户的管理费用额。期末结转后，该账户无余额。

该账户可按费用项目设置明细账户，进行明细分类核算。

（二）"销售费用"账户

"销售费用"账户属于损益类账户，用以核算企业发生的各项销售费用。

该账户借方登记发生的各项销售费用，贷方登记期末转入"本年利润"账户的销售费用额。期末结转后，该账户无余额。

该账户可按费用项目设置明细账户，进行明细分类核算。

（三）"财务费用"账户

"财务费用"账户属于损益类账户，用以核算企业为筹集生产经营所需资金等而发生的筹资费用，包括利息支出（减利息收入）、汇兑损益以及相关的手续费、企业发生的现金折扣或收到的现金折扣等。为购建或生产满足资本化条件的资产发生的应予资本化的借款费用，通过"在建工程""制造费用"等账户核算。

该账户借方登记手续费、利息费用等的增加额，贷方登记应冲减财务费用的利息收入等。期末结转后，该账户无余额。

该账户可按费用项目进行明细核算。

三、账务处理

（一）管理费用的账务处理

企业在筹建期间内发生的开办费，包括人员工资、办公费、培训费、差旅费、印刷费、注册登记费以及不计入固定资产成本的借款费用等在实际发生时，借记"管理费用"科目，贷记"应付利息""银行存款"等科目。

行政管理部门人员的职工薪酬，借记"管理费用"科目，贷记"应付职工薪酬"科目。

行政管理部门计提的固定资产折旧，借记"管理费用"科目，贷记"累计折旧"科目。

行政管理部门发生的办公费、水电费、业务招待费、聘请中介机构费、咨询费、诉讼费、技术转让费、企业研究费用，借记"管理费用"科目，贷记"银行存款""研发支出"等科目。

（二）销售费用的账务处理

企业在销售商品过程中发生的包装费、保险费、展览费和广告费、运输费、装卸费等费用，借记"销售费用"科目，贷记"库存现金""银行存款"等科目。

企业发生的为销售本企业商品而专设的销售机构的职工薪酬、业务费等费用，借记"销售费用"科目，贷记"应付职工薪酬""银行存款""累计折旧"等科目。

（三）财务费用的账务处理

企业发生的财务费用，借记"财务费用"科目，贷记"银行存款""应付利息"等科目。发生的应冲减财务费用的利息收入、汇兑损益、现金折扣,借记"银行存款""应付账款"等科目,贷记"财务费用"科目。

典型工作任务

业务 5-23:支付业务招待费。

江苏增值税普通发票

开票日期:2020 年 12 月 16 日   NO. 026506865

购货单位	名　称	南通长江自动化有限公司				密码区	（略）		
	纳税人识别号	320103001119928							
	地址、电话	南通市崇川区竹山 180 号							
	开户行及账号	33010058777808899666							
货物或应税劳务名称		规格型号	单位	数量	单价	金额	税率	税额	
餐费						2 466.02	3%	73.98	
合　计						¥2 466.02	3%	¥73.98	
价税合计(大写)		贰仟伍佰肆拾元整					(小写)¥2 540.00		
销货单位	名　称	南通开元大酒店				备注	南通开元大酒店 发票专用章		
	纳税人识别号	2402168732127							
	地址、电话	南通人民路 118 号							
	开户行及账号	工行利民支行 2135693129801789888							

收款人:赵小刚   复核: 开票人:庄丽云   销货单位:(章)

中国建设银行
转账支票存根
10236146

附加信息＿＿＿＿＿＿＿＿＿＿＿

出票日期 2020 年 12 月 16 日

收款人:南通开元大酒店

金　额:¥2 540.00

用　途:支付餐费

备　注:(102716251427)

单位主管   会计

编制会计分录如下：

借：管理费用　　　　　　　　　　　　　　　　　　2 540

　　贷：银行存款　　　　　　　　　　　　　　　　　2 540

业务 5－24：支付广告费。

江苏增值税专用发票

开票日期：2020 年 12 月 20 日　　　　　　　　　　　NO. 04259334

江苏省徐州市
地方税务总局监制

购货单位	名　　称：	南通长江自动化有限公司				密码区	（略）		
	纳税人识别号：	320103001119928							
	地址、电话：	南通市崇川区竹山 180 号							
	开户行及账号：	33010058777808899666							

货物或应税劳务名称	规格型号	单位	数量	单价	金额	税率	税额
广告费					80 000.00	6%	4 800.00
合　计					￥80 000.00		￥4 800.00

价税合计（大写）	捌万肆仟捌佰元整	（小写）￥84 800.00

销货单位	名　　称：	众信广告设计有限公司	备注	众信广告设计有限公司 发票专用章
	纳税人识别号：	23201065023048		
	地址、电话：	南京下关大道 143 号		
	开户行及账号：	建行下关支行 3704000937157950501		

第三联 发票联

收款人：熊平　　　　复核：×××　　　　开票人：周广发　　　　销货单位：（章）

中国建设银行
转账支票存根
23382307

附加信息＿＿＿＿＿＿＿＿＿＿＿＿

出票日期　2020 年 12 月 20 日

收款人：众信广告设计有限公司
金　额：￥84 800.00
用　途：支付广告费

单位主管　　　会计

编制会计分录如下：

借：销售费用　　　　　　　　　　　　　　　　　　80 000

　　　应交税费——应交增值税(销项税额)　　　　　　　4 800
　　　贷:银行存款　　　　　　　　　　　　　　　　　　　　84 800

【案例资料5-2】 南通长江自动化有限公司发生下列业务。

(1) 销售商品一批,价款300 000元,增值税销项税额39 000元,款项尚未收到。

(2) 销售甲产品一批,价款200 000万元,乙产品一批,价款300 000万元,企业开出的增值税专用发票上注明销项税额65 000元,货款已收回存入银行。

(3) 收回高天工厂前欠的购货款175 500元。

(4) 开出转账支票给本市电视台支付广告费,金额100 000元,增值税6 000元。

(5) 以银行存款支付销售产品应负担的运输费5 000元。

(6) 按规定计算出本月应交的消费税50 000元,教育费附加8 000元。

(7) 结转已销产品成本275 000元,其中甲产品成本125 000元,乙产品成本150 000元。

(8) 出售多余材料取得收入25 000元,增值税3 250元;该批材料成本15 000元。

(9) 以现金支付咨询费1 500元。

要求:根据以上经济业务编制会计分录。

任务七　利润形成与分配业务的账务处理

一、利润形成的账务处理

(一) 利润的形成

利润是指企业在一定会计期间的经营成果,包括收入减去费用后的净额、直接计入当期损益的利得和损失等。利润由营业利润、利润总额和净利润三个层次构成。

1. 营业利润

营业利润这一指标能够比较恰当地反映企业管理者的经营业绩,其计算公式如下:

营业利润＝营业收入－营业成本－税金及附加－销售费用－管理费用－财务费用－资产减值损失＋公允价值变动收益(－公允价值变动损失)＋投资收益(－投资损失)

其中　　　　　　营业收入＝主营业务收入＋其他业务收入
　　　　　　　　营业成本＝主营业务成本＋其他业务成本

2. 利润总额

利润总额,又称税前利润,是营业利润加上营业外收入减去营业外支出后的金额,其计算公式如下:

利润总额＝营业利润＋营业外收入－营业外支出

3. 净利润

净利润,又称税后利润,是利润总额扣除所得税费用后的净额,其计算公式如下:

净利润＝利润总额－所得税费用

(二) 账户设置

企业通常设置以下账户对利润形成业务进行会计核算。

1. "本年利润"账户

"本年利润"账户属于所有者权益类账户,用以核算企业当期实现的净利润(或发生的净亏损)。企业期(月)末结转利润时,应将各损益类账户的金额转入本账户,结平各损益类账户。

该账户贷方登记企业期(月)末转入的主营业务收入、其他业务收入、营业外收入和投资收益等;借方登记企业期(月)末转入的主营业务成本、税金及附加、其他业务成本、管理费用、财务费用、销售费用、营业外支出、投资损失和所得税费用等。上述结转完成后,余额如在贷方,即为当期实现的净利润;余额如在借方,即为当期发生的净亏损。年度终了,应将本年收入和支出相抵后结出的本年实现的净利润(或发生的净亏损),转入"利润分配——未分配利润"账户贷方(或借方),结转后本账户无余额。

2. "投资收益"账户

"投资收益"账户属于损益类账户,用以核算企业确认的投资收益或投资损失。

该账户贷方登记实现的投资收益和期末转入"本年利润"账户的投资净损失;借方登记发生的投资损失和期末转入"本年利润"账户的投资净收益。期末结转后,该账户无余额。

该账户可按投资项目设置明细账户,进行明细分类核算。

3. "营业外收入"账户

"营业外收入"账户属于损益类账户,用以核算企业发生的各项营业外收入,主要包括非流动资产毁损报废收益、非货币性资产交换利得、债务重组利得、盘盈利得、捐赠利得等。

该账户贷方登记营业外收入的实现,即营业外收入的增加额;借方登记会计期末转入"本年利润"账户的营业外收入额。期末结转后,该账户无余额。

该账户可按营业外收入项目设置明细账户,进行明细分类核算。

4. "营业外支出"账户

"营业外支出"账户属于损益类账户,用以核算企业发生的各项营业外支出,包括非流动资产毁损报废损失、非货币性资产交换损失、债务重组损失、公益性捐赠支出、非常损失、盘亏损失和罚款支出等。

该账户借方登记营业外支出的发生,即营业外支出的增加额;贷方登记期末转入"本年利润"账户的营业外支出额。期末结转后,该账户无余额。

该账户可按支出项目设置明细账户,进行明细分类核算。

5. "所得税费用"账户

"所得税费用"账户属于损益类账户,用以核算企业确认的应从当期利润总额中扣除的所得税费用。

该账户借方登记企业应计入当期损益的所得税;贷方登记企业期末转入"本年利润"账户的所得税。期末结转后,该账户无余额。

(三) 账务处理

会计期末(月末或年末)结转各项收入时,借记"主营业务收入""其他业务收入""营业外收入"等科目,贷记"本年利润"科目;结转各项支出时,借记"本年利润"科目,贷记"主营业务成本""税金及附加""其他业务成本""管理费用""财务费用""销售费用""资产减值损失""营业外支出""所得税费用"等科目。

典型工作任务

业务5-25: 给希望工程捐款。

<table>
<tr><td colspan="2" align="center">中国工商银行
转账支票存根</td></tr>
<tr><td colspan="2" align="center">23345307</td></tr>
<tr><td colspan="2">附加信息_____
_____
_____</td></tr>
<tr><td colspan="2">出票日期　2020 年 12 月 20 日</td></tr>
<tr><td colspan="2">收款人:春蕾希望小学</td></tr>
<tr><td colspan="2">金　额:¥80 000.00</td></tr>
<tr><td colspan="2">用　途:捐款</td></tr>
<tr><td>单位主管</td><td>会计</td></tr>
</table>

编制会计分录如下:

借:营业外支出　　　　　　　　　　　　　　　　　　80 000

　　贷:银行存款　　　　　　　　　　　　　　　　　　　80 000

业务5-26: 星星公司违约,收到罚款 8 000 元。

中国工商银行进账单 （回单或收账通知)1

进账日期:2020 年 12 月 25 日　　　　　　　　　　第 2869 号

<table>
<tr><td rowspan="3">付款人</td><td>全　称</td><td>星星公司</td><td rowspan="3">收款人</td><td>全　称</td><td colspan="8">南通长江自动化有限公司</td></tr>
<tr><td>账　号</td><td>1704000345050936254</td><td>账　号</td><td colspan="8">3010058777808899666</td></tr>
<tr><td>开户银行</td><td>工商银行西郊办分理处</td><td>开户银行</td><td colspan="8">工商银行工农路支行</td></tr>
<tr><td colspan="3" rowspan="2">人民币
（大写)捌仟元整</td><td>千</td><td>百</td><td>十</td><td>万</td><td>千</td><td>百</td><td>十</td><td>元</td><td>角</td><td>分</td></tr>
<tr><td></td><td></td><td></td><td>¥</td><td>8</td><td>0</td><td>0</td><td>0</td><td>0</td><td>0</td></tr>
<tr><td>票据种类</td><td colspan="2">转账支票</td><td colspan="10" rowspan="3">中国工商银行
工农路支行

转讫
收款人开户银行盖章</td></tr>
<tr><td>票据张数</td><td colspan="2">1</td></tr>
<tr><td colspan="3"></td></tr>
<tr><td>单位主管</td><td>会计</td><td>复核</td><td>记账</td><td colspan="10"></td></tr>
</table>

编制会计分录如下:

借:银行存款 8 000

   贷:营业外收入 8 000

业务 5-27:将损益类账户转入"本年利润"。

损益账户发生额汇总表

2020 年 12 月   单位:元

账 户	本年发生额	
	借 方	贷 方
主营业务收入		17 890 000
主营业务成本	11 260 000	
税金及附加	36 650	
其他业务收入		214 000
其他业务成本	213 560	
营业外收入		16 500
营业外支出	30 000	
投资收益		250 000
管理费用	234 000	
销售费用	10 500	
财务费用	25 700	
合 计	11 810 410	18 370 500

编制会计分录如下:

借:主营业务收入 17 890 000

   其他业务收入 214 000

   营业外收入 16 500

   投资收益 250 000

   贷:本年利润 18 370 500

借:本年利润 11 810 410

   贷:主营业务成本 11 260 000

      其他业务成本 213 560

      税金及附加 36 650

      营业外支出 30 000

      管理费用 234 000

      财务费用 25 700

      销售费用 10 500

业务5-28:计算应交所得税。

所得税计算表

2020年12月   单位:元

应税项目	计税所得金额	税　率	应交所得税额	备　注
税前会计利润	6 560 090	25%	1 640 022.50	
				无任何纳税调整事项
合　计	6 560 090		1 640 022.50	

主管　　　　　　　　复核　　　　　　　　制表

编制会计分录如下:

借:所得税费用　　　　　　　　　　1 640 022.50

　　贷:应交税费——应交所得税　　　　　　1 640 022.50

年末将所得税费用转入本年利润账户。

借:本年利润　　　　　　　　　　1 640 022.50

　　贷:所得税费用　　　　　　　　　　1 640 022.50

业务5-29:年末,结转"本年利润"。

编制会计分录如下:

借:本年利润　　　　　　　　　　4 920 067.50

　　贷:利润分配——未分配利润　　　　　4 920 067.50

二、利润分配的账务处理

利润分配是指企业根据国家有关规定和企业章程、投资者协议等,对企业当年可供分配利润指定其特定用途和分配给投资者的行为。利润分配的过程和结果不仅关系到每个股东的合法权益是否得到保障,而且还关系到企业的未来发展。

(一) 利润分配的顺序

企业向投资者分配利润,应按一定的顺序进行。按照我国《公司法》的有关规定,利润分配应按下列顺序进行。

1. 计算可供分配的利润

企业在利润分配前,应根据本年净利润(或亏损)与年初未分配利润(或亏损)、其他转入的金额(如盈余公积弥补的亏损)等项目,计算可供分配的利润,即

可供分配的利润=当年实现的净利润(或亏损)+年初未分配利润
-弥补以前年度的亏损+其他转入

如果可供分配的利润为负数(即累计亏损),则不能进行后续分配;如果可供分配利润为正数(即累计盈利),则可进行后续分配。

2. 提取法定盈余公积

按照《公司法》的有关规定,公司应当按照当年净利润(抵减年初累计亏损后)的10%提

取法定盈余公积,提取的法定盈余公积累计额超过注册资本 50% 以上的,可以不再提取。

3. 提取任意盈余公积

公司提取法定盈余公积后,经股东会或者股东大会决议,还可以从净利润中提取任意盈余公积。

4. 向投资者分配利润(或股利)

企业可供分配的利润扣除提取的盈余公积后,形成可供投资者分配的利润,即

$$可供投资者分配的利润 = 可供分配的利润 - 提取的盈余公积$$

企业可采用现金股利、股票股利和财产股利等形式向投资者分配利润(或股利)。

(二)账户设置

企业通常设置以下账户对利润分配业务进行会计核算。

1. "利润分配"账户

"利润分配"账户属于所有者权益类账户,用以核算企业利润的分配(或亏损的弥补)和历年分配(或弥补)后的余额。

该账户借方登记实际分配的利润额,包括提取的盈余公积和分配给投资者的利润,以及年末从"本年利润"账户转入的全年发生的净亏损;贷方登记用盈余公积弥补的亏损额等其他转入数,以及年末从"本年利润"账户转入的全年实现的净利润。年末,应将"利润分配"账户下的其他明细账户的余额转入"未分配利润"明细账户,结转后,除"未分配利润"明细账户可能有余额外,其他各个明细账户均无余额。"未分配利润"明细账户的贷方余额为历年累积的未分配利润(即可供以后年度分配的利润),借方余额为历年累积的未弥补亏损(即留待以后年度弥补的亏损)。

该账户应当分别设置"提取法定盈余公积""提取任意盈余公积""应付现金股利或利润""转作股本的股利""盈余公积补亏"和"未分配利润"等进行明细核算。

2. "盈余公积"账户

"盈余公积"账户属于所有者权益类账户,用以核算企业从净利润中提取的盈余公积。

该账户贷方登记提取的盈余公积,即盈余公积的增加额,借方登记实际使用的盈余公积,即盈余公积的减少额。期末余额在贷方,反映企业结余的盈余公积。

该账户应当分别设置"法定盈余公积""任意盈余公积"进行明细核算。

3. "应付股利"账户

"应付股利"账户属于负债类账户,用以核算企业分配的现金股利或利润。

该账户贷方登记应付给投资者股利或利润的增加额;借方登记实际支付给投资者的股利或利润,即应付股利的减少额。期末余额在贷方,反映企业应付未付的现金股利或利润。

该账户可按投资者进行明细核算。

(三)账务处理

1. 净利润转入利润分配

会计期末,企业应将当年实现的净利润转入"利润分配——未分配利润"科目,即借记"本年利润"科目,贷记"利润分配——未分配利润"科目,如为净亏损,则做相反会计分录。

结转前,如果"利润分配——未分配利润"明细科目的余额在借方,上述结转当年所实现

净利润的分录同时反映了当年实现的净利润自动弥补以前年度亏损的情况。因此,在用当年实现的净利润弥补以前年度亏损时,不需另行编制会计分录。

2. 提取盈余公积

企业提取的法定盈余公积,借记"利润分配——提取法定盈余公积"科目,贷记"盈余公积——法定盈余公积"科目;提取的任意盈余公积,借记"利润分配——提取任意盈余公积"科目,贷记"盈余公积——任意盈余公积"科目。

3. 向投资者分配利润或股利

企业根据股东大会或类似机构审议批准的利润分配方案,按应支付的现金股利或利润,借记"利润分配——应付现金股利"科目,贷记"应付股利"等科目;以股票股利转作股本的金额,借记"利润分配——转作股本股利"科目,贷记"股本"等科目。

董事会或类似机构通过的利润分配方案中拟分配的现金股利或利润,不做账务处理,但应在附注中披露。

4. 盈余公积补亏

企业发生的亏损,除用当年实现的净利润弥补外,还可使用累积的盈余公积弥补。以盈余公积弥补亏损时,借记"盈余公积"科目,贷记"利润分配——盈余公积补亏"科目。

5. 企业未分配利润的形成

年度终了,企业应将"利润分配"科目所属其他明细科目的余额转入该科目"未分配利润"明细科目,即借记"利润分配——未分配利润""利润分配——盈余公积补亏"等科目,贷记"利润分配——提取法定盈余公积""利润分配——提取任意盈余公积""利润分配——应付现金股利""利润分配——转作股本股利"等科目。

结转后,"利润分配"科目中除"未分配利润"明细科目外,所属其他明细科目无余额。"未分配利润"明细科目的贷方余额表示累积未分配的利润,该科目如果出现借方余额,则表示累积未弥补的亏损。

典型工作任务

业务 5-30:提取法定盈余公积。

盈余公积金计提表

2020 年 12 月 31 日

项　　目	本年税后利润	计提比例	应计提金额
法定盈余公积	4 920 067.50	10%	492 006.75
合　　计	4 920 067.50		492 006.75

编制会计分录如下:

借:利润分配——提取法定盈余公积　　　　　　492 006.75

　　贷:盈余公积——法定盈余公积　　　　　　　　492 006.75

业务 5-31：分配股利。

董事会决议书(节选)
关于向投资者分配利润的决议

2020 年 12 月 30 日在第一会议室召开了南通长江自动化有限公司的投资人会议,会议应到 7 人,实到 7 人,由董事长××主持会议。参加会议的董事在人数与资格等方面符合《中华人民共和国中外合资企业法》及南通长江自动化有限公司合同章程的规定,会议有效。与会董事就本公司向投资者分配利润经公司董事会全体董事表决,一致同意达成如下决议:

(1) 将本期实现利润的 900 000.00 元向投资者分配利润。

(2) (略)。

出席会议的投资人签名:(略)

编制会计分录如下:

借:利润分配——应付现金股利　　　　　　　　900 000

　　贷:应付股利　　　　　　　　　　　　　　　　900 000

业务 5-32：结转利润分配各明细账户。

利润分配明细表

2020 年 12 月 31 日

明细科目	期初余额	本期发生额
计提法定盈余公积		492 006.75
应付现金股利		900 000.00
(略)		
合　计		1 392 006.75

编制会计分录如下:

借:利润分配——未分配利润　　　　　　　1 392 006.75

　　贷:利润分配——提取法定盈余公积　　　　492 006.75

　　　　　　　　——应付现金股利　　　　　　900 000

【案例资料 5-3】 南通长江自动化有限公司发生下列业务。

(1) 开出转账支票一张 50 000 元捐赠给公益性部门。

(2) 因超标排污被罚款 12 000 元。

(3) 收到罚款收入 20 000 元存入银行。

(4) 除上述业务,将本月取得的产品销售收入 650 000 元,其他业务收入 25 000 元,营业外收入15 000元结转入"本年利润"账户。

(5) 除上述业务,将本月发生的主营业务成本 280 000 元,税金及附加 58 000 元,销售费用 120 000 元,管理费用 50 000 元,财务费用 800 元,其他业务成本 15 000 元,营业外支出 25 000 元结转入"本年利润"账户。

(6) 计算并结转本月应交所得税,税率为 25%。

(7) 将"本年利润"账户的余额结转入"利润分配——未分配利润"账户。

（8）按本年税后净利润的 10％提取法定盈余公积金。

（9）按规定应当将当年税后净利润中的 20 000 元分配给投资者。

要求：根据以上经济业务编制会计分录。

复习思考题

1. 企业常见的主要经济业务事项有哪些？
2. 短期借款的借入、计提利息、支付利息及归还短期借款的账务处理是什么？
3. 固定资产的概念与特征是什么？
4. 固定资产折旧的范围有哪些，怎么计算？
5. 固定资产购入业务的账务处理和固定资产折旧的处理如何进行？
6. 材料的采购成本有哪些？
7. 生产费用的构成是什么？
8. 制造费用核算哪些内容？
9. 期间费用的构成是什么？ 三个费用分别核算哪些内容？
10. 分别写出营业利润、利润总额、净利润的计算公式。
11. 利润分配的顺序是什么？

技能实训

实训一：资金筹集业务的核算

资料：（1）接受 A 公司投资 70 000 元，存入银行。

（2）收到 B 公司投资，其中设备协议价 80 000 元交付使用，材料价值 100 000 元验收入库。

（3）收到乙企业以专利权的出资。投资合同约定该专利权的价值为 400 000 元（假定是公允的），占注册资本 300 000 元。

（4）1 月 1 日，从银行取得借款 50 000 元，期限 6 个月，年利率为 6％，利息于月末计提，季末支付，所得款项存入银行。

（5）1 月 31 日，计提上述借款的利息。

（6）3 月 31 日，支付一季度的借款利息。

（7）6 月 30 日，以存款支付到期的借款本金和第二季度的借款利息。

要求：根据上述资料编制会计分录。

实训二:材料采购业务的核算(实际成本法)

资料:某公司为增值税一般纳税人,2020年3月发生如下材料采购业务。

(1)3月2日,公司从A公司购入甲材料500千克,每千克20元,增值税进项税额1300元;运费300元,增值税税额27元,全部款项以转账支票付讫,材料已到达企业验收入库。

(2)向东联厂购进A材料5000千克,每千克1元,增值税税额为650元,材料已验收入库,开出期限为3个月、面值为5650元的商业承兑汇票交给东联厂。

(3)①2日,公司从A公司购入乙材料6000千克,每千克10元,增值税进项税额7800元;运费2000元,增值税税额180元,材料尚未入库,款项尚未支付。

②4日,乙材料到达公司并验收入库,结转上述材料的采购成本。

(4)以银行存款支付前欠A公司价税款69980元。

要求:根据上述资料编制会计分录。

实训三:生产业务的核算

资料:A公司生产甲、乙两种产品,乙产品期初在产品100件(在产品成本20000元,其中直接材料10000元,直接人工6000元,制造费用4000元)。2020年6月发生下列经济业务:

(1)6日,生产甲产品领用A材料成本20000元、B材料成本10000元。

(2)9日,用现金购买办公用品,其中生产车间用300元,管理部门用500元。

(3)15日,生产乙产品领用A材料成本10000元、B材料成本30000元。

(4)20日,用银行存款支付水电费,其中生产车间耗用5000元,行政管理部门耗用3000元,销售部门耗用2000元。

(5)22日,支付当月的短期借款利息1500元,款项已划转。

(6)30日,计提本月固定资产折旧,生产车间3000元,行政管理部门2000元。

(7)30日,计算并结转本月应付给职工的工资43000元,其中生产甲产品的生产工人工资15000元,生产乙产品的生产工人工资5000元,车间管理人员工资10000元,专设销售机构人员工资5000元,行政管理人员工资8000元。

(8)30日,结转本月制造费用(按生产工人工资进行分配)。

(9)30日,甲产品全部完工入库,乙产品月末在产品200件(在产品成本的直接材料20000元、直接人工12000元、制造费用8000元),结转完工产品成本。

要求:根据上述经济业务编制会计分录。

实训四:销售业务的核算

资料:南通机电公司2020年10月发生下列经济业务。

(1)向甲公司销售A产品1000件,每件售价400元,共计400000元,增值税税额52000元,款项尚未收到。

(2)销售B产品2000件,每件售价300元,共计600000元,增值税税额78000元,货税款已收回存入银行。

（3）收回甲公司前欠的购货款 452 000 元。

（4）按规定计算出本月应交的城市维护建设税 6 000 元,教育费附加 2 800 元。

（5）结转已销产品的成本,其中 A 产品单位生产成本每件 280 元,B 产品单位生产成本每件 210 元。

（6）出售多余材料取得收入 25 000 元,增值税税额 3 250 元,货税款已收回存入银行;该批材料成本 15 000 元。

（7）根据销货合同预收恒通公司购货款 20 000 元,货款已存入银行。10 天后,发出 B 产品 100 件,发票上注明的货款为 40 000 元,增值税为 5 200 元,并补收余款。

要求:根据上述经济业务编制会计分录。

实训五：利润形成的核算

资料:南方公司为增值税一般纳税人,2020 年 11 月份发生下列经济业务。

（1）2 日,销售给中原公司 A 产品 200 件,单位不含增值税售价 400 元;B 产品 150 件,单位不含增值税售价 450 元。增值税销项税额共计 19 175 元。款项已收到,存入银行。

（2）5 日,根据销货合同预收大发公司购货定金 60 000 元,存入银行。

（3）7 日,以现金支付销售产品的运杂费 500 元。

（4）9 日,向大发公司发出 A 产品 300 件,单位不含增值税售价为 400 元。增值税专用发票上注明的货款为 120 000 元,增值税销项税额为 15 600 元。扣除定金后,向购货方收取余款,已存入银行。

（5）12 日,出售一批不需用的原材料 10 000 元,增值税税率 13%,款项尚未收到。

（6）13 日,结转已售原材料的成本 6 500 元。

（7）14 日,车间业务员王某出差,预借差旅费 5 000 元,开出现金支票支付。

（8）15 日,以银行存款支付办公用品费 500 元。

（9）16 日,预提本月银行短期借款利息 2 000 元。

（10）20 日,用银行存款 5 000 元支付税收滞纳金罚款支出。

（11）21 日,车间业务员王某出差归来,报销差旅费 4 500 元,交回现金 500 元。

（12）25 日,结转本月销售 A、B 产品销售成本。A 产品单位成本为 285 元,B 产品单位成本为 270 元。

（13）30 日,计算应交城市维护建设税 2 500 元。

（14）30 日,企业收到违约金 239 元作为营业外收入。

（15）30 日,将有关损益类发生额结转到"本年利润"。

（16）30 日,按利润总额的 25% 计算并结转本月应交所得税(不考虑纳税调整问题)。

要求:根据上述经济业务编制会计分录。

实训六：利润分配的核算

资料:A 公司为增值税一般纳税人,销售单价均为不含增值税价格,增值税税率为 13%,2020 年 7 月发生下列经济业务。

（1）3 日,销售 A 产品 300 件,销售单价 200 元,价税款项已收存银行。

（2）8 日，销售 B 产品 600 件，销售单价 500 元，价税款项尚未收到。

（3）10 日，以银行存款支付业务招待费 3 900 元。

（4）15 日，用转账支票向希望工程捐款 20 000 元。

（5）31 日，一次结转本月已销售产品的成本，A 产品单位成本 120 元，B 产品单位成本 450 元。

（6）31 日，计提本月短期借款利息 1 500 元。

（7）31 日，收到罚款收入 30 000 元，存入银行。

（8）31 日，计算本月应交城市维护建设税为 2 800 元。

（9）31 日，将收入、费用类科目余额转入"本年利润"账户。

（10）31 日，按本月利润总额的 25% 计算应交所得税，并将所得税费用转入"本年利润"账户（假定无纳税调整项目）。

（11）年终将本年实现的净利润转入"利润分配——未分配利润"账户。

（12）公司按照董事会的决议，提取 10% 法定盈余公积。

（13）公司按照董事会的决议，将净利润的 40% 分配给股东，但尚未支付。

（14）将利润分配的其他明细账户转入"利润分配——未分配利润"账户。

要求：根据上述经济业务编制会计分录。

习题集

项目六
填制与审核会计凭证

学习情境一 了解会计凭证

一、会计凭证的概念

会计凭证是记录经济业务事项发生或完成情况的书面证明,也是登记账簿的依据。

填制和审核会计凭证,是会计核算的专门方法之一,也是会计核算工作的起点。任何单位在处理任何经济业务时,都必须由执行和完成该项经济业务的有关人员从外单位取得或自行填制有关凭证,以书面形式记录和证明所发生经济业务的性质、内容、数量、金额等,并在凭证上签名或盖章,以对经济业务的合法性和凭证的真实性、完整性负责。一切会计凭证都必须经过有关人员的审核,只有经过审核无误的会计凭证才能作为登记账簿的依据。

二、会计凭证的作用

合法地取得、正确地填制和审核会计凭证,是会计核算的基本方法,也是会计核算工作的起点,在会计核算中具有以下几点重要意义:

(1)记录经济业务,提供记账依据。会计凭证是登记账簿的依据,没有凭证就不能记账。通过填制会计凭证,可以及时、正确地反映各项经济业务的发生和完成情况,保证会计信息的真实、可靠、及时。

(2)明确经济责任,强化内部控制。任何会计凭证除记录有关经济业务的基本内容外,还必须由有关部门和人员签章,对会计凭证所记录经济业务的真实性、正确性、合法性、合理性负责,以便分清经济责任,加强责任感,从而促进各单位内部分工协作,同时互相牵制,以防止舞弊行为,强化内部控制。

(3)监督经济活动,控制经济运行。通过会计凭证的审核,可以查明每一项经济业务是否符合国家有关法律、法规、制度规定,是否符合计划、预算进度,是否有违法乱纪行为等。对于查出的问题,应积极采取措施予以纠正,实现对经济活动的事中控制,提高会计信息质量,改善经营管理,提高经济效益。

三、会计凭证的种类

会计凭证按照编制的程序和用途不同,分为原始凭证和记账凭证。

(一) 原始凭证

原始凭证又称单据,是在经济业务发生或完成时取得或填制的,用以记录或证明经济业务的发生或完成情况的文字凭据。它是经济业务发生的过程中直接产生的,是经济业务发生的最初证明。如购货发票、收款收据等,都是原始凭证。

(二) 记账凭证

记账凭证又称记账凭单,是会计人员根据审核无误的原始凭证按照经济业务事项的内容加以归类,并据以确定会计分录后所填制的会计凭证。它是登记账簿的直接依据。

【例 6-1】 根据会计凭证编制程序和用途不同,会计凭证分为(   )。

A. 原始凭证　　　　B. 记账凭证　　　　C. 外来凭证　　　　D. 一次凭证

【答案】 AB

学习情境二　填制与审核原始凭证

任务一　了解原始凭证的种类与内容

一、原始凭证种类

原始凭证按照不同的标准有很多的分类方法。

(一) 按照来源不同分类

原始凭证按照来源不同可以分为外来原始凭证和自制原始凭证。

1. 外来原始凭证

外来原始凭证指在经济业务发生或完成时,从其他单位或个人直接取得的原始凭证。如供货单位提供的发票,收款单位开出的收款收据,职工出差取得的飞机票、火车票、住宿发票等。

【例 6-2】 下列各项中,属于外来原始凭证的有(   )。

A. 火车票　　　　　　　　　　B. 销货发票

C. 购货发票　　　　　　　　　D. 外单位开具的收据

【答案】 ACD

2. 自制原始凭证

自制原始凭证指由本单位内部经办业务的部门和人员,在执行或完成某项经济业务时填制的,仅供本单位内部使用的原始凭证。如收料单、领料单、限额领料单、产品入库单、产品出库单、借款单、折旧计算表、制造费用分配表等。

【例6-3】 下列各项不属于自制原始凭证的是（　　）。

　　A. 收料单　　　　　B. 领料单　　　　　C. 购货发票　　　　　D. 借款单

【答案】 C

（二）按照填制手续和内容分类

原始凭证按照填制手续和内容分类，可分为一次凭证、累计凭证和汇总凭证。

1. 一次凭证

一次凭证指一次填制完成、只记录一笔经济业务的原始凭证。如收据、领料单、收料单、发货票、借款单、银行结算凭证等。一次凭证是一次有效的凭证，其填制手续是一次完成的。

2. 累计凭证

累计凭证指在一定时期内多次记录发生的同类型经济业务的原始凭证。其特点是在一张凭证内可以连续登记相同性质的经济业务，随时结出累计数及结余数，并按照费用限额进行控制，期末按实际发生额记账。累计凭证是多次有效的原始凭证。例如，限额领料单（见下表）就是典型的累计凭证。

限额领料单

2020年4月5日

领料部门：一车间　　　　　　　　发料仓库：4#仓库

产品名称：A产品　　　　　　　　计划产量：1 000件　　　　　　　　　　　单位定额：10

材料编号：10201　　　　　　　　名称规格：甲材料

计量单位：千克　　　　　　　　　领用限额：10 000

日　期	请领数量	实发数量	累计实发数量	限额结余	领料人签章	备　注
5日	4 000	4 000	4 000	6 000	林二	
10日	2 000	2 000	6 000	4 000	张三	
15日	2 000	2 000	8 000	2 000	李四	
合　计						

生产计划部门：　　　　　　供销部门：　　　　　　　　仓库：4#仓库

3. 汇总凭证

汇总凭证指对一定时期内反映经济业务内容相同的若干张原始凭证，按照一定标准综合填制的原始凭证。例如，工资结算汇总表、发料凭证汇总表、收料凭证汇总表（见下表）等，都是汇总原始凭证。

收料凭证汇总表

2020 年 4 月 30 日

材料类别 ＼ 材料来源	材料采购	委托加工	自制材料	投资者投入	合　计	凭证张数
原料及主要材料	100 000		20 000		120 000	8 张
辅助材料						
外购半成品						
修理用备件						
包装材料		4 000			4 000	4 张
燃料						
合　计	100 000	4 000	20 000		124 000	12 张

所有外来原始凭证均为一次凭证,累计凭证和汇总凭证一般为自制凭证。

(三) 按照格式不同,可以分为通用凭证和专用凭证

1. 通用凭证

通用凭证指由有关部门统一印制、在一定范围内使用的具有统一格式和使用方法的原始凭证。如税务部门统一制定的增值税发票、由中国人民银行统一制定的支票、商业汇票等结算凭证等。

2. 专用凭证

专用凭证指由单位自行印制、仅在本单位内部使用的原始凭证。

它是相对通用凭证而言、只在本单位内部使用的。这种凭证一般在凭证名称之前写上企业单位名称,如某单位的收料单、折旧计算表、工资费用分配表等。

另外,传统的原始凭证一般是由业务人员或会计人员手工填制。随着经济的发展和计算机设备在经济领域应用的普及,越来越多的单位采用计算机打印原始凭证。如发票、车票、医疗费收据。

二、原始凭证的基本内容

由于企业发生的经济业务是多种多样的,反映的具体内容也不尽相同,其原始凭证的内容、格式也各不相同。但是无论哪种原始凭证,其在会计核算过程中所起的作用是一致的,因此,一般来说,各种原始凭证都应具备以下基本内容:

(1) 原始凭证名称;

(2) 填制原始凭证的日期;

(3) 凭证的编号;

(4) 接受原始凭证的单位名称(抬头人);

(5) 经济业务内容(含数量、单价、金额等);

(6) 填制单位签章;

(7) 有关人员(部门负责人、经办人员)签章;

(8) 填制凭证单位名称或者填制人姓名;

（9）凭证附件。

任务二　了解原始凭证填制和审核的要求

一、原始凭证的填制要求

原始凭证反映的情况和数据是进行会计核算的最原始资料，同时也是具有法律效力的证明文件。为了保证会计核算资料的真实、正确和及时，原始凭证的填制必须符合一定的规范。因此，应按要求填制原始凭证。

（一）记录要真实

原始凭证所填列的经济业务内容和数字，必须真实可靠，符合实际情况，不得歪曲经济业务真相，弄虚作假。对实物的数量和金额的计算，要准确无误，不得以匡算和估算填入。

（二）内容要完整

原始凭证所要求填列的项目必须逐项填列齐全，不得遗漏和省略。

（三）手续要完备

单位自制的原始凭证必须由经办单位领导人或者其他指定的人员签名盖章；对外开出的原始凭证必须加盖本单位公章；从外部取得的原始凭证，必须盖有填制单位的公章；从个人取得的原始凭证，必须有填制人员的签名盖章。

（四）书写要清楚、规范

原始凭证要按规定填写，文字要简要，字迹要清楚，易于辨认，不得使用未经国务院公布的简化汉字。如有差错，应按规定的办法更正，不得随意涂改、刮擦和挖补。同时应遵守以下技术要求：

小写金额用阿拉伯数字逐个书写，不得写连笔字。在金额前要填写人民币符号"￥"，人民币符号"￥"与阿拉伯数字之间不得留有空白。金额数字一律填写到角、分，无角、分的，写"00"或符号"—"；有角无分的，分位写"0"，不得用符号"—"。

汉字大写金额用汉字壹、贰、叁、肆、伍、陆、柒、捌、玖、拾、佰、仟、万、亿、元、角、分、零、整等，一律用正楷或行书字书写。大写金额前未印有"人民币"字样的，应加写"人民币"三个字，"人民币"字样和大写金额之间不得留有空位。大写金额到元或角为止的，后面要写"整"或"正"字；有分的，不写"整"或"正"字。如小写金额为￥1 008.00，大写金额应写成"人民币壹仟零捌元整"。

凡规定填写大写金额的各种凭证，如银行结算凭证、发票等，必须在填写小写金额的同时填写大写金额。大写金额之前没有印制货币名称的，应当增加填写货币名称，货币名称与货币金额数字之间不得留有空位。阿拉伯数字金额之间有"0"时，汉字大写金额要写"零"字；阿拉伯数字金额中间连续有几个"0"时，汉字大写金额中可以只写一个"零"字；阿拉伯数字金额元位是"0"，或者数字之间连续有几个"0"、元位也是"0"但角位不是"0"时，汉字大写金额可以只写一个"零"字，也可以不写"零"字。如"￥105 863.00"应写成"人民币壹拾万零伍仟捌佰陆拾叁元整"；"￥650 072.50"应写成"人民币陆拾伍万零柒拾贰元伍角整"；

"￥9 000.65"可以写成"人民币玖仟元零陆角伍分",也可以写成"人民币玖仟元陆角伍分"。

(五)编号要连续

如果原始凭证已预先印定编号,在写坏作废时,应加盖"作废"戳记,妥善保管,不得撕毁。

(六)不得涂改、刮擦、挖补

原始凭证有错误的,应当由出具单位重开或更正,更正处应当加盖出具单位印章。原始凭证金额有错误的,应当由出具单位重开,不得在原始凭证上更正。

(七)填制要及时

各种原始凭证一定要及时填写,并按规定的程序及时送交会计机构、会计人员进行审核。

二、原始凭证的审核

(一)原始凭证的审核内容

为了如实反映经济业务的发生和完成情况,充分发挥会计的监督职能,保证信息的真实性、可靠性和正确性,会计机构、会计人员必须对原始凭证进行严格审核。具体包括以下几个方面。

1. 真实性审核

原始凭证作为会计信息的基本信息源,其真实性对会计信息的质量具有至关重要的影响。其真实性的审核包括凭证日期是否真实、业务内容是否真实、数据是否真实等内容的审查。外来原始凭证,必须有填制单位公章和填制人的签章;自制原始凭证,必须有经办部门和经办人的签名或盖章。此外,对于通用原始凭证,还应审核凭证本身的真实性,以防假冒。

2. 合法性审核

审核原始凭证所记录经济业务是否有违反国家法律法规的情况,是否履行了规定的凭证传递和审核程序,是否有贪污腐化等行为。

3. 合理性审核

审核原始凭证所记录经济业务是否符合企业生产经营活动的需要,是否符合有关的计划和预算等。

4. 完整性审核

审核原始凭证各项基本要素是否齐全,是否有漏项情况,日期是否完整,数字是否清晰,文字是否工整,有关人员签章是否齐全,凭证联次是否正确等。

5. 正确性审核

审核原始凭证各项金额的计算及填写是否正确,包括阿拉伯数字分位填写,不得连写;小写金额前要标明"￥"字样,中间不能留有空位;大写金额前要加"人民币"字样,大写金额与小写金额要相符;凭证中有书写错误的,应采用正确的方法更正,不能采用涂改、刮擦、挖补等不正确方法。

6. 及时性审核

原始凭证的及时性是保证会计信息及时性的基础。为此要求在经济业务发生或完成时及时填制有关原始凭证,及时进行凭证的传递。审核时应注意审查凭证的填制日期,尤其是支票等时效性较强的原始凭证,更应仔细验证其签发日期。

(二)原始凭证审核后的处理

经审核的原始凭证应根据不同情况处理。

(1)对于完全符合要求的原始凭证,应及时据以编制记账凭证入账。

(2)对于真实、合法、合理但内容不够完整、填写有错误的原始凭证,应退回给有关经办人员,由其负责将有关凭证补充完整、更正错误或重开后,再办理正式会计手续。

(3)对于不真实、不合法的原始凭证,会计机构和会计人员有权不予接受,并向单位负责人报告。

任务三　填制和审核日常业务原始凭证

一、支票的填制与审核

支票是单位或个人签发的,委托办理支票存款业务的银行在见票时无条件支付确定的金额给收款人或持票人的票据。

支票结算方式是同城结算中应用比较广泛的一种结算方式。单位和个人在同一票据交换区域内的各种款项结算,均可以使用支票。支票由银行统一印制,支票上印有"现金"字样的为现金支票,现金支票只能用于支取现金;支票上印有"转账"字样的为转账支票,转账支票只能用于转账。未印有"现金"或"转账"字样的为普通支票,普通支票可以用于支取现金,也可以用于转账。在普通支票左上角划两条平行线的,为划线支票,划线支票只能用于转账,不得支出现金。

支票一律记名。金额起点为100元。支票的提示付款期限为自出票日起10日内,中国人民银行另有规定的除外,超过提示付款期限的,持票人开户银行不予受理,付款人不予付款。转账支票可以根据需要在票据交换区域内背书转让。

现金支票的样票如下:

转账支票的样票如下：

| 中国工商银行
转账支票存根
$\frac{B}{0}\frac{B}{2}$08867701

附加信息 _____

出票日期 2020 年 12 月 1 日

收款人：郑州市自来水
公司

金 额：￥59 304.88
用 途：水费

单位主管 会计 | 本支票付款期限十天 | 🏦 中国工商银行 转账支票 $\frac{B}{0}\frac{B}{2}$08867701

出票日期(大写)贰零贰零年壹拾贰月零壹日　付款行名称：工行和平分行
收款人：郑州市自来水公司　　　　　　出票人账号：68039418423897788

人民币
(大写)　伍万玖仟叁佰零肆元捌角捌分　千百十万千百十元角分　￥5 9 3 0 4 8 8

用途水费
上列款项请从
我账户支付　生张印军
出票人签章　　　　　复核　★记账
　　　　　　财务专用章 |

（一）正面

（1）出票日期。票据的出票日期必须使用中文大写，大写数字（壹贰叁肆伍陆柒捌玖拾）。为防止变造票据的出票日期，在填写月、日时，月为壹、贰和壹拾的，日为壹至玖和壹拾、贰拾和叁拾的，应在其前加"零"；日为拾壹至拾玖的，应在其前加"壹"。如 1 月 15 日，应写成零壹月壹拾伍日。再如 10 月 20 日，应写成零壹拾月零贰拾日。

（2）收款人。应填写收款单位或个人的全称。

（3）付款行名称和出票人账号。应填写出票单位开户银行的名称和账号。

（4）金额。大写金额、小写金额要对应上。中文大写金额数字应紧接"人民币"字样填写，不得留有空白。阿拉伯小写金额数字前面，均应填写人民币符号"￥"（或草写）。阿拉伯小写金额数字要认真填写，不得连写以致分辨不清。一律写到角分，无角分的，角分位可写"0"。

（5）用途。应简明扼要填写支票的用途，如"备用金"或者"货款"等。

（6）出票人签章。应加盖上出票人预留的银行印鉴（一般是财务专用章和法人章）。

（7）密码。应根据密码器，输入支票密码。

（二）背面

（1）附加信息。一般填写收款人的账号等内容。

（2）收款人信息。收款单位取得支票后，在支票背面第一个"被背书人"下面的框里加盖收款单位财务专用章和法人章，据以取现或填制银行对账单后委托开户银行收款。个人取得支票，支票背面不盖任何印章，收款人在支票背面填上身份证号码和发证机关名称，凭身份证和支票取现或存入个人结算账户。

（三）存根

（1）附加信息。一般填写付款人的账号。

（2）出票日期。存根部分出票日期可以使用阿拉伯数字填写。

（3）收款人。应填写收款单位或个人的全称。

（4）金额。使用阿拉伯小写数字填写正联所填写的金额。

（5）用途。应填写和正联相同内容。

【案例资料6-1】　根据下列资料填制原始凭证。

开元公司购买产品于2020年12月2日向南通南方股份有限公司开具转账支票，金额为268 731.20元，开元公司的开户行为中国银行南通开发区支行，账号为200511678-90。

要求：填制转账支票（见下图）。

二、银行进账单的填制与审核

当企业持转账支票等银行结算凭证到银行办理转账时，应填制银行进账单。银行进账单一般为一式三联，其中，第一联为回单，是开户银行交给持（出）票人的回单；第二联为贷方凭证，由收款人开户银行做贷方凭证；第三联为收账通知，是收款人开户银行交给收款人的收账通知。

银行对账单中需要填写下列项目：

（1）出票人全称、收款人全称。填写企业在银行开户的名称。

（2）出票人账号、收款人账号。填写开户银行的账号。

（3）出票人开户银行、收款人开户银行。填写开户银行的全称。

（4）大写金额。应紧接"人民币"字样填写金额。

（5）小写金额。应与大写金额相对应。

（6）票据种类。一般为转账支票、银行汇票等。

（7）票据张数。应填写送存银行的票据张数，有1张写1，有2张写2。

||| 典型工作任务 |||

业务6-1：投资者（华强股份有限公司）投入资金60万元，收到对方公司开来的转账支票送存银行。填写银行进账单如下。

中国工商银行进账单 （回单或收账通知)1

2020 年 12 月 1 日　　　　　　　第 71 号

付款人	全称	华强股份有限公司	收款人	全称	南通长江自动化有限公司
	账号	3060057888708866333		账号	3010058777808899666
	开户银行	工商银行西郊办		开户银行	工商银行工农路支行

人民币（大写）陆拾万元整	千	百	十	万	千	百	十	元	角	分
		¥	6	0	0	0	0	0	0	0

票据种类	转账支票	中国工商银行 工农路支行 转讫 收款人开户银行盖章
票据张数	1	

单位主管　　会计　　复核　　记账

【案例资料 6-2】 根据下列资料填制原始凭证。

2020 年 12 月 2 日,南通南方股份有限公司收到【案例资料 1】所列的转账支票,于当日交存银行,南通南方股份有限公司开户银行为中国银行南通工农路支行,账号为3020075687656127788。

要求:填制进账单(见下图)。

中国银行进账单 （回单）　1

年　　月　　日

付款人	全　称		收款人	全　称		此联是开户银行交给持（出）票人的回单
	账　号			账　号		
	开户银行			开户银行		

金额	人民币（大写）	亿	千	百	十	万	千	百	十	元	角	分	

票据种类		票据张数		
票据号				开户银行盖章

复核　　记账

三、收据的填制与审核

企业因相关业务收付现金时,需开具收据。收据的基本联次为一式三联,其用途分别是第一联为存根联,第二联为收据,第三联为记账联。收据由企业的出纳人员负责填写,应按编号顺序使用,全部联次用双面复写纸一次性套写完成。

收据中须填写下列项目：

(1) 收款日期。

(2) 交款单位或交款人姓名。

(3) 交款原因。

(4) 大小写金额。

(5) 印章。应包括收款人、交款人签字或印章；收款单位的财务专用章。

典型工作任务

业务 6-2：王强出差归来，报销差旅费，余款 560 元退回。

收 款 收 据

日期：2020 年 12 月 18 日　　　　　　　　　　NO：561898

交款单位　王强	收款方式　现金
人民币(大写)　伍佰陆拾元整	￥560.00
收款事由　报销差旅费多余现金退回	现金收讫
	2020 年 12 月 18 日

第二联：记账联

会计主管：赵伟　　　　　出纳：刘莉　　　　　报销人：王强

【案例资料 6-3】 根据下列资料填制原始凭证。

南通南方股份有限公司 2020 年 12 月 17 日收到职工许二多交来的仓库材料保管不善损毁赔偿款 100 元。

要求：填写收据(见下图)。

收　　　　　据

入账日期：　年　月　日　　　　　　　　　　0023119

交款单位＿＿＿＿＿＿＿＿＿＿＿＿＿	收款方式＿＿＿＿＿＿
人民币(大写)＿＿＿＿＿＿＿＿＿　￥	
收款事由＿＿＿＿＿＿＿＿＿＿＿＿＿	
	年　月　日

第一联：存根联

单位盖章　　　　　　　　　　财会主管　记账　出纳　审核　经办

四、增值税专用发票的填制与审核

增值税专用发票是由国家税务总局监制设计印制的,只限于增值税一般纳税人领购使用,既是纳税人反映经济活动中的重要会计凭证,又是兼记销货方纳税义务和购货方进项税额的合法证明;是增值税计算和管理中重要的决定性的合法的专用发票。

增值税专用发票为机打发票,由企业的会计人员在防伪税控系统中开具。全部联次一次打印完成。增值税专用发票的基本联次统一规定为三联,包括销售方的记账联、购货方取得的是发票联和抵扣联。这三联各有各的作用,缺一不可。

(1)第一联是销货方记账凭证,也就是记账联。通俗地讲就是销货方入账时要贴到凭证前面的依据,也方便以后作为查询所用。

(2)第二联是抵扣联,就是去税务局或者网上认证的联次,此联相对重要,要保证发票内容清晰,密码区无刮痕,不然机器无法识别。

(3)第三联是购货方记账联,也就是发票联,是购货方入账时要贴进凭证的联次。

增值税专用发票中须填写如下项目:

(1)开具日期。

(2)购买方,包括购货单位名称,纳税人识别号,地址、电话,开户银行及账号。增值税一般纳税人在购买货物或接受应税劳务时,应主动提供单位名称,纳税人识别号,地址、电话,开户银行及账号,并确保单位名称和纳税人登记号的相应关系准确无误。

(3)商品或劳务名称、计量单位、数量、单价、金额等。销售单位在开具增值税专用发票时,应正确填写商品或劳务名称、计量单位、数量、单价、金额,不得漏填或随意填写。同时,供应两种不同税率的应税项目,且合并开具发票的,其商品或劳务的名称、计量单位、数量、单价、金额,必须按不同税率分别填写。对供应的货物既有应税货物,又有免税货物的,供应的免税货物应单独开具普通发票,不得和应税货物合并开具增值税专用发票。

(4)销售方,包括销货方单位名称,纳税人识别号,地址、电话,开户行及账号。增值税一般纳税人在销售货物或提供应税劳务开具增值税专用发票时,应主动填写单位名称,纳税人识别号,地址、电话,开户银行及账号,并确保单位名称和纳税人登记号的相应关系准确无误。

(5)开票人名称。

(6)开票单位的发票专用章。

增值税专用发票如下图所示。

五、普通发票的填制与审核

增值税小规模纳税人结算销售货物和加工修理修配劳务时使用普通发票。

增值税普通发票的基本联次为二联，第一联是发票联，是购货方入账时要贴进凭证的联次。第二联是记账联，是销货方入账时要贴到凭证前面的依据。

普通发票的填写要求和专用发票类似。

增值税普通发票如下图所示。

六、收料单的填制与审核

收料单是记录外购材料验收入库的一种原始凭证。一般一式三联,第一联为存根联,由采购员带回供应部门留存备查;第二联为会计记账联,交财会部门据以记账;第三联为仓库记账联,由仓库保留作为登记库存台账原材料数量增加的依据。

材料到货,应由仓库保管员验收入库,在收料单上填写收料日期、原材料的名称、计量单位、应收及实收数量等项目,会计人员填写材料的单价、金额、运杂费等项目。

典型工作任务

业务 6 - 3:2020 年 5 月 20 日,购入乙材料 1 000 千克,单价 40 元,共计 40 000 元,增值税进项税额 5 200 元,款项尚未支付,材料已经验收入库。

收料单如下图所示。

收料单

材料类别:原料　　　　　　　　2020 年 5 月 20 日　　　　　　　　收料仓库:原料库

名　称	规　格	单　位	数　量		实际成本				
			应收	实收	单价	金额	运费	其他	合计
乙材料		千克	1 000	1 000	40	40 000	0	0	40 000
合　计									

主管:赵伟　　　　记账:徐丹　　　　保管:李军　　　　经办人:林二

学习情境三　填制与审核记账凭证

任务一　了解记账凭证的种类与内容

一、记账凭证种类

(一) 按使用范围和用途不同分类

记账凭证按使用范围和用途不同,可分为通用记账凭证和专用记账凭证。

(1) 通用记账凭证是一种适合于所有经济业务的记账凭证。其格式如下表所示。

通用记账凭证

年　　月　　日　　　　　　　　　　　　　　　字第　号

摘　要	借方科目		贷方科目		金　额									记账符号
	总账科目	明细科目	总账科目	明细科目	百	十	万	千	百	十	元	角	分	

附原始凭证×张

会计主管：　　　　记账：　　　　复核：　　　　出纳：　　　　制单：

（2）专用记账凭证是按经济业务的某种特定属性定向使用的，只适用于某一类经济业务的凭证。通常按其是否反映货币资金收付业务来分类，分为收款凭证、付款凭证和转账凭证三种。

① 收款凭证是用来记录现金或银行存款收入业务的记账凭证。收款凭证根据其借方科目具体内容又可分为现金收款凭证和银行存款收款凭证。具体格式如下表所示。

收款凭证

借方科目：　　　　　　　　年　　月　　日　　　　　　　　收字第　　号

摘　要	贷方科目		金　额									记账符号
	总账科目	明细科目	百	十	万	千	百	十	元	角	分	

附原始凭证×张

会计主管：　　　　记账：　　　　复核：　　　　出纳：　　　　制单：

② 付款凭证是用来记录现金或银行存款支付业务的记账凭证。付款凭证根据其贷方科目的具体内容又可分为现金付款凭证和银行存款付款凭证。具体格式如下表所示。

付款凭证

贷方科目：　　　　　　　　　　年　　月　　日　　　　　　　　付字第　　号

摘　要	借方科目		金　额									记账符号
	总账科目	明细科目	百	十	万	千	百	十	元	角	分	

附原始凭证×张

会计主管：　　　记账：　　　复核：　　　出纳：　　　制单：

③ 转账凭证是用来记录与现金和银行存款收付业务无关的业务的记账凭证。凡是不涉及现金和银行存款收付业务的其他经济业务，均为转账业务，要据以编制转账凭证。转账凭证的具体格式如下表所示。

转账凭证

年　　月　　日　　　　　　　　　　　转字第　　号

摘　要	会计科目	明细科目	√	借方金额										√	贷方金额									
				千	百	十	万	千	百	十	元	角	分		千	百	十	万	千	百	十	元	角	分
合　计																								

附单据×张

会计主管：　　　记账：　　　出纳：　　　审核：　　　制单：

收款凭证、付款凭证、转账凭证的划分，有利于区别不同经济业务进行分类管理，有利于经济业务的检查，但工作量大，适用于规模较大，收付款业务较多的单位。对于经济业务较少的单位还可以采用通用记账凭证来记录所有经济业务。即不分收款、付款和转账业务，将所有经济业务统一编号。

（二）按是否汇总分类

按记账凭证是否经过汇总，可分为分录记账凭证和汇总记账凭证两种。

（1）分录记账凭证，是指按照原始凭证编制的，用以确定每项经济业务会计分录的记账凭证，如前述的通用记账凭证，收款、付款、转账凭证等都是分录记账凭证。

（2）汇总记账凭证，是按照一定期间的分录记账凭证汇总编制的记账凭证。按照汇总的内容不同，一般分为全部汇总记账凭证和分类汇总记账凭证。

① 全部汇总记账凭证,也称记账凭证汇总表或科目汇总表,指对全部记账凭证进行汇总后,按照不同的会计科目分别列示各账户借方发生额和贷方发生额的记账凭证。

② 分类汇总记账凭证,指对一定期间的记账凭证进行分类汇总而编制的记账凭证,如汇总收款凭证、汇总付款凭证、汇总转账凭证。

(三) 按照填列方式分类

1. 复式凭证

复式凭证是指将每一笔经济业务事项所涉及的全部会计科目及其金额均在同一张记账凭证中反映的一种凭证。如前述通用记账凭证、收款凭证、付款凭证和转账凭证都是复式记账凭证。

其优点是可以集中反映科目的对应关系,便于了解经济业务的来龙去脉,可以减少记账凭证的张数。缺点是不便于汇总计算每一个会计科目的发生额,不便于分工记账。

2. 单式凭证

单式凭证是指每一张记账凭证只填列经济业务事项所涉及的一个科目及其金额的记账凭证。填列借方科目的称为借项凭证,填列贷方科目的称为贷项凭证。

其优点是便于汇总计算每一个会计科目的发生额,便于分工记账。缺点是不能在一张凭证上反映一项经济业务的全貌,不便于查账,记账凭证数量多、工作量大,具体格式如下表所示。

单式记账凭证

年　　月　　日　　　　　　　　　　凭证编号第　　号

摘　要	会计科目		金　额									记账符号
	总账科目	明细科目	百	十	万	千	百	十	元	角	分	

附原始凭证×张

会计主管:　　　　记账:　　　　复核:　　　　出纳:　　　　制单:

另外,记账凭证也可以按照填制手段不同,分为手工记账凭证和机制记账凭证,实现会计电算化的企事业单位多采用机制记账凭证。

二、记账凭证的基本内容

记账凭证是会计人员根据审核无误的原始凭证和汇总原始凭证,按照经济业务的内容加以归类,确定会计分录并作为登记账簿直接依据而填制的会计凭证。因此,会计人员应认真填写并严格审核记账凭证。为了满足记账的基本要求,均应具备以下基本内容:

(1) 记账凭证的名称。采用通用格式记账凭证的单位,其记账凭证的名称就是"记账凭证",采用专用记账凭证格式的企业,其记账凭证的名称就是"收款凭证"(现收、银收)、"付款凭证"(现付、银付)、"转账凭证"。

（2）填制记账凭证的日期。

（3）记账凭证的编号。

（4）经济业务事项的内容摘要。

（5）应借应贷的账户名称（包括总分类账户和明细分类账户）和金额。

（6）记账标记。即已登记账簿的金额，应在"记账"栏内打"√"号或签章。

（7）所附原始凭证张数。

（8）会计主管、记账、审核、出纳、制单等有关人员签章。

任务二 填制和审核记账凭证

一、记账凭证的填制要求

记账凭证是登记账簿的依据，正确填制记账凭证，是保证账簿记录正确的基础。

填制记账凭证时有以下几点基本要求。

（一）记账凭证日期的填写

记账凭证的日期是按编制凭证的日期填写，而编制记账凭证，应该是取得经济业务对应的原始凭证以后，所以记账凭证上的日期不是经济业务发生的日期。

（二）记账凭证编号的填写

凭证应由主管该项业务的会计人员，按业务发生顺序并按不同种类的记账凭证连续编号。

编号方法很多，可以采用收款凭证、付款凭证、转账凭证分三类编号，也可以采用现金收款、现金付款、银行存款收款、银行存款付款和转账五类编号，还可以采用通用记账凭证统一编号，一笔经济业务需要填制两张或以上记账凭证的，应采用分数编号法。如第 8 号凭证需编三张记账凭证，则可编成 $8^{1/3}$ 号、$8^{2/3}$ 号、$8^{3/3}$ 号。每月最后一张记账凭证的编号旁边，可以加注"全"字，以免凭证丢失。

（三）摘要的填写

记账凭证的摘要栏是对经济业务的简要说明，必须针对不同性质的经济业务的特点，考虑登记账簿的需要，正确填写，不得漏填或错填。

（四）会计科目的填写

填写会计科目时，应填写会计科目的全称或会计科目的名称和编号，不得简写或只填会计科目的编号而不填名称。需要填明细科目的，应在"明细科目"栏填写明细科目的名称。

（五）金额的填写

记账凭证的金额必须与原始凭证的金额相符。在记账凭证的"合计"行填列合计金额，阿拉伯数字填写要规范，在合计数字前应填写人民币符号"￥"，不是合计数字前不应填写人民币符号；一项经济业务因涉及会计科目较多的，需要填写多张记账凭证的，只在最末一张记账凭证的"合计"行填列合计金额；角分位不留空白，可写成"00"。

（六）附件张数的填写

记账凭证一般附有原始凭证。除结账和更正错误的记账凭证可以不附原始凭证外；其他记账凭证必须附有原始凭证。所附原始凭证必须完整，并在记账凭证上注明原始凭证的张数，以便核对摘要及所编会计分录的正确性。如一张原始凭证需要填制两张记账凭证，应在未附原始凭证的记账凭证上注明"原始凭证在××号记账凭证后面"，以便查阅。

记账凭证可以根据每一张原始凭证填制，或根据若干张同类原始凭证汇总编制，也可以根据原始凭证汇总表填制，但不得将不同内容和类别的原始凭证汇总填制在一张记账凭证上。

附件张数是按构成记账凭证金额的原始凭证或原始凭证汇总表计算张数，原始凭证或原始凭证汇总表所附的单据只作为附件的附件处理。附件张数应是阿拉伯数字填写。

（七）空行的要求

记账凭证填制完经济业务事项后，如有空行，应当自最后一笔金额数字下的空行处至合计数上的空行处划线注销，以严密会计核算手续，堵塞漏洞。

（八）签名或盖章

记账凭证填制完成后，应进行复核和检查，有关人员包括会计主管、记账、审核、出纳、制单等有关人员均应签字盖章。出纳人员根据收、付款凭证收入款项或付出款项时，应在凭证上加盖"收讫"或"付讫"的戳记，以免重收重付、漏收漏付。

实行会计电算化的单位，采用的机制记账凭证应当符合记账凭证的一般要求，打印出来的机制记账凭证要加盖有关人员印章或签字，以加强审核，明确责任。

（九）记账凭证若发生错误的处理

填制会计凭证后如发现有错误，应根据发现错误的时间和错误类型，采用正确的方法进行更正。填制记账凭证时若发生错误，应当重新填制。已登记入账的记账凭证在当年内发现填写错误时，可以用红字填写一张与原内容相同的记账凭证，在摘要栏注明"注销某月某日某号凭证"字样，同时再用蓝字重新填制一张正确的记账凭证，注明"订正某月某日某号凭证"字样。如果会计科目没有错误，只是金额错误，也可将正确数字与错误数字之间的差额另编一张调整的记账凭证，调增金额用蓝字，调减金额用红字。发现以前年度记账凭证有错误的，应当用蓝字填制一张更正的记账凭证。

二、记账凭证的填制方法

（一）专用记账凭证的填制

1. 收款凭证的填制

收款凭证是根据现金和银行存款收款业务的原始凭证填制的记账凭证。凡是涉及现金和银行存款增加的都必须填制收款凭证。收款凭证左上的"借方科目"应填写"库存现金"和"银行存款"，右上方填写凭证编号。"摘要"栏内填写经济业务的内容梗概。"贷方科目"应填写对应的总账、明细账科目。"金额"栏应填写实际收到的现金或银行存款数额。"记账符号"栏供记账员在根据收款凭证登记有关账簿以后做记号用，表示该笔金额已经计入有关账簿，避免重记或漏记，具体如下表所示。

▌▌▌典型工作任务▌▌▌

业务 6－4：收回欠款 230 000 元。

收款凭证

借方科目:银行存款   2020 年 12 月 24 日   银收字第 51 号

摘　要	贷方科目		金　额									记账符号	
	总账科目	明细科目	百	十	万	千	百	十	元	角	分		附原始凭证1张
收回货款	应收账款	向阳公司		2	3	0	0	0	0	0	0		
合　计			¥	2	3	0	0	0	0	0	0		

会计主管:　　　　记账:　　　　复核:　　　　　出纳:　　　　　制单:张丹丹

2. 付款凭证的填制

付款凭证是根据现金和银行存款付款业务的原始凭证填制的记账凭证。凡涉及现金、银行存款付出业务的,都要填制付款凭证。其填制方法与收款凭证大体相同,区别在于左上方应填列贷方科目。具体格式如下表所示。

▌▌▌典型工作任务▌▌▌

业务 6－5：以现金发放工资 23 800 元。

付款凭证

贷方科目:库存现金   2020 年 12 月 28 日   现付字第 62 号

摘　要	借方科目		金　额									记账符号	
	总账科目	明细科目	百	十	万	千	百	十	元	角	分		附原始凭证1张
工资发放	应付职工薪酬	工资			2	3	8	0	0	0	0		
合　计				¥	2	3	8	0	0	0	0		

会计主管:　　　　记账:　　　　复核:　　　　　出纳:　　　　　制单:张丹丹

3. 转账凭证的填制

转账凭证是根据不涉及现金和银行存款收付业务的转账原始凭证填制的记账凭证。凡不涉及现金和银行存款增加或减少的业务都必须填制转账凭证。转账凭证所涉及的科目没有固定的对应关系。因此要在凭证中按"借方科目"和"贷方科目"分别填列"总账科目"和"明细科目"。具体格式如下表所示。

‖‖ 典型工作任务 ‖‖

业务 6-6: 购入的材料 50 000 元验收入库。

转账凭证

2020 年 12 月 28 日

转字第 82 号
附件 1 张

摘　要	会计科目	明细科目	借方金额									贷方金额								
			百	十	万	千	百	十	元	角	分	百	十	万	千	百	十	元	角	分
材料入库	原材料	甲材料			5	0	0	0	0	0	0									
	在途物资	甲材料												5	0	0	0	0	0	0
合　计				¥	5	0	0	0	0	0	0		¥	5	0	0	0	0	0	0

会计主管:　　　记账:　　　复核:　　　出纳:　　　制单:张丹丹

(二) 通用记账凭证的填制

通用记账凭证的名称为"记账凭证"或"记账凭单",它是集收款、付款和转账凭证于一身,适用于所有业务类型的记账凭证。具体格式如下表所示。

通用记账凭证

2020 年 12 月 11 日

第 101 号
附件 1 张

摘　要	会计科目	明细科目	借方金额									贷方金额								
			百	十	万	千	百	十	元	角	分	百	十	万	千	百	十	元	角	分
材料入库	原材料	甲材料			5	0	0	0	0	0	0									
	在途物资	甲材料												5	0	0	0	0	0	0
合　计				¥	5	0	0	0	0	0	0		¥	5	0	0	0	0	0	0

会计主管:　　　记账:　　　复核:　　　出纳:　　　制单:张丹丹

【案例资料 6 - 4】 ZH 公司 2020 年 10 月份发生如下经济业务。

(1) 1 日,向银行借入 6 个月的款项 60 000 元存入银行。

(2) 3 日,归还前欠某公司货款 80 000 元。

(3) 5 日,李文出差预借差旅费 3 000 元。

(4) 5 日,收到某公司前欠货款 100 000 元。

(5) 8 日,支付广告费 50 000 元。

(6) 10 日,购入材料价款 40 000 元,增值税 4 200 元,货款已付。

(7) 12 日,从银行提取现金 60 000 元,以备临时开支。

(8) 13 日,生产领用材料 50 000 元,用于生产甲产品。

(9) 20 日,支付水电费 8 000 元,其中生产车间 2 500 元,管理部门 5 500 元。

(10) 25 日,李文出差归来报销差旅费 3 200 元,所欠部分以现金付讫。

(11) 26 日,销售产品一批,价款 80 000 元,增值税 10 400 元,货款已收到。

(12) 26 日,购买材料价款 30 000 元,增值税 3 900 元,款项尚未支付。

(13) 28 日,销售产品一批,价款 100 000 元,增值税 13 000 元,货款尚未收到。

(14) 30 日,销售库存多余材料一批,价款 20 000 元,增值税 2 600 元,款已收到。

(15) 30 日,产品完工验收入库 200 000 元。

要求:根据以上业务编制会计分录并填制记账凭证。该企业采用收、付、转凭证格式。

三、记账凭证的审核

为了使记账凭证的填制符合记账要求,正确反映经济业务的内容,登记账簿前必须由专人对记账凭证进行审核。记账凭证的审核,是在对原始凭证审核基础上进行的再审核,要着重审核记账凭证的填制是否正确,是否符合规定要求。审核的主要内容有:

(1) 内容是否真实。审核记账凭证是否有原始凭证为依据,所附原始凭证的内容与记账凭证的内容是否一致,记账凭证汇总表的内容与其所依据的记账凭证的内容是否一致等。

(2) 项目是否齐全。审核记账凭证各项目的填写是否齐全,如日期、凭证编号、摘要、会计科目、金额、附原始凭证张数及有关人员签章等。

(3) 科目是否正确。审核记账凭证的应借、应贷科目是否正确,是否有明确的账户对应关系,所使用的会计科目是否符合有关会计制度的规定。

(4) 金额是否正确。审核记账凭证所记录的金额与原始凭证的有关金额是否一致,记账凭证汇总表的金额与记账凭证的金额合计是否相符,原始凭证中的数量、单价、金额计算是否正确等。

(5) 书写是否正确。审核记账凭证中的记录是否文字工整、数字清晰,是否按规定使用蓝黑墨水笔书写,是否按规定进行更正等。

出纳人员在办理收款或付款业务后,应在凭证上加盖"收讫"或"付讫"的戳记,以避免重收重付。

在审核过程中,如果发现差错,应及时查明原因,按规定办法及时处理和更正,只有经过审核无误的记账凭证,才能据以登记账簿。如果发现尚未入账的错误记账凭证,应当重新填制。

任务三　会计凭证的传递和保管

一、会计凭证的传递

会计凭证的传递是指从会计凭证的取得或填制时起至归档保管过程中,在单位内部有关部门和人员之间的传送程序。

各单位应根据具体情况制定每一种凭证的传递程序和方法。在制定会计凭证的传递程序、规定其传递时间时,应注意以下两个方面的问题,以合理地组织会计凭证的传递。

(一) 规定传递线路

各单位应根据经济业务的特点,结合内部机构和人员分工情况,以及满足经营管理和会计核算的需要,规定会计凭证的传递程序,并据此规定会计凭证的份数,使经办业务的部门和人员能及时地办理各种凭证手续,既符合内部牵制原则,又能加速业务处理过程,提高工作效率。

(二) 规定传递时间

各单位要根据有关部门和人员办理经济业务的情况,恰当地规定凭证在各环节的停留时间和交接时间。

总之,会计凭证的传递既要能够满足内部控制制度的要求,使传递程序合理有效,同时又要尽量节约传递时间,减少传递的工作量。

二、会计凭证的保管

会计凭证的保管是指会计凭证记账后的整理、装订、归档和存查工作。

会计凭证的保管主要有下列要求:

(1) 会计凭证应定期装订成册,防止散失。从外单位取得的原始凭证遗失时,应取得原签发单位盖有公章的证明,并注明原始凭证的号码、金额、内容等,由经办单位会计机构负责人、会计主管人员和单位负责人批准后,才能代作原始凭证。若确实无法取得证明的,如车票丢失,则应由当事人写明详细情况,由经办单位会计机构负责人、会计主管人员和单位负责人批准后,代作原始凭证。

(2) 会计凭证封面应注明单位名称、凭证种类、凭证张数、起止号数、年度、月份、会计主管人员、装订人等有关事项,会计主管人员和保管人员应在封面上签章。

(3) 会计凭证应加贴封条,防止抽换凭证。原始凭证不得外借,其他单位如有特殊原因确实需要使用时,经本单位会计机构负责人、会计主管人员批准,可以复印。向外单位提供的原始凭证复印件,应在专设的登记簿上登记,并由提供人员和收取人员共同签名、盖章。

(4) 原始凭证较多时可单独装订,但应在凭证封面注明所属记账凭证的日期、编号和种类,同时在所属的记账凭证上应注明"附件另订"及原始凭证的名称和编号,以便查阅。

(5) 严格遵守会计凭证的保管期限要求,期满前不得任意销毁。

复习思考题

1. 什么是会计凭证？会计凭证的种类有哪些？
2. 什么是原始凭证？原始凭证的种类有哪些？
3. 原始凭证内容有哪些？
4. 原始凭证的填制有哪些要求？
5. 原始凭证的审核内容是什么？
6. 经审核的原始凭证如何处理？
7. 记账凭证的概念、分类分别是什么？
8. 记账凭证的内容有哪些？
9. 记账凭证编制的基本要求有哪些？
10. 记账凭证的审核内容有哪些？
11. 什么是会计凭证的传递？会计凭证传递的内容有哪些？

技能实训

实训：原始凭证的填制

资料：向阳企业（开户银行：江苏商业银行工农支行；账号：3106262200566778899；纳税登记号：510622200111145），2017 年 10 月份发生的部分经济业务如下：

（1）4 日，填制"现金支票"（见表1）向银行提取现金 5 000 元备用。

（2）10 日，收到美思百货（开户银行：江苏商业银行人民支行，账号：3106265231222334466）的"转账支票"（见表2）1 张，系为本企业的销货款 58 000 元，财会人员根据"转账支票"填制"进账单"（见表3）一并送存银行。

表1

江苏商业银行 现金支票存根 62650001	江苏商业银行 现金支票 6265 0001			
科　　目＿＿＿＿	出票日期　　年　月　日	付款行名称：		
对方科目＿＿＿＿	收款人：	出票人账号：		
出票日期　年 月 日	人民币（大写）	千百十万千百十元角分		
收款人＿＿＿＿				
金　　额＿＿＿＿	用途＿＿＿＿	科目（借）		
用　　途＿＿＿＿	上列款项请从	对方科目（贷）		
单位主管　会计	我账户内支付 出票人签章	付讫日期 年 月 日 出纳　复核　记账		

表2

江苏商业银行 转账支票存根 62660001	江苏商业银行　　转账支票　　62660001											
	出票日期　　　年　月　日　　　付款行名称：											
科　　目＿＿＿＿＿ 对方科目＿＿＿＿＿ 出票日期　年　月　日 收款人＿＿＿＿＿ 金　　额＿＿＿＿＿ 用　　途＿＿＿＿＿ 单位主管　　会计	收款人：　　　　　　　　　　出票人账号：											
	人民币 （大写）	千	百	十	万	千	百	十	元	角	分	
	用途＿＿＿＿＿ 上列款项请从 我账户内支付 出票人签章	科目（借） 对方科目（贷） 付讫日期　年　月　日 出纳　复核　记账											

表3

江苏商业银行进账单（回单或收账通知）

年　月　日　　　　　　　　　　　　　　　　第　号

出票人	全　称		收款人	全　称										
	账　号			账　号										
	开户银行			开户银行										
人民币 （大写）					千	百	十	万	千	百	十	元	角	分
票据种类														
票据张数														
单位主管　会计　复核				收款人开户行盖章										

项目七
登记会计账簿

学习情境一 认知会计账簿

任务一 认知会计账簿

一、会计账簿的含义

(一) 会计账簿的概念

会计账簿是指由一定格式账页组成的,以经过审核的会计凭证为依据,全面、系统、连续地记录各项经济业务的簿籍,简称账簿或账本。

根据会计凭证,将所有的经济业务的所有信息、内容按其发生的时间顺序,分门别类地记入有关账簿的方法就是登记账簿,简称记账。

根据《会计法》的规定,各单位应当按照国家统一的会计制度的规定和会计业务的需要设置和登记会计账簿。

(二) 账簿与账户的关系

账簿与账户的关系是形式和内容的关系。账簿是由一定格式若干账页组成的一个整体,账簿中的每一个账页就是账户的具体存在形式和载体,没有账簿,账户就无法存在;账簿序时、分类地记录经济业务,是在各个具体的账户中完成的。因此,账簿只是一个外在形式,账户才是它的真实内容。

二、会计账簿的意义

设置和登记账簿是编制会计报表的基础,是连接会计凭证与会计报表的中间环节,在会计核算中具有重要意义:

(1) 能够提供全面、系统、分类的会计信息。账簿可以全面、连续、科学、系统地反映经济活动,通过设置和登记会计账簿,把大量分散的数据通过账簿进行归类整理,逐步加工成为有用的会计信息,以便全面记录各单位经济活动的全过程,便于对经济活动进行管理和控制。

（2）是编制财务报表的主要依据。会计账簿中的有关资料是编制财务报表的主要数据资料来源，是编制会计报表的主要依据，因此，账簿记录是否真实、正确、及时，将会直接影响财务报表的真实性、正确性和及时性。

（3）能够监督财产物资的安全完整。在会计账簿中，通过设置和登记有关财产物资的明细分类账簿，能够较详细地反映出有关财产物资的增减变动和实存情况，监督其使用，如果出现问题能够及时发现，有利于保护财产物资的安全完整。

（4）有利于进一步发挥会计的管理职能。会计账簿提供了企业最基本的核算资料，通过对会计资料上的有关数据进行分析，可以发现企业生产经营的执行情况和存在的问题，从而有利于会计预测、会计决策、会计控制等管理职能的发挥。

三、会计账簿的分类

在账簿体系中，有各种不同功能和作用的账簿，他们各自独立，又相互补充，形成了一整套完整的账簿体系。

（一）会计账簿按其用途分类

账簿按用途分序时账簿、分类账簿和备查账簿。

1. 序时账簿

序时账簿，又称日记账，是按照经济业务发生或完成时间的先后顺序逐日逐笔进行登记的账簿。在我国，大多数单位一般只设库存现金日记账和银行存款日记账。

2. 分类账簿

分类账簿是对全部经济业务事项按照会计要素的具体类别而设置的分类账户进行登记的账簿。

按照总分类账户分类登记经济业务事项的是总分类账簿，简称总账；按照明细分类账户分类登记经济业务事项的是明细分类账簿，简称明细账。

分类账簿提供的核算信息是编制会计报表的主要依据。

3. 备查账簿

备查账簿简称备查簿，是对某些在序时账簿和分类账簿等主要账簿中都不予登记或登记不够详细的经济业务事项进行补充登记时使用的账簿，也称辅助账簿。例如，租入固定资产登记簿等。

备查账簿的记录与会计报表的编制没有直接关系，因而是一种表外账簿。

（二）会计账簿按账页格式分类

会计账簿按账页格式分为两栏式、三栏式、多栏式和数量金额式等。

1. 两栏式账簿

两栏式账簿是指只有借方和贷方两个基本金额栏目的账簿。如普通日记账和转账日记账一般采用两栏式。（格式见表7-1）

表 7 - 1　普通日记账(两栏式)

第　页

2020 年		摘　要	账户名称	借　方	贷　方	过账	总账页数
月	日						
3	2	向银行借款	银行存款	10 000		✓	
			短期借款		10 000	✓	
	5	购入办公用品	管理费用	13 000		✓	
			银行存款		13 000	✓	

2. 三栏式账簿

三栏式账簿是设有借方、贷方和余额三个基本栏目的账簿。各种日记账、总分类账以及资本、债权、债务明细账都可采用三栏式账簿。

三栏式账簿又分为设对方科目和不设对方科目两种。不设对方科目的三栏式账簿如总分类账以及资本、债权、债务明细账。设对方科目的三栏式账簿如库存现金日记账和银行存款日记账(格式见表 7 - 2)。

表 7 - 2　库存现金日记账(三栏式)

第　页

2020 年		凭证		摘　要	对方科目	借方	贷方	借或贷	余额
月	日	字	号						
8	1			期初余额				借	1 200
	1	现收	1	变卖材料收入	其他业务收入	850			
	1	银付	1	提取现金备用	银行存款	1 000			
	1	现付	1	李兵借差旅费	其他应收款		800		
	1	现付	2	购买办公用品	管理费用		375		
	1			本日合计		1 850	1 175	借	1 875
				······					
	31			本月合计		47 600	47 280	借	1 520

3. 多栏式账簿

多栏式账簿是在账簿的两个基本栏目借方和贷方按需要分设若干专栏的账簿。如收入、成本费用、本年利润等明细账一般采用这种格式的账簿。(格式见表 7 - 3 至表 7 - 5)

表7－3　借方多栏式明细分类账
（管理费用明细账）

第　　页

2020年		凭证		摘　要	借　方（项目）						贷方	余　额
月	日	字	号		工资	水电费	劳保费	办公费	折旧费	合计		
3	4	现付	5	买办公用品				3 000		3 000		3 000
	26	银付	5	付水电费		2 800				2 800		5 800
	31	转	22	分配工资	4 000					4 000		9 800
	31			月末转出							9 800	0

表7－4　贷方多栏式明细分类账
（主营业务收入明细账）

第　　页

2020年		凭证		摘　要	借　方	贷　方（项目）				余　额
月	日	字	号			甲产品	乙产品	丙产品	合计	

表7－5　借方贷方多栏式明细账
（本年利润明细账）

第　　页

年		凭证		摘　要	借　方（项目）		贷　方（项目）		借或贷	余　额
月	日	字	号			合计		合计		

4. 数量金额式账簿

数量金额式账簿的借方、贷方和余额三个栏目内,都分设数量、单价和金额三小栏,借以反映财产物资的实物数量和价值量。如原材料、库存商品等明细账。（格式见表7－6）

表 7-6　数量金额式明细分类账

（原材料明细账）

第　页

类别：主要材料

计量单位：千克

品名规格：螺纹钢

存放地点：1 号库，编号：0018

年		凭 证		摘 要	收 入			发 出			结 存		
月	日	字	号		数量	单价	金额	数量	单价	金额	数量	单价	金额

（三）会计账簿按外形特征分类

会计账簿按外形特征分订本式账簿、活页式账簿和卡片式账簿。

1. 订本式账簿

订本式账簿简称订本账，是指在启用前就按顺序编号把账页装订成册的账簿。订本账的优点是可以防止账页的散失和被非法抽换，缺点是不便于记账人员分工记账，也不便于根据需要增减账页，会影响账簿记录的连续性或造成账页的浪费。

在实际工作中，订本式账簿一般适用于重要事项的登记，如库存现金日记账、银行存款日记账和总分类账等。

2. 活页式账簿

活页式账簿也称活页账，是指账页在账簿登记完毕之前并不固定装订在一起，而是装在活页夹中，当账簿登记完毕之后（通常是一个会计年度结束之后），才将账页予以装订，加具封面，并给各账页连续编号的账簿。

采用活页式账簿，其优点是便于分工记账，可根据需要随时增减账页，对账户进行重新排列；缺点是账页容易散失和被抽换。这种账簿一般适用于各种明细分类账。

3. 卡片式账簿

卡片式账簿也称卡片账，是指由许多分散的、具有一定格式的卡片组成的、存放在卡片箱中可随时取用的账簿。在我国，企业一般对固定资产明细账的核算采用卡片账形式。

严格说，卡片账也是一种活页账，只不过它不是装在活页账夹中，而是装在卡片箱内。（格式见表 7-7）

表 7-7

卡片编号	资产编号	固定资产类别	资产名称	数　量	购买日期	原　值	生产厂家及规格
1	600	一般设备	监听接收机	1	2017.03	20 000	日本 AR-2002
2	601	一般设备	卫星接收仪	1	2017.03	19 800	美国 PS-50
3	602	一般设备	微波传输系统	1	2018.11	38 920	日本 v-10
4	603	一般设备	监测接收机	1	2019.09	839 590	德国 TS9965
5	604	一般设备	功率计	1	2019.12	24 000	日本 A 型

任务二　启用与设置会计账簿

一、会计账簿的内容

(一) 封面

封面主要标明账簿的名称、记账单位和会计年度。

(二) 扉页

扉页一般在封面的次页,印有"账簿启用表"或"账簿启用及交接登记表"字样,其主要内容有单位名称,账簿名称,起止页数,启用日期,单位领导人,会计主管人员,经管人员,移交人和移交日期,接管人和接管日期。

"账簿启用和经管人员一览表"的一般格式如表7-8所示。

表7-8　账簿启用和经管人员一览表

账簿名称:＿＿＿＿＿＿＿　　　　　单位名称:＿＿＿＿＿＿＿

账簿编号:＿＿＿＿＿＿＿　　　　　账簿册数:＿＿＿＿＿＿＿

账簿页数:＿＿＿＿＿＿＿　　　　　启用日期:＿＿＿＿＿＿＿

会计主管:＿＿＿＿＿＿＿　　　　　记账人员:＿＿＿＿＿＿＿

移交日期			移交人		接管日期			接管人	
年	月	日	姓名	盖章	年	月	日	姓名	盖章

(三) 账页

账页的格式,因反映经济业务的内容不同,可有不同的格式,但基本内容应包括以下方面:

(1) 账户的名称;

(2) 登记账户的日期栏;

(3) 凭证种类和号数栏;

(4) 摘要栏;

(5) 金额栏;

(6) 总页次、分户页次等。

二、会计账簿的启用规则

(1) 启用会计账簿时,应当在账簿封面上写明单位名称和账簿名称。

(2) 在账簿扉页上填写"账簿启用表"或"账簿启用及交接登记表",主要包括起止页数、启用日期、记账人员和会计机构负责人、会计主管人员姓名,并加盖名章和单位公章。

登记账簿由专人负责,记账人员调动工作时,应当在"经管人员一览表"中注明交接日期、接办人员和监交人员姓名,并由交接双方人员及监交人员签名或盖章,以明确有关人员的责任,增强有关人员的责任感。一般会计人员办理交接手续,由会计机构负责人(会计主管人员)监交;会计机构负责人(会计主管人员)办理交接手续,由单位负责人监交,必要时主管单位可以派人会同监交。

(3)填写"账户目录",为了查找与方便登账,在启用总账时,应按照会计科目的编号顺序填写科目名称及启用页码。启用明细账时,应按照所属会计科目填写科目名称和页码。

(4)粘贴印花税票,按照规定的应缴税额,购买相应金额的印花税票并粘贴在扉页上,并且自行画线注销。

(5)启用订本式账簿应当从第一页到最后一页顺序编定页数,不得跳页、缺号。使用活页式账页应当按账户顺序编号,并须定期装订成册;装订后再按实际使用的账页顺序编定页码,另加目录,记明每个账户的名称和页次。

(6)开始启用新账簿时,应将上一期的期末余额结转到新账的第一行,并在摘要栏注明"期初余额"。

三、会计账簿的设置要求

(一)设置会计账簿应遵循的基本原则

1. 依法设立原则

各单位应当按照国家统一的会计制度规定和会计业务的需要设置会计账簿,包括总账、明细账、日记账和其他辅助性账簿,不允许不建账、不允许在法定的会计账簿之外另外设账。

2. 全面系统原则

设置的账簿要能全面、系统地反映企业的经济活动,为企业经营管理提供所需的会计核算资料,同时要符合各单位生产经营规模和经济业务的特点,使设置的账簿能够反映企业经济活动的全貌。

3. 组织控制原则

设置的账簿要有利于账簿的组织、建账人员的分工,有利于加强岗位责任制和内部控制制度,有利于财产物资的管理,便于账实核对,以保证企业各财产物资的安全完整和有效使用。

4. 科学合理原则

建账应根据不同账簿的作用和特点,使账簿结构做到严密、科学,有关账簿之间要有统御或平行制约的关系,以保证账簿资料的真实、正确和完整;账簿格式的设计及选择应力求简明、实用,以提高会计信息处理和利用的效率。

(二)设置会计账簿的基本程序

新建单位和原有单位在年度开始时,会计人员均应根据核算工作的需要设置应用账簿,即平常所说的"建账"。建账的基本程序如下:

(1)按照需用的各种账簿的格式要求,预备各种账页,并将活页的账页用账夹装订成册。

(2)在"账簿启用表"上,写明单位名称、账簿名称、册数、编号、起止页数、启用日期以及记账人员和会计主管人员姓名,并加盖名章和单位公章。记账人员或会计主管人员在本年度调动工作时,应注明交接日期、接办人员和监交人员姓名,并由交接双方签名或盖章,以明确经济责任。

（3）按照会计科目表的顺序、名称,在总账账页上建立总账账户;并根据总账账户明细核算的要求,在各个所属明细账户上建立二、三级明细账户。原有单位在年度开始建立各级账户的同时,应将上年账户余额结转过来。

（4）启用订本式账簿,应从第一页起到最后一页止顺序编定号码,不得跳页、缺号;使用活页式账簿,应按账户顺序编本户页次号码。各账户编列号码后,应填"账户目录",将账户名称页次登入目录内,并粘贴索引纸（账户标签）,写明账户名称,以便检索。

学习情境二　登记会计账簿

任务一　熟悉会计账簿的登记规则

会计账簿是重要的经济档案。为了保证账簿记录的真实性、合法性,保证账簿资料的完整性、准确性,明确记账责任,在登记账簿时,应当遵守下列规则:

（1）登记会计账簿时,会计人员应当以审核无误的会计凭证为依据进行登记。应当将会计凭证日期、编号、业务主要内容摘要、金额和其他有关资料逐项记入对应的会计账簿中,做到数字准确、摘要清楚、登记及时、字迹工整。总账按照单位所采用的账务处理程序及时登记;库存现金日记账和银行存款日记账应根据经济业务的时间顺序逐日逐笔登记,其他账簿应根据相关的原始凭证或记账凭证登记。

（2）账簿登记完毕,要在记账凭证上签名或盖章,并在记账凭证"过账"栏内注明账簿的页数或画"√"符号,表示已经登账,以免重登和漏登,便于查阅。

（3）账簿中书写的文字和数字上面要留有适当的空格,不要写满格,一般应占格距的二分之一,以便留有改错的空间。

（4）为了保证账簿记录的持久性,防止涂改,登记账簿必须要使用蓝、黑墨水笔或碳素墨水笔书写,不得使用圆珠笔（银行的复写账簿除外）或者铅笔书写。

（5）下列情况,可以用红色墨水笔记账:

① 根据红字记账凭证,冲销错误的账簿记录;

② 在不设借贷等栏的多栏式账页中,登记减少数;

③ 在三栏式账户的余额栏前,如未印明余额方向的,在余额栏内登记负数余额;

④ 根据国家有关规定,可以用红字登记的其他会计记录。

（6）登记账簿时,应按页次顺序连续登记,不得跳行、隔页。如果发生跳行、隔页,应当将空行、空页划对角线注销,并在交叉点由记账人员签名或盖章;或者注明"此行空白""此页空白"字样,并由记账人员签名或盖章。

（7）凡需要结出余额的账户,在结出账户余额后,应在"借或贷"栏内注明"借"或者"贷"字样,表示余额的方向。若余额为零,应在"借或贷"栏内注明"平"字,并在余额栏用"0"表示。库存现金日记账和银行存款日记账,必须逐日结出余额。

（8）账页记满时,应办理转页手续。每一账页登记完毕结转下页时,应当结出本页合计数及余额,写在本页最后一行和下页第一行有关栏内,并在摘要栏注明"过次页"和"承前页"字样;也可以将本页合计数及金额只写在下页的第一行有关栏内,并在摘要栏内注明"承前页"字样。

对于需要结计本月发生额的账户(如库存现金日记账、银行存款日记账等),结计"过次页"的本页合计数,应当为自本月初起至本页末止的发生额合计数;需要结计本年累计发生额的账户(如年末总账),结计"过次页"的本页合计数应当为自年初起至本页末止的累计数;对于既不需要结计本月发生额,也不需要结计本年累计发生额的账户(如财产物资明细账),可以只将每页末的余额结转次页。

（9）会计账簿记录发生错误时,不准涂改、挖补、刮擦或者用药水消除字迹,也不能将本页撕毁或重新抄写,应按照规定的方法进行更正。

（10）实行会计电算化的单位,总账和明细账应当定期打印。发生收款和付款业务的,在输入收款凭证和付款凭证的当天必须打印出库存现金日记账和银行存款日记账,并与库存现金核对无误。

任务二 日记账的登记

日记账,又称序时账,是对各项经济业务按其发生时间的先后顺序,逐日逐笔进行登记的账簿。日记账又分为普通日记账和特种日记账。

（一）普通日记账的格式与登记

普通日记账也称分录簿,它是根据一个企业一定时间内发生的全部经济业务,在账簿中确定会计分录的账簿。(格式见表7-9)

表7-9 普通日记账(两栏式)

2020年 月	2020年 日	凭证编号	摘 要	会计科目	借方金额	贷方金额	√
5	3	1	提现备用	库存现金	5 000.00		
				银行存款		5 000.00	
5	3	2	采购材料	在途物资——甲材料	20 000.00		
				应交税费——应交增值税(进)	2 600.00		
				银行存款		22 600.00	

（二）特种日记账的格式与登记

特种日记账指专门用来登记某一类经济业务的日记账。各单位通常应设置库存现金日记账、银行存款日记账。库存现金日记账与银行存款日记账必须采用订本式账簿。

根据各单位需要，可设三栏式和多栏式。

1. 库存现金日记账的登记方法

库存现金日记账是用来登记库存现金的收入、支出和结存情况的账簿。由出纳员根据审核无误的现金收款凭证、现金付款凭证及银行付款凭证（企业从银行提取现金业务），按时间先后顺序逐日逐笔登记。

登记库存现金日记账时，除了遵循账簿登记的基本要求外，还应注意以下栏目的填写方法（三栏式库存现金日记账）：

（1）日期栏。日期栏根据记账凭证的日期填列。

（2）凭证号栏。凭证号栏根据收、付款凭证的种类和编号填列，其中，"字"指记账凭证的种类，例如，企业采用通用记账凭证格式，根据记账凭证登记库存现金日记账时，填入"记×号"；企业采用专用记账凭证格式，根据现金付款凭证登记库存现金日记账时，填入"付×号"或者"现付×号"。

（3）摘要栏。摘要栏根据记账凭证中的摘要登记经济业务的内容。

（4）对方科目栏。对方科目栏登记与现金收入或现金支出对应的会计科目，可以根据收、付款凭证中的对方科目进行登记。

在填写对应科目时，应注意以下三点：

第一，对应科目只填总账科目，不需填明细科目。

第二，当对应科目有多个时，应填入主要对应科目，如销售产品收到现金，则"库存现金"的对应科目有"主营业务收入"和"应交税费"，此时可在对应科目栏中填入"主营业务收入"，在借方金额栏中填入取得的现金总额，而不能将一笔现金增加业务拆分成两个对应科目金额填入两行。

第三，当对应科目有多个且不能从科目上划分出主次时，可在对应科目栏中填入其中金额较大的科目，并在其后加上"等"字。如用现金800元购买零星办公用品，其中300元由车间负担，500元由行政管理部门负担，则在现金日记账"对应科目"栏中填入"管理费用等"，在贷方金额栏中填入支付的现金总额800元。

（5）收入栏。收入栏根据现金收款凭证和银行付款凭证中的金额填列。

（6）支出栏。根据现金付款凭证所列金额填列。

（7）余额栏。应根据"上行余额＋本行收入－本行支出＝本行余额"的公式计算填入。

（8）每日终了（日末），应分别计算当日现金收入和付出的合计数以及账面的结余数，并将现金日记账的账面余额与库存现金实有数核对，即通常说的"日清"，如果账款不符，应查明原因并记录备案。

每月终了（月末），应分别计算当月现金收入和付出的合计数以及账面的结余数，通常称为"月结"。

典型工作任务

业务 7 - 1: A 公司 2020 年 5 月份发生下列库存现金收支业务。

(1) 5 月 2 日,经理办公室购买办公用品若干,金额 95 元;

(2) 5 月 10 日,业务员王林因公出差预借差旅费 650 元;

(3) 5 月 25 日,收到零售销售款 226 元,其中收入 200 元,增值税 26 元;

(4) 5 月 28 日,职员张镇报销差旅费 320 元(出差前未借差旅费)。

上述经济业务应编制如下会计分录。

```
借:管理费用                              95
    贷:库存现金                              95
借:其他应收款                           650
    贷:库存现金                             650
借:库存现金                            226
    贷:主营业务收入                          200
        应交税费——应交增值税(销项税额)        26
借:管理费用                             320
    贷:库存现金                             320
```

根据所编制的会计分录登记的三栏式库存现金日记账(格式见表 7 - 10)。

表 7 - 10　库存现金日记账

2020 年		凭证		摘　要	对方科目	收　入	支　出	余　额
月	日	种类	号数					
5	1			期初余额				1 985.00
	2	付	2	购买办公用品	管理费用		95.00	1 890.00
	10	付	8	业务员出差预借差旅费	其他应收款		650.00	1 240.00
	25	收	6	收入零星销售款	主营业务收入	226.00		1 466.00
	28	付	11	张镇报销差旅费	管理费用		320.00	1 146.00
	31			本月合计		226.00	1 065.00	1 146.00

多栏式库存现金日记账(格式见表 7 - 11)。

表 7 - 11　多栏式现金支出日记账

2020 年		凭证		摘　要	借方对应科目						支出合计
月	日	字	号		银行存款	其他应收款	材料采购	销售费用	管理费用	(略)	
1	3	现付	1	支付电话费					230.00		
1	3	现付	2	购买办公用品					420.00		
				本日合计					650.00		650.00

2. 银行存款日记账的登记方法

银行存款日记账是用来核算和监督银行存款每日的收入、支出和结余情况的账簿。银行存款日记账应按企业在银行开立的账户和币种分别设置,每个银行账户设置一本日记账。

由出纳员根据审核后的银行存款收款凭证、银行存款付款凭证以及与银行存款有关的现金付款凭证,逐日逐笔顺序登记。一般在适当位置上增加"结算凭证"一栏,以便记账时标明每笔业务的结算凭证种类及编号,用于和银行核对账目。

三栏式银行存款日记账登记方法如下:

(1)"日期栏"填写与银行存款实际收、付日期一致的记账凭证的日期。

(2)"凭证栏"填写所入账的收、付款凭证的"字"和"号"。

(3)"摘要栏"根据记账凭证的摘要登记,简要说明经济业务的内容。

(4)"对应科目栏"根据记账凭证的对应科目登记,它可以说明每笔收入的来源和付出的去向。

(5)"结算凭证种类与号数"栏,根据每一笔银行存款收付业务的结算凭证种类与号数登记。

(6)收入(借方)栏根据银行存款收款凭证登记,对于现金存入银行的业务,由于只填制现金付款凭证,不填制银行存款收款凭证,因此这种业务的银行存款收入数,应根据有关现金付款凭证登记。

(7)支出(贷方)栏应根据银行存款付款凭证登记。

(8)余额栏。应根据"上行余额＋本行收入－本行支出＝本行余额"的公式计算填入。

(9)每日终了(日末),应分别计算当日银行存款收入和付出的合计数以及账面的结余数。每月终了(月末),应分别计算当月银行收入和付出的合计数以及账面的结余数,并与银行对账单核对。

典型工作任务

业务 7 - 2: A 企业 2020 年 5 月 31 日银行存款余额为 45 460 元。2020 年 6 月发生如下经济业务。

(1) 5 日,开出转账支票一张,支付上月所欠购材料款 15 600 元。

(2) 10 日,预收大华公司货款 10 000 元,款项已存入银行。

(3) 15 日,开出现金支票一张,提取现金 5 000 元。

(4) 20 日,以现金 350 元购买办公用品。

(5) 24 日,收到红华光公司投入货币资金 100 000 元。

(6) 30 日,开出转账支票一张,缴纳上月应缴税金 9 500 元。

上述经济业务应编制如下会计分录:

借:应付账款	15 600	
贷:银行存款		15 600
借:银行存款	10 000	

	贷:预收账款			10 000		
借:库存现金			5 000			
	贷:银行存款			5 000		
借:管理费用			350			
	贷:库存现金			350		
借:银行存款			100 000			
	贷:实收资本			100 000		
借:应交税费			9 500			
	贷:银行存款			9 500		

根据所编制的会计分录登记的三栏式银行存款日记账(格式见表 7 - 12)。

表 7 - 12 银行存款日记账

2020 年		凭 证		摘 要	对方科目	收 入	付 出	结 余
月	日	种类	字号					
6	1			期初余额				45 460.00
	5	付	4	支付欠款	应付账款		15 600.00	29 860.00
	10	付	9	预收货款	预收账款	10 000.00		39 860.00
	15	付	16	提现	库存现金		5 000.00	34 860.00
	24	付	20	收到投入资本	实收资本	100 000.00		134 860.00
	30	付	25	缴税	应交税费		9 500.00	125 360.00
	30			本月合计		110 000.00	30 100.00	125 360.00

任务三 明细账的登记

明细分类账是根据二级账户或明细账户开设账页,分类、连续地登记经济业务以提供明细核算资料的账簿,明细分类账对总分类账起补充说明的作用,其所提供的会计数据也是编制会计报表的重要依据,各企业应根据需要设置必要的明细分类账。

明细分类账一般采用活页式账簿或卡片式账簿。明细分类账的格式一般有三栏式、数量金额式、多栏式和横线登记式(也称平行式)4 种。

一、三栏式明细分类账的登记

三栏式明细分类账是设有借方、贷方和余额三个栏目,用以分类核算各项经济业务,提供详细核算资料的账簿。三栏式明细分类账主要适用于只要求进行金额核算的各项经济业务,如"应收账款""应付账款""其他应收款""其他应付款""短期借款""长期借款""实收资本"等科目的明细分类核算。

三栏式明细分类账登记方法是根据记账凭证,按经济业务发生的顺序逐日逐笔进行登记的(格式见表 7 - 13)。

表 7 - 13　应付账款明细账

二级或明细科目:东飞公司

2020年		凭证		摘　要	借　方	贷　方	借或贷	余　额
月	日	字	号					
3	1			期初余额			贷	60 000.00
	10	略	略	偿还贷款	35 000.00		贷	25 000.00
	12			购进材料未付款		15 000.00	贷	40 000.00
	31			本月合计	35 000.00	15 000.00	贷	40 000.00

二、数量金额式明细分类账的登记

数量金额式明细账的格式是在"借方(收入)""贷方(发出)"和"余额(结存)"三栏下又分别设置"数量""单价""金额"3小栏。

这种账页格式适用于既要进行金额核算又要进行实物数量核算的"原材料""库存商品"等存货账户的明细分类核算(格式见表 7 - 14)。

表 7 - 14　原材料明细分类账

材料名称:钢材　　　　　　　　　　　　　　　　　　　　　　　　　　　　单位:吨

2020年		凭证字号	摘　要	收　入			发　出			结　存		
月	日			数量	单价	金额	数量	单价	金额	数量	单价	金额
12	1		期初余额							25	2 000	50 000
	5	转6	安装设备领用				2	2 000	4 000	23	2 000	46 000
	8	转15	购入	30	2 000	60 000				53	2 000	106 000
	12	转18	生产领用				49	2 000	98 000	4	2 000	8 000
	31		本月合计	30	2 000	60 000	51	2 000	102 000	4	2 000	8 000

数量金额式明细账一般是由会计人员和业务人员(如仓库保管员),根据原始凭证按照经济业务发生的时间先后顺序逐日逐笔进行登记。

数量金额式明细分类账的具体登记方法如下:

(1)凭证字、号栏。填写登记明细账所依据的凭证的字(如转等)和编号。

(2)三个数量栏。填写实际入、出库和结存的财产物资的数量。

(3)收入单价栏和金额栏。按照所入库材料的单位成本登记。

(4)发出栏和结存栏中的单价栏和金额栏。登记时间及登记金额取决于企业所采用的期末存货计价方法。在采用月末一次加权平均法下,发出和结存的单价栏和金额栏一个月只在月末登记一次。

三、多栏式明细分类账的登记

多栏式明细账将属于同一个总分类账户的明细账户合并在一张账页上进行登记,即在这种格式账页的"借方"或"贷方"金额栏内按照明细项目设若干专栏,用以登记某一账户增减变动详细情况。如生产成本、制造费用、管理费用、财务费用、销售费用、主营业务收入等账户的明细分类核算明细账(多栏式明细账格式见表7-15)。

表7-15 借方多栏式明细分类账

管理费用明细账 第 页

2020年		凭证		摘 要	借 方(项目)						贷 方	余 额
月	日	字	号		工资	水电费	劳保费	办公费	折旧费	合计		

▌▌▌典型工作任务▌▌▌

业务7-3:2020年3月ZH公司发生如下经济业务:

(1) 3月4日,用现金3 000元购买办公用品。

(2) 3月26日,开出支票支付管理部门水电费2 800元。

(3) 3月31日,计算应付管理人员工资4 000元。

根据业务编制记账凭证,以下面会计分录代替:

① 借:管理费用   3 000
    贷:库存现金   3 000(现付字5号)

② 借:管理费用   2 800
    贷:银行存款   2 800(银付字15号)

③ 借:管理费用   4 000
    贷:应付职工薪酬   4 000(转字22号)

根据编制的记账凭证,登记账簿(见表7-16)。

表7-16 管理费用明细账

第 页

2020年		凭 证		摘 要	借 方(项目)						贷 方	余 额
月	日	字	号		工资	水电费	劳保费	办公费	折旧费	合计		
3	4	现付	5	买办公用品				3 000		3 000		3 000
	26	银付	5	付水电费		2 800				2 800		5 800
	31	转	22	分配工资	4 000					4 000		9 800
	31			月末转出							9 800	0

四、横线登记式明细分类账的登记

横线登记式明细分类账也称平行式明细分类账。它的账页结构特点是,将前后密切相关的经济业务在同一横行内进行详细登记,以检查每笔经济业务完成及变动情况。这种明细分类账一般适用于应收票据、备用金的借支和报销、材料采购等明细分类核算(格式见表 7-17)。

表 7-17　其他应收款明细分类账(平行式)

户名:备用金

借　方						贷　方						转销号
2020 年		凭证		摘要	金额	2020 年		凭证		摘要	金额	
月	日	字	号			月	日	字	号			
1	5	现付	16	王华借差旅费	800.00	1	22	转	48	王华报销差旅费	800.00	
1	20	银付	38	刘婧借差旅费	2 000.00							

任务四　总账的登记

总分类账是按照总分类账户分类登记以提供总括会计信息的账簿。总分类账一般采用订本式账簿,总分类账最常用的格式为三栏式,设置借方、贷方和余额三个基本金额栏目。

一、总分类账的登记方法

总分类账可以直接根据各种记账凭证逐笔进行登记,也可以将各种记账凭证先汇总编制成汇总记账凭证或科目汇总表,再据以登记总分类账。具体登记方法取决于企业所采用的会计核算形式。但无论采用哪一种方式,会计人员都应将全月已发生的经济业务全部登记入账,并于月末结出总分类账各账户的本期发生额和期末余额,作为编制会计报表的依据。

总分类账的登记方法如下:

(1)日期栏。填写登记总账所依据的凭证上的日期。

(2)凭证字、号栏。填写登记总账所依据的凭证的字(如收、付、转、科汇、汇收、汇付等)和编号。

(3)摘要栏:填写所依据的凭证的简要内容。

(4)依据记账凭证登记的应填写与记账凭证中的摘要内容一致的内容。

(5)依据科目汇总表登账的应填写"某日至某日发生额"字样。

(6)依据汇总记账凭证登账的应填写"第×号至第×号记账凭证"字样。

(7)借、贷方金额栏。填写所依据凭证上记载的各账户的借、贷方发生额。

(8)借或贷栏。表示余额的方向,填写"借"字或"贷"字,如期末余额为零,则填写"平"字。

二、根据记账凭证登记总账

在记账凭证账务处理程序下，总分类账可以直接根据各种记账凭证逐笔进行登记。

总分类账格式见表 7-18、表 7-19。

表 7-18　库存现金　总账

2020年 月	日	凭证号	摘要	借方 千	百	十	万	千	百	十	元	角	分	贷方 千	百	十	万	千	百	十	元	角	分	借或贷	余额 千	百	十	万	千	百	十	元	角	分
12	1		期初余额																					借					4	0	0	0	0	0
	4	3	提现备发工资		8	0	9	1	2	0	0	0	0											借		8	0	9	5	2	0	0	0	0
	4	4	发放工资												8	0	9	1	2	0	0	0	0	借					4	0	0	0	0	0
	8	6	收回报销多余款						1	5	0	0	0											借					4	1	5	0	0	0
	10	9	购买打印纸																	3	0	0	0	0	借					3	8	5	0	0	0
	26	18	收取罚款					1	0	0	0	0	0											借					4	8	5	0	0	0
	31		本月合计		8	0	9	2	3	5	0	0	0		8	0	9	1	5	0	0	0	0	借					4	8	5	0	0	0

表 7-19　短期借款　总账

2020年 月	日	凭证号	摘要	借方 千	百	十	万	千	百	十	元	角	分	贷方 千	百	十	万	千	百	十	元	角	分	借或贷	余额 千	百	十	万	千	百	十	元	角	分
12	1		期初余额																					贷			2	2	0	0	0	0	0	0
	20	12	取得短期借款												5	0	0	0	0	0	0	0	0	贷		5	2	2	0	0	0	0	0	0
	31		本月合计												5	0	0	0	0	0	0	0	0	贷		5	2	2	0	0	0	0	0	0

三、根据科目汇总表登记总账

科目汇总表是将全部会计科目按照类别、顺序依次排列，其编制方法是定期将汇总的全部记账凭证，按每一会计科目分别加总借方发生额和贷方发生额，填入科目汇总表相关科目的"借方"栏和"贷方"栏内。全部会计科目借方发生额合计数同贷方发生额合计数应当相等。每月编制科目汇总表的次数，视业务量的大小而定，灵活掌握。

科目汇总表格式如表 7-20 所示。

表 7 - 20　科目汇总表

2020 年 12 月 1 日—10 日　　　　　　　　　　　　　　　　　　科汇字 1 号

会计科目	借方发生额	贷方发生额
库存现金	805 670	805 820
银行存款	713 700	806 970
应收账款	586 450	
其他应收款		4 000
在途物资		229 840
原材料	229 840	9 000
应交税费		188 700
应付职工薪酬	805 520	
主营业务收入		1 100 000
其他业务收入		10 000
管理费用	4 150	
其他业务成本	9 000	
合　计	3 154 330	3 154 330

根据定期编制的科目汇总表登记总分类账,如表 7 - 21、表 7 - 22 所示。

以银行存款、应交税费总账为例(简化格式)。

表 7 - 21　银行存款总账

会计科目:　银行存款

2020 年		凭证号	摘　要	借　方	贷　方	借或贷	余　额
月	日						
12	1		期初余额			借	1 245 400
	10	科汇 1	1—10 日发生额	713 700	806 970	借	1 152 130
	20	科汇 2	11—20 日发生额	1 086 450	314 610	借	1 923 970
	31	科汇 3	21—31 日发生额	600 000	443 163	借	2 080 807
	31		本月合计	2 400 150	1 564 743	借	2 080 807

表 7-22 应交税费总账

会计科目： 应交税费

2020年		凭证号	摘 要	借 方	贷 方	借或贷	余 额
月	日						
12	1		期初余额			贷	20 000.00
	10	科汇1	1—10 日发生额		188 700.00	贷	208 700.00
	31	科汇3	21—31 日发生额	55 080.00	41 169.38	贷	194 789.38
	31		本月合计	55 080.00	229 869.38	贷	194 789.38

四、总分类账和明细分类账的平行登记

总分类账和明细分类账所记录的经济业务的内容相同,登记的依据相同,所不同的只是提供核算资料的详细程度的差别。

总分类账提供的是总括核算资料,对其所属明细分类账起着统驭的作用,对其进行综合和控制;而明细分类账提供的是详细核算资料,对总分类账起着补充说明的作用。

因此,在会计核算中,为了便于进行账户记录的核对,保证核算资料的完整性和正确性,总分类账与其所属的明细分类账必须采取平行登记的方法。

所谓平行登记,就是每一项经济业务发生之后,一方面要在有关的总分类账户中进行登记,另一方面必须在其所属的明细分类账中进行登记。平行登记的要点可概括为以下几点:

(1)登记的依据相同。每项经济业务发生以后,都要根据审核无误的会计凭证,一方面记入有关的总分类账,另一方面记入该总账所属的明细分类账中。

(2)登记的方向一致。总分类账及其所属明细分类账登记的方向必须一致。即如果在总分类账中登记借方,则在其所属明细账中也应登记在借方;如果在总分类账中登记贷方,则在其所属明细账中也应登记在贷方。

(3)登记的期间相同。对每项经济业务在记入总分类账户和明细分类账户过程中可以有先有后,但必须在同一会计期间(如同一个月、同一季度、同一年度)全部登记入账。

(4)登记的金额相等。对每一项经济业务,记入总分类账户的金额与记入其所属明细分类账的金额必须相等。如果同时涉及几个明细分类账户,则记入总分类账的金额与其所属的几个明细分类账的金额之和应当相等。总分类账和明细分类账平行登记之后可产生如下数量关系:

总分类账户本期发生额＝所属明细分类账户本期发生额合计数

总分类账户期末余额＝所属明细分类账户期末余额合计数

在会计核算过程中,通常利用这种数量相等关系来检查总分类账和明细分类账记录的完整性和正确性。

||| 典型工作任务 |||

业务 7 - 4: 南通宏达公司 2020 年 12 月"原材料"总账期初余额为 260 000 元,其中,生铁数量为 25 吨,单价 2 000 元/吨,共计 50 000 元;甲材料数量为 1 800 吨,单价 50 元/吨,共计 90 000 元;乙材料数量为 1 500 吨,单价 80 元/吨,共计 120 000 元。

"应付账款"总账期初余额为 150 000 元,其中中天公司贷方 100 000 元,天地公司贷方 50 000 元。

12 月发生下列部分业务:

(1) 12 月 8 日,向中天公司购入生铁一批,共 30 吨,单价 2 000 元/吨,增值税税额 7 800 元,材料已运到,并验收入库。价税款尚未支付。

(2) 12 月 9 日,向天地公司购入甲、乙两种材料分别为 2 000 吨和 3 000 吨,单价分别为 50 元/吨和 80 元/吨,增值税税额 29 900 元,材料验收入库。款项尚未支付。

(3) 12 月 12 日,为生产 A、B 两种产品,各部门领用材料如表 7 - 23 所示,基本生产车间本月共投产 A 产品 2 000 件,B 产品 1 000 件。

表 7 - 23

领用部门	生 铁	甲材料	乙材料	合 计
生产 A 产品	80 000	40 000	60 000	180 000
生产 B 产品		60 000	80 000	140 000
车间一般耗用	10 000			10 000
管理部门耗用	8 000		4 000	12 000
合 计	98 000	100 000	144 000	342 000

(4) 12 月 20 日,归还前欠中天公司货款 100 000 元。

根据上述业务编制凭证,以会计分录替代。

① 借:原材料——生铁 　　　　　　　　　60 000
　　　应交税费——应交增值税(进项税额)　7 800
　　　　贷:应付账款——中天公司 　　　　　67 800
② 借:原材料——甲材料 　　　　　　　　100 000
　　　　　　——乙材料 　　　　　　　　240 000
　　　应交税费——应交增值税(进项税额)　44 200
　　　　贷:应付账款——天地公司 　　　　384 200
③ 借:生产成本——A 产品 　　　　　　　180 000
　　　　　　　　——B 产品 　　　　　　　140 000
　　　制造费用 　　　　　　　　　　　　10 000
　　　管理费用 　　　　　　　　　　　　12 000
　　　　贷:原材料——生铁 　　　　　　　98 000

——甲材料		100 000
——乙材料		144 000
④ 借:应付账款——中天公司	100 000	
贷:银行存款		100 000

根据上述记账凭证,登记"原材料"和"应付账款"两个总分类账户及其所属的明细分类账户(见表7-24至表7-32),并分别计算本期发生额和期末余额。

表7-24 原材料总账

2020年		凭 证		摘 要	借 方	贷 方	借或贷	余 额
月	日	种类	字号					
12	1			期初余额			借	260 000
	8	记	1	材料入库	60 000		借	320 000
	9	记	2	材料入库	340 000		借	660 000
	12	记	3	领用材料		342 000	借	318 000
				本月合计	400 000	342 000	借	318 000

表7-25 原材料明细分类账

明细科目:生铁

2020年		凭证字号	摘 要	收 入			发 出			结 存		
月	日			数量	单价	金额	数量	单价	金额	数量	单价	金额
12	1		月初余额							25	2 000	50 000
12	8	记1	材料入库	30	2 000	60 000				55	2 000	110 000
12	12	记3	领用材料				49	2 000	98 000	6	2 000	12 000
	31		本月合计	30	2 000	60 000	49	2 000	98 000	6	2 000	12 000

表7-26 原材料明细分类账

明细科目:甲材料

2020年		凭证字号	摘 要	收 入			发 出			结 存		
月	日			数量	单价	金额	数量	单价	金额	数量	单价	金额
12	1		月初余额							1 800	50	90 000
12	8	记1	材料入库	2 000	50	100 000				3 800	50	190 000
12	12	记3	领用材料				2 000	50	100 000	1 800	50	90 000
	31		本月合计	2 000	50	100 000	2 000	50	100 000	1 800	50	90 000

表 7－27　原材料明细分类账

明细科目:乙材料

2020 年		凭证字号	摘　要	收　入			发　出			结　存		
月	日			数量	单价	金额	数量	单价	金额	数量	单价	金额
12	1		月初余额							1 500	80	120 000
12	8	记 1	材料入库	3 000	80	240 000				4 500	80	360 000
12	12	记 3	领用材料				1 800	80	144 000	2 700	80	216 000
	31		本月合计	3 000	80	240 000	1 800	80	144 000	2 700	80	216 000

表 7－28　应付账款总账

2020 年		凭证		摘　要	借　方	贷　方	借或贷	余　额
月	日	种类	字号					
12	1			期初余额			贷	150 000
	8	记	1	购买材料		67 800	贷	217 800
	9	记	2	购买材料		384 200	贷	602 000
	20	记	4	还欠款	100 000		贷	502 000

表 7－29　应付账款明细分类账

明细科目:中天公司

年		凭证		摘　要	借　方	贷　方	借或贷	余　额
月	日	种类	字号					
12	1			期初余额			贷	100 000
	8	记	1	购买材料		67 800	贷	167 800
	20	记	4	还欠款	100 000		贷	67 800

表 7－30　应付账款明细分类账

明细科目:天地公司

年		凭证		摘　要	借　方	贷　方	借或贷	余　额
月	日	种类	字号					
12	1			期初余额			贷	50 000
	8	记	1	购买材料		384 200	贷	434 200

表 7－31 原材料总账与明细账的核对

原材料账户	计量单位	期初余额		本期发生额				期末余额	
		数量	金额	收入（借方）		发出（贷方）		数量	金额
				数量	金额	数量	金额		
生铁	吨	25	50 000	30	60 000	49	98 000	6	12 000
甲材料	吨	1 800	90 000	2 000	100 000	2 000	100 000	1 800	90 000
乙材料	吨	1 500	120 000	3 000	240 000	1 800	144 000	2 700	216 000
总分类账			260 000		400 000		342 000		318 000

表 7－32 应付账款总账与明细账的核对

应付账款账户	期初余额		本期发生额		期末余额	
	借 方	贷 方	借 方	贷 方	借 方	贷 方
中天公司		100 000	100 000	67 800		67 800
天地公司		50 000		384 200		434 200
总分类账		150 000	100 000	452 000		502 000

学习情境三 错账更正与对账、结账

任务一 对 账

对账就是核对账目，是指会计人员对账簿记录进行核对的工作。

对账的作用是可以及时发现记账过程中的错误，以保证账簿记录的真实、完整和正确，最终为编制会计报表提供可靠的依据。

各单位应当定期将会计账簿记录的有关资料与有关账簿记录、会计凭证和实物资产、货币资金、单位或个人的往来结算款项进行相互核对，保证做到账证、账账和账实相符。

一、账证核对

账证核对就是将各种账簿记录与原始凭证、记账凭证的时间、凭证字号、内容、金额、记账方向等进行核对，看其是否一致。账证核对要求会计人员在编制凭证和记账过程中认真进行复核，并通过定期或不定期的复查进行核对，以保证账证相符。

二、账账核对

账账核对即核对不同会计账簿之间的账簿记录是否相符。一般是在账证核对的基础上

进行的,其目的是保证账账相符。账账核对是指核对不同会计账簿之间的账簿记录是否相符。包括以下几个方面:

(1)总分类账内部的核对。

主要包括核对所有总账账户借方发生额合计数与贷方发生额合计数是否相符;核对所有总账账户借方期初余额合计数与贷方期初余额合计数是否相符;核对所有总账账户借方期末余额合计数与贷方期末余额合计数是否相符。一般是通过编制总分类账户发生额及余额试算平衡表来进行(格式见表 7-33)。

表 7-33 总分类账户发生额及余额试算平衡表

2020 年 12 月 单位:元

会计科目	期初余额		本期发生额		期末余额	
	借方	贷方	借方	贷方	借方	贷方
库存现金	1 200		120 000		121 200	
银行存款	240 000		120 000	190 000	170 000	
应收账款	94 000				94 000	
原材料	49 000				49 000	
固定资产	186 000				186 000	
无形资产	112 000				112 000	
短期借款		148 000		120 000		268 000
应付账款		96 000	160 000			64 000
应付股利				30 000		30 000
长期借款		50 000				50 000
实收资本		280 000	50 000	220 000		450 000
资本公积		8 200				8 200
盈余公积		100 000	80 000			20 000
利润分配			30 000			30 000
合 计	682 200	682 200	560 000	560 000	826 200	826 200

(2)总分类账与日记账的核对。

将总分类账中的库存现金和银行存款账户的期末余额分别与库存现金日记账和银行存款日记账的期末余额核对,确认是否相等。

(3)总分类账与明细账的核对。

主要包括核对各个总账账户的期初余额,与其所属明细账的期初余额之和是否相等;核对各个总账账户的期末余额,与其所属明细账的期末余额之和是否相等;核对各个总账账户的本期发生额,与其所属明细账的本期发生额之和是否相等。以"原材料"和"应付账款"总分类账及其所属明细分类账的核对为例(格式见表 7-34、表 7-35)。

表 7 - 34　原材料总账与明细账的核对

原材料账户	计量单位	期初余额		本期发生额				期末余额	
		数量	金额	收入(借方)		发出(贷方)		数量	金额
				数量	金额	数量	金额		
生铁	吨	25	50 000	30	60 000	49	98 000	6	12 000
甲材料	吨	1 800	90 000	2 000	100 000	2 000	100 000	1 800	90 000
乙材料	吨	1 500	120 000	3 000	240 000	1 800	144 000	2 700	216 000
总分类账			260 000		400 000		342 000		318 000

表 7 - 35　应付账款总账与明细账的核对

应付账款账户	期初余额		本期发生额		期末余额	
	借　方	贷　方	借　方	贷　方	借　方	贷　方
中天公司		100 000	100 000	67 800		67 800
天地公司		50 000		384 200		434 200
总分类账		150 000	100 000	452 000		502 000

（4）会计部门有关财产物资明细账余额与财产物资保管、使用部门的有关明细账是否相符。

三、账实核对

账实核对是指各种财产物资的账面余额与实存数的核对，即各项财产物资与实有数额之间的核对。

账实核对的主要内容有：

（1）库存现金日记账账面余额与库存现金数额是否相符；

（2）银行存款日记账账面余额与银行对账单的余额是否相符；

（3）各项财产物资明细账账面余额与财产物资的实有数额是否相符；

（4）有关债权债务明细账账面余额与对方单位的账面记录是否相符。

在对账过程中，为了清楚知道哪些账已经核对，我们应该在对账完毕后，相符的在相应位置划标识，不相符的要及时做出更正、调整。

任务二　错账的更正

一、错账查找的方法

（一）全面检查

全面检查，就是对一定时期内的账目逐笔核对的方法。

按照查找的顺序是否与记账程序的方向相同，又可分为顺查法和逆查法。

(1) 顺查法是按照记账的顺序,从原始凭证到记账凭证,再到账簿依次查找的方法。优点是按照记账的先后顺序查找,有利于全面检查账簿记录的正确性。缺点是查找的工作量大,适用于错账较多,难以确定查找方向与重点范围的情况。

(2) 逆查法是与记账顺序相反,从错账的位置开始,逆向查到错误原因的方法。这种方法能减少查找的工作量,实际工作中使用较多。

(二) 局部抽查

局部抽查,就是针对错误的数字抽查账目的方法。具体包括:

(1) 差数法是按照错账的差异数查找错账的方法。适用范围为用以查明是否有重记或漏记。如在记账过程中只登记了会计分录的借方或贷方,漏记了另一方,从而形成试算平衡中借方合计与贷方合计不等。

(2) 尾数法是用于查找属于"角、分"小数差错发生的错误。检查时只查找"角、分"部分,可提高查错的效率。

(3) 除2法是指以差异数除以2来查找错账的方法。适用范围为用于查找因数字记反方向而发生的错误。如借方合计数大于贷方合计数400元,可查找有无200元的贷方金额误记入借方。

(4) 除9法是指以差异数除以9来查找错账的方法,主要适用以下三种情况:

一是将数字写小。如将300元误记为30元,差数270元(=300−30),将差异数除以9,得商30元,这30元为错数,扩大10倍后即可得出正确的数字300元。

二是将数字写大。如将40元误记为400元,差数360元(=400−40),将差异数除以9,得商40元,这40元为正确的数字,扩大10倍后即可得出错数400元。

三是数字颠倒。如将8 714元误记为8 174元,其差异数540元(=8 714−8 174),将差异数除以9,得60元,根据商数的首位是6,则可判断颠倒的两个数字差异是6,这样在账簿记录中就可查找百位数与十位数之间的下列数字:1与7、2与8、3与9等。即查找17、28、39中哪一个数字颠倒了,当查到17这个数字时,就可结合该项业务的会计凭证,核对其是否将8 714元误记成8 174元。

二、错账更正方法

会计人员在登记账簿时,必须严肃认真、一丝不苟,按照有关手续与规定进行。在实际工作中,由于各种原因出现错记、漏记等现象。发现错误记录,应即时查明原因,按照错账更正的具体方法进行更正。

(一) 划线更正法

划线更正法是指用划线方式注销原有记录,以更正错账的一种方法。在结账前发现账簿记录有文字或数字错误,而其所依据的记账凭证没有错误,即纯属笔误或计算错误,应采用划线更正法予以更正。

更正方法为:

(1) 在错误的文字或数字上划一条红线,但必须保持原有字迹仍可辨认,以备查找,在红线的上方用蓝、黑字填写正确的文字或数字,并由记账及相关人员在更正处盖章,以明确责任。

（2）对于错误的数字，应全部划红线更正，不得只更正其中的错误数字。例如，记账人员李凡将 5 130.00 误记为 5 730.00，应先在 5 130.00 上划一条红线以示注销，然后在其上方空白处填写正确的数字。

（3）对于文字错误，可只划去错误的部分。

典型工作任务

业务 7-5：记账人员在根据记账凭证登记账簿时，将 86 370 元错误登记为 86 730 元。表 7-36 为正误更正错账对照表。

表 7-36　正误更正错账对照表

		正确更正法									错误更正法				
	万	仟	佰	拾	元	角	分		万	仟	佰	拾	元	角	分
	8	6	3	7	0	0	0	刘小红			3	7			
	8	6	7	3	0	0	0		8	6	7	3	0	0	0

（二）红字更正法

红字更正法是用红字冲销原有的错误的账簿记录，以更正或调整原有账簿记录的一种方法，它适用于以下两种情况。

（1）记账后，发现记账凭证中的应借、应贷会计科目有错误引起的记账错误。

更正方法为：

① 用红字金额填制一张与原错误记账凭证内容完全相同的记账凭证，并用红字登记入账，冲销原有错账（"摘要"栏需注明"冲销×年×月×日×号凭证"）。

② 用蓝字填制一张正确的记账凭证（"摘要"栏需注明"更正×年×月×日×号凭证"），据以登记入账。

典型工作任务

业务 7-6：A 公司生产车间生产产品直接耗用材料一批，价值 10 000 元。该企业误编制如下会计分录：

借：制造费用　　　　　　　　　　　　　　　　　10 000
　贷：原材料　　　　　　　　　　　　　　　　　　　10 000

该企业更正时，应当填制一张与原记账凭证内容完全相同的红字金额凭证登记入账，冲销错账。（注：□表示红字。）

借：制造费用　　　　　　　　　　　　　　　　10 000
　贷：原材料　　　　　　　　　　　　　　　　　10 000

同时再用蓝字填制一张正确的记账凭证并据以登记入账。

借:生产成本　　　　　　　　　　　　　　　　　　　　10 000

　　贷:原材料　　　　　　　　　　　　　　　　　　　　　10 000

根据以上记账凭证记账后账户记录如图 7-1 所示。

借	原材料	贷		原记		借	制造费用	贷
	10 000						10 000	
	10 000			冲销			10 000	
						借	生产成本	贷
	10 000			更正			10 000	

图 7-1

（2）记账以后，如果发现记账凭证中应借、应贷会计科目正确，只是所记金额大于应记金额，并已登记入账，则可以采用红字更正法。

更正方法为：

按多记金额用红字编制一张与原记账凭证应借、应贷科目一致的记账凭证，并在"摘要"栏注明"冲销×年×月×日×字第×号凭证多记金额"字样，然后登记入账，以便将多记金额冲销。

▌▌▌典型工作任务▌▌▌

业务 7-7:2020 年 3 月 12 日,A 公司用银行存款支付销售产品广告费 10 000 元,编制如下银付字第 2 号记账凭证,并已登记入账。

借:销售费用　　　　　　　　　　　　　　　　　　　　100 000

　　贷:银行存款　　　　　　　　　　　　　　　　　　　　100 000

更正时,按多记金额 90 000 元用红字编制记账凭证,在"摘要"栏注明"冲销 2020 年 3 月 12 日银付字第 2 号凭证多记金额",并用红字登记入账,将多记金额冲销。

借:销售费用　　　　　　　　　　　　　　　　　　　90 000

　　贷:银行存款　　　　　　　　　　　　　　　　　　　90 000

根据以上记账凭证记账后账户记录如图 7-2 所示。

借	银行存款	贷		原记		借	销售费用	贷
	100 000						100 000	
	90 000			冲销			90 000	

图 7-2

(三) 补充登记法

记账以后,发现记账凭证和账簿记录中应借、应贷会计科目正确,只是所记金额小于应记金额,可以采用补充登记法进行更正。

更正方法为:

按少记金额用蓝字重新填制一张与原记账凭证应借、应贷会计科目完全相同的记账凭证,并在"摘要"栏注明"补记×年×月×日×字第×号凭证少记金额"字样,以补充少记的金额,并据以登账。

▌▌▌ 典型工作任务 ▌▌▌

业务 7 - 8: 2020 年 3 月 22 日,某企业用现金购买厂部办公用品 600 元,编制如下现付字第 6 号记账凭证并已登记入账。

借:管理费用   60
  贷:库存现金   60

发现上述错误后,按少记金额 540 元,再编制一张记账凭证,在"摘要"栏注明"补记 2020 年 3 月 22 日现付字第 6 号凭证少记金额"字样并登记入账,补充少记金额。

借:管理费用   540
  贷:库存现金   540

根据以上记账凭证记账后账户记录如图 7 - 3 所示。

借	库存现金	贷		借	管理费用	贷
	60	原记		60		
	540	补记		540		

图 7 - 3

【案例资料 7 - 1】 A 公司 12 月发生下列部分业务。

(1) 2 日,用银行存款支付前欠某单位的货款 200 000 元。编制的会计分录为:

借:管理费用   20 000
  贷:银行存款   20 000

(2) 15 日,以现金直接支付车间设备修理费 500 元。编制的会计分录为:

借:制造费用   500
  贷:库存现金   500

(3) 16 日,收回上月的销货款 5 000 元。编制的会计分录为:

借:银行存款   50 000
  贷:应收账款   50 000

（4）20 日，开出支票购入一台需要安装的设备，价值 180 000 元。编制的会计分录为：

借：在建工程　　　　　　　　　　　　　　　180 000
　　贷：银行存款　　　　　　　　　　　　　　　　　180 000

根据记账凭证登记的账簿记录如图 7-4 所示。

借	银行存款	贷	借	在建工程	贷
		20 日 18 000	20 日 18 000		

图 7-4

要求：指出上述错账应采取何种更正方法；编制错账更正的会计分录。

任务三　结　账

结账就是把一定时期内（月份、季度、年度）应记入账簿的经济业务全部登记入账后，计算并记录各个账户的本期发生额和期末余额并将余额转入下期或新账的工作。

一、结账的程序

（1）将本期发生的经济业务事项全部登记入账。若发生漏账、错账，应及时补记、更正；既不能提前结账，也不能将本期发生的经济业务推至下期登账。

（2）根据权责发生制的要求，调整有关账项，合理确定本期应计的收入和应计的费用。

（3）将损益类账户转入"本年利润"账户，结平所有损益类账户。

（4）结算出资产、负债和所有者权益账户的本期发生额和余额，并结转下期。

二、结账的方法

结账工作通常是按月进行，分为月结、季结和年结三种。结账的时间应该在会计期末进行，即以公历每月最后一个工作日终了作为结账时间。在会计实务中，一般采用划线结账的方法进行结账，结账的标志是划线。月结时通栏划单红线，年结时通栏划双红线。

具体方法为：

（1）对不需要按月结计本期发生额的账户，如各项应收应付款项明细账和各项财产物资明细账等，每次记账后，都要随时结出余额，每月最后一笔余额即为月末余额。结账时，在最后一笔记录下面划一条通栏单红线，不需要再结计一次余额，其意思是本月到此为止，并和下月发生额相区别。格式如表 7-37 所示。

表 7 – 37　应收账款明细分类账

公司名称:宇力公司　　　　　　　　　　　　　　　　　　　　　　　　　　　　　　　　单位:元

2020 年		凭证号数	摘 要	借 方	贷 方	借或贷	余 额
月	日						
12	1		期初余额			借	70 000.00
	10	记29	销货未收款	79 700.00		借	149 700.00
	18	记40	收回欠款		100 000.00		49 700.00

（2）需要结出本月发生额的账户,如果一个月内只有一笔发生额,则本月就不存在合计问题。此时,只需在这笔记录下面通栏划单红线,表示本月到此为止即可。

对于库存现金、银行存款日记账和需要按月结计发生额的收入、费用等明细账,每月结账时,要在最后一笔经济业务记录下面通栏划单红线,结出本月发生额和余额,在"摘要"栏内注明"本月合计"字样,在下面通栏划单红线。格式如表 7 – 38 所示。

表 7 – 38　银行存款日记账

2020 年		凭　证		摘 要	对方科目	收 入	付 出	结 余
月	日	种类	字号					
6	1			期初余额				45 460.00
	5	付	4	支付欠款	应付账款		15 600.00	29 860.00
	10	付	9	预收货款	预收账款	10 000.00		39 860.00
	15	付	16	提现	库存现金		5 000.00	34 860.00
	24	付	20	收到投入资本	实收资本	100 000.00		134 860.00
	30	付	25	缴税	应交税费		9 500.00	125 360.00
	30			本月合计		110 000.00	30 100.00	125 360.00

（3）需要结计本年累计发生额的某些明细账户,如"主营业务收入""主营业务成本"明细账等,每月结账时,先在最后一笔记录下面划一条红线,同样表示本月到此为止,并在红线下面一行的"摘要"栏写上"本月合计"字样,结出本月发生额。在下一行的"摘要"栏写上"本年累计"字样,结出自年初至本页止累计发生额;在累计数下面再划一条线,以与下月发生额相区别。年末,累计数应为全年的累计数,此时须在累计数下面划两条线,以与各月份的累计相区别,同时表示年末到此为止。格式如表 7 – 39 所示。

表 7-39　主营业务收入明细账

二级科目:甲产品

2020 年		凭证		摘要	借方	贷方	借或贷	余额
月	日	字	号					
				承前页	357 210.00	374 910.00	贷	1 770.00
11	24			销售产品		3 750.00	贷	21 450.00
	26			销售产品		3 000.00	贷	24 450.00
	29			销售产品		12 000.00	贷	36 450.00
	30			转入本年利润	136 450.00		平	0
	30			本月合计	36 450.00	36 450.00	平	0
	30			本年累计	393 660.00	393 660.00	平	0
12								
				⋮	⋮	⋮	⋮	⋮
12	31			转入本年利润	20 000.00		平	0
	31			本月合计	20 000.00	20 000.00	平	0
	31			本年累计	2 426 000.00	2 426 000.00	平	0

（4）总账账户一般不需结计本月发生额,只需结出月末余额即可。年末时为了对账,需在最后一笔记录下一行的"摘要"栏内写上"本年合计"字样。"发生额"栏内填写全年合计数。在"本年合计"下面划通栏双红线,同样表示本年到此为止（见表 7-40）。

（5）年度终了结账时,有余额的账户,要将其余额结转下年的新账之内,并在"摘要"栏注明"结转下年"字样;在下一会计年度新建有关会计账户的第一行"余额"栏内填写上年结转的余额,并在"摘要"栏注明"上年结转"字样＊（见表 7-41）。

有些账簿可以跨年度使用,如固定资产和往来账。凡是跨年度连续使用的账簿,第二年使用时,直接在上年的双红线下面记录发生额,不必写"上年转来"字样。

表 7-40　总分类账

科目:银行存款

2020 年		凭证		摘要	借方	贷方	借或贷	余额
月	日	字	号					
				承前页	365 000.00	100 000.00	借	265 000.00
12	10	科汇	1	1—10 日发生额	1 900 000.00	154 881.00	借	2 010 119.00
	20	科汇	2	11—20 日发生额		166 140.00	借	1 843 979.00
	31	科汇	3	21—31 日发生额	646 170.00	15 175.00	借	2 474 974.00
12	31			本月合计	2 546 170.00	336 196.00	借	2 474 974.00
				本年合计	2 911 170.00	436 196.00	借	2 474 974.00
				结转下年				

表 7－41　总分类账

科目：银行存款

2021年		凭证		摘　要	借　方	贷　方	借或贷	余　额
月	日	字	号					
1	1			上年结转			借	474 974.00

任务四　会计账簿的更换与保管

一、会计账簿的更换

会计账簿的更换通常在新会计年度建账时进行。一般情况下，企业总账和日记账必须每年更换一次，大部分明细账也需每年更换，只有变动较小的部分明细账可以跨年度使用，例如，固定资产明细账或固定资产卡片，各种备查账簿也可以连续使用，不必每年更换新账。

需要更换的各种账簿，在进行年终结账时，各账户的年末余额都要以同方向直接记入有关新账的账户中，并在新账第一行"摘要"栏注明"上年结转"或"年初余额"字样。新旧账簿有关账户之间的结转余额，无须编制记账凭证。

二、会计账簿的保管

（一）平时账簿管理

各种账簿要分工明确，指定专门人员负责。账簿经管人员既要负责记账、对账、结账等工作，又要负责保证账簿的安全。会计账簿未经单位领导和会计负责人或有关人员批准，非经管人员不能随意翻阅查看。会计账簿除需要与外单位核对外，一般不能携带外出，对携带外出的账簿，一般应由经管人员或会计主管人员指定专人负责。会计账簿不能随意交与其他人员管理，防止任意涂改账簿等问题发生，以保证账簿资料的安全。

（二）归档保管

年度终了更换并启用新账后，对更换下来的旧账要整理装订，造册归档保存。

1. 归档前旧账的整理

包括检查和补齐应办手续，如更改错盖的印章、注销空行空页、结转余额等。活页账应撤出未使用的空白账页再装订成册，并将各账页连续编号。

2. 旧账装订

期末，手工记账的企业，会计人员还应当将会计账簿装订成册。账簿分为订本式和活页式。总账和日记账采用的是订本式账簿，期末无须再重新装订，明细账一般采用活页式，期末要装订成册。装订时应检查账簿扉页的内容是否填写齐全。装订后应由经办人员、装订人员、会计主管在封口处签名或盖章。

实行会计电算化的单位,用计算机打印的会计账簿必须连续编号,经审核无误后装订成册,并由记账人员和会计机构负责人、会计主管人员签字或者盖章。

3. 旧账归档

会计账簿暂由本单位财务会计部门保管一年,期满之后,由财务会计部门编造清册移交本单位的档案部门保管。

旧账装订完毕后应编制目录和编写移交清单,然后按期移交档案部门保管。各种账簿同会计凭证和会计报表一样,都是重要的经济档案,必须按照制度统一规定的保存年限妥善保管,不得丢失和任意销毁。保管期满后,应按照规定的审批程序报经批准后才能销毁,销毁时应派人监销。各种账簿与会计凭证如同会计报表一样,都必须按照会计制度统一规定的保存年限妥善保管,不得丢失和随意销毁。保管期满后,按照规定的审批程序经批准后,才能销毁。

复习思考题

1. 什么是会计账簿? 会计账簿的类型有哪些?
2. 会计账簿的登记要求是什么?
3. 现金日记账的格式是什么? 如何登记?
4. 银行存款日记账的格式是什么? 如何登记?
5. 总账格式是什么? 根据什么来登记?
6. 明细账格式有哪些? 怎么来登记?
7. 对账的内容有哪些?
8. 结账有哪些步骤?
9. 错账查找的方法有哪些? 适用于哪种错误?
10. 划线更正法的适用范围是什么? 怎么来更正?
11. 红字更正法的适用范围是什么? 怎么来更正?
12. 补充登记法的适用范围是什么? 怎么来更正?

技能实训

实训一

资料:光明公司 2020 年 4 月初的库存现金的余额为借方余额 5 000 元,银行存款的借方余额为 250 000 元。该公司 4 月份发生下列经济业务:

(1)2 日,某工厂购入甲材料 10 000 千克,每千克 5 元,计 50 000 元,增值税税额 6 500 元,货款及税金开出三个月期的商业汇票支付,材料已验收入库。

(2)8 日,以银行存款支付广告费 5 000 元。

(3)12 日,以现金支付办公用品费 600 元。

（4）20日，某职工出差预借差旅费2 000元，以现金支付。

（5）22日，收回某单位前欠货款50 000元，存入银行。

（6）25日，从银行提取现金5 000元。

（7）30日，仓库发出材料，用于产品生产，其中，A产品领用甲材料2 000千克，计10 000元，B产品领用甲材料500千克，计2 500元。

（8）30日，计提本月份固定资产折旧4 400元，其中，生产车间负担3 000元，企业管理部门负担1 400元。

（9）30日，分转结转本月份职工工资100 000元，其中，A产品生产工人工资50 000元，B产品生产工人工资30 000元，车间管理人员工资5 000元，厂部管理人员工资15 000元。

（10）30日，本月份A产品完工入库，产品成本为65 000元。

（11）30日，本月销售A产品，货款为100 000元，增值税税额为13 000元，货款及税款已收存银行。

（12）30日，本月销售A产品生产成本为75 000元，结转本月产品销售成本。

（13）30日，计算本月应交的城市维护建设税1 000元。

要求：（1）根据上述经济业务编制收款凭证、付款凭证和转账凭证。

（2）根据上述资料和编制的收款凭证、付款凭证登记库存现金和银行存款日记账，并进行4月份月结。

实训二

资料：东方公司2020年5月份查账时发现以下错账。

（1）企业用银行存款支付前欠材料款20 000元，原编制记账凭证的会计分录如下：

借：固定资产   20 000

    贷：银行存款   20 000

（2）产成品验收入库，结转生产成本68 000元，原编制记账凭证的会计分录如下：

借：库存商品   68 000

    贷：生产成本   68 000

登记账簿时，生产成本记录为6 800元。

（3）生产车间生产产品领用材料8 300元，原编制记账凭证的会计分录如下：

借：生产成本   6 300

    贷：原材料   6 300

（4）厂长报销业务招待费780元，原编制记账凭证的会计分录如下：

借：管理费用   870

    贷：库存现金   870

（5）结转已销售产品成本45 000元，原编制记账凭证的会计分录如下：

借：生产成本   4 500

    贷：库存商品   4 500

要求：根据上述资料进行错账更正，并要求说明所采用的具体错账更正方法。

项目八
清查财产物资

学习情境一　了解财产清查

一、财产清查的概念与意义

(一) 财产清查的概念

财产清查是指通过对货币资金、实物资产和往来款项的盘点或核对,确定其实存数,查明账存数与实存数是否相符的一种专门方法。它是财产物资管理的重要手段。

(二) 财产清查的意义

在实际工作中通常会出现下列一些主观与客观的原因,致使账簿记录结存数与实存数不一致,差异原因是多方面的,一般有以下几种情况:

(1) 保管人员在收发中发生计算或登记的差错;

(2) 会计人员记账中出现差错;

(3) 因管理不善或责任人失职造成了变质、短缺等损失;

(4) 不法分子贪污盗窃、营私舞弊造成的损失;

(5) 财产物资在保管过程中发生自然损耗,如挥发、破损、霉烂等;

(6) 由于计量检验器具不准确,造成财产物资收发时出现数量上的计量错误;

(7) 遭受了自然灾害,如水灾、火灾等。

因此,加强财产清查工作,对于加强企业管理、充分发挥会计的监督作用具有重要意义。财产清查的重要意义,概括起来有以下几个方面:

(1) 确保会计资料真实可靠。可以查明各项财产物资的实存数。将实存数与账存数进行核对,如果发现不符,确定盘盈或盘亏数,及时调整账簿记录,使得账实相符,以保证账簿记录的真实正确,为经济管理提供可靠的数据资料。

(2) 保护财产物资的安全完整。财产清查又是一项行之有效的会计监督措施。通过财产清查,发现财产管理上存在的问题,采取措施,不断改进财产物资管理工作,健全财产物资的管理制度,确保财产物资的安全、完整。

(3) 促进财产物资的有效使用。通过财产清查,可以查明财产物资的储备和利用情况。

对储备不足的,应设法补充,保证生产需要;对积压、呆滞的,应及时处理,避免损失和浪费,以便充分发挥财产物资的潜力,提高其使用效能。

二、财产清查的种类

(一)按财产清查的范围分类

按财产清查的范围可分为全面清查和局部清查。

1. 全面清查

全面清查,是指对全部财产进行盘点和核对。全面清查范围广,参加的部门人员多。一般来说,在以下几种情况下,需进行全面清查:

(1)企业编制年度会计报告前,为了确保年终决算会计资料真实、正确,需进行一次全面清查财产、核实债务;

(2)单位撤销、分立、合并或改变隶属关系时,需进行全面清查;

(3)中外合资、国内联营,需进行全面清查;

(4)开展清产核资,需要进行全面清查;

(5)单位主要负责人调离工作,需要进行全面清查。

2. 局部清查

局部清查,是指根据需要对一部分财产物资进行的清查,其清查的主要对象是流动性较大的财产,如库存现金、材料、在产品和产成品等。

局部清查范围小、内容少,涉及的人也少,但专业性较强。进行局部清查的情况有:

(1)对于库存现金,应由出纳员在每日业务终了时点清,做到日清月结。

(2)对于银行存款和银行借款,应由出纳员每月同银行核对一次。

(3)对于材料、在产品和产成品,除年度清查外,应有计划地每月重点抽查;对于贵重的财产物资,应每月清查盘点一次。

(4)对于债权债务,应在年度内至少核对一至两次,有问题应及时核对,及时解决。在有关人员调动时,也需要进行专题清查。

(二)按财产清查的时间分类

按财产清查的时间可分为定期清查和不定期清查。

1. 定期清查

定期清查,是指根据管理制度的规定或预先计划安排的时间对财产所进行的清查。这种清查的对象不定,可以是全面清查也可以是局部清查。其清查的目的在于保证会计核算资料的真实正确,一般是在年末、季末或月末结账时进行。

2. 不定期清查

不定期清查,是指根据需要所进行的临时清查。不定期清查对象可以是全面清查也可以是局部清查。不定期清查一般在下列情况下进行:

(1)更换出纳员时对库存现金、银行存款所进行的清查;更换仓库保管员时对其所保管的财产进行的清查、核对,以明确经济责任。

(2)发生自然灾害或意外时,要对受损财产进行清查,以查明损失情况。

（3）开展临时性的清产核资时，需要进行不定期清查。

（4）财政、税务、银行以及审计等部门根据需要，对本单位进行会计检查，以验证会计核算资料的可靠性。

三、财产清查的一般程序

财产清查是一项复杂细致的工作，它涉及面广，政策性强、工作量大。为了做好财产清查工作，提高工作效率，财产清查应按以下程序进行：

（1）建立财产清查组织。

（2）组织清查人员学习有关政策规定，掌握有关法律、法规和相关业务知识，以提高财产清查工作的质量。

（3）确定清查对象、范围，明确清查任务。

（4）制订清查方案，具体安排清查内容、时间、步骤、方法，以及必要的清查前准备。

（5）清查时本着先清查数量、核对有关账簿记录等，后认定质量的原则进行。

（6）填制盘存清单。

（7）根据盘存单填制实物、往来款项清查结果报告表。

学习情境二　　财产物资的清查方法

任务一　　货币资金的清查方法

货币资金的清查就是对库存现金、银行存款和其他货币资金以及有价证券等所进行的清查。

一、库存现金的清查

库存现金的清查，应采用实地盘点的方法。除出纳人员做到日清月结、账款相符外，单位还应组织清查人员对库存现金进行定期或不定期清查，确定库存现金的实存数，并且与库存现金日记账的账面余额核对，以查明账实是否相符和盈亏情况。

清查的方法：一般由主管会计或财务负责人和出纳人员共同对库存现金逐张清点，明确现金的实存数。然后进行如下的核对：

（1）将库存现金的实存数与现金日记账的余额进行核对，确定账实是否相符。

（2）将库存现金的实存数与库存限额核对，确认库存现金是否超过银行核定的库存限额。

（3）有无"白条"抵库的情况，即以未经过合法会计手续的非正式单据抵充现金，查清有无挪用现金的情况。

在进行库存现金清查时，为了明确经济责任，出纳员必须在场，在清查过程中不能用白条抵库,也就是不能用不具有法律效力的借条、收据等抵充库存现金。库存现金盘点后,应根据盘点的结果及与库存现金日记账核对的情况,填制"库存现金盘点报告表"。库存现金盘点报告表也是重要的原始凭证,它既起到确定实有数的作用,又起到实有数与账面数对比的作用,应严肃认真地填写。

"库存现金盘点报告表"应由盘点人和出纳员共同签章方能生效。

"库存现金盘点报告表"的一般格式如表8-1所示。

表8-1　库存现金盘点报告表

年　　月　　日

实存金额	账存金额	对比结果		备注
		盘盈	盘亏	

盘点人(签章):　　　　　　　　　　　　　出纳员(签章):

二、银行存款的清查

(一) 银行存款的清查方法

银行存款的清查与库存现金的清查方法不同,不是采用实地盘点法,而是采用对账单法。

银行存款清查的对账单法,是指企业将其银行存款日记账与开户银行送给该企业的对账单进行逐笔核对,查明有无未达账项及其具体情况的财产清查的方法。企业在采用对账单法进行银行存款清查之前,应先检查本企业银行存款记录的完整性和余额;然后,将银行送来的对账单上所记录的银行存款收付记录与本企业银行存款日记账中登记的收付记录逐笔核对,查明银行存款的实有数额。

银行存款对账单的格式如表8-2所示。

表8-2　中国工商银行南通市分行对账单

账号:　　　　　　　　　　单位名称:东方公司　　　　　　　　　　第　　页

日　期	交　易	凭证号	收　入	支　出	余　额
承上页					300 000
10月2日	取得短期贷款	♯7500	200 000		
10月3日	提取现金	♯7504		2 000	
10月5日	支付采购款	♯7506		3 510	
10月10日	支付采购款	♯7507		50 800	
10月15日	支付广告费	♯7509		3 000	

日　期	交　易	凭证号	收　入	支　出	余　额
10月18日	代收销货款	♯7512	32 500		
10月20日	存入利息	♯7513	2 930		
10月20日	代付电费	♯7515		1 000	
10月26日	提取现金	♯7517		48 000	
10月30日	支付专利款	♯7518		60 800	

（二）未达账项

实际工作中,企业的银行存款日记账的余额与对账单的余额往往不一致。这种不一致的原因,一是由于企业与开户行双方或其中某一方记账有错误;二是存在未达账项。

所谓未达账项是指企业与银行之间对于同一项业务,由于取得凭证的时间不同,发生的一方已取得凭证并已登记入账,而另一方因尚未取得凭证尚未入账的款项。

未达账项一般有以下四种类型:

第一种,企业已收款记账、银行尚未收款记账。例如,企业销售产品收到支票,送存银行后即可根据银行盖章、退回的"进账单"回单联登记银行存款的增加,而银行不能马上记企业银行存款的增加,要等款项收妥后才能记企业银行存款的增加,如果此时对账,则形成了"企业已收款记账、银行尚未收款记账"的未达账项。

第二种,企业已付款记账、银行尚未付款记账。例如,企业开出一张支票支付购货款,企业可以根据支票存根等凭证,记企业银行存款的减少,而此时银行由于尚未接到支付款项的凭证未记企业银行存款的减少,如果此时对账,则形成了"企业已付款记账、银行尚未付款记账"的未达账项。

第三种,银行已收款记账、企业尚未收款记账。例如,外地某单位给企业汇来款项,银行收到汇款后,马上登记企业银行存款的增加,而企业此时尚未收到汇款凭证未记银行存款的增加,如果此时对账,则形成了"银行已收款记账、企业尚未收款记账"的未达账项。

第四种,银行已付款记账、企业尚未付款记账。例如,银行代企业支付款项,银行已取得支付款项的凭证已记企业银行存款的减少,企业此时尚未接到凭证未记银行存款的减少,如果此时对账,则形成了"银行已付款记账、企业尚未付款记账"的未达账项。

上述任何一种未达账项存在,都会使企业银行存款日记账账面余额与银行对账单余额不符。出现上述第一、第四两种情况会使企业银行存款日记账账面余额大于银行对账单余额;出现上述第二、第三两种情况则会使企业银行存款日记账账面余额小于银行对账单余额。

（三）银行存款余额调节表的编制

在与银行对账时,应首先查明有无未达账项,如果有未达账项就应采取编制"银行存款余额调节表"方法,对企业和开户银行双方的银行存款账面余额进行调整,以消除未达账项的存在对企业银行存款日记账账面余额和银行对账单余额的影响。"银行存款余额调节表"是为了核对企业与其开户银行双方记录的企业银行存款账面余额而编制的,列示双方未达账项的一种表格。

现举例说明其格式和编制方法如下。

【例8-1】 某企业 2020 年 12 月 31 日银行存款日记账账面余额为 81 778 元,开户行转来的对账单所列本企业存款余额 89 332 元,经逐笔核对,发现未达账项如下:

(1) 12 月 28 日,企业为支付职工的差旅费开出现金支票一张,计 11 220 元,持票人尚未到银行取款。

(2) 12 月 29 日,企业收到购买单位转账支票一张,计 18 854 元,已开具送款单送存银行,但银行尚未入账。

(3) 12 月 30 日,企业经济纠纷案败诉,银行代扣违约罚金 2 460 元,企业尚未接到通知而未入账。

(4) 12 月 31 日,银行计算企业存款利息 17 648 元,已记入企业存款户,企业尚未接到通知而未入账。

根据以上未达账项编制"银行存款余额调节表"如表 8-3 所示。

表 8-3 银行存款余额调节表

2020 年 12 月 31 日

单位:元

项 目	金 额	项 目	金 额
企业银行存款日记账余额	81 778	银行对账单余额	89 332
加:银行已收、企业未收	17 648	加:企业已收、银行未收	18 854
减:银行已付、企业未付	2 460	减:企业已付、银行未付	11 220
调节后存款余额	96 966	调节后存款余额	96 966

经过银行存款余额调节表调节后,如果双方的余额相等,则表明双方记账基本正确,而这个相等的金额表示企业可动用的银行存款实有数;若不符,则表示本单位及开户银行的一方或双方存在记账错误,应进一步查明原因,采用正确的方法进行更正。

需要注意的是,企业不应该也不需要根据调节后的余额调整银行存款日记账的余额,银行存款余额调节表不能作为记账的原始依据。对于银行已入账而企业尚未入账的未达账项,企业应在收到有关结算凭证后再进行有关账务处理。

【案例资料8-1】 A 公司 2020 年 6 月 25 日～30 日"银行存款日记账"和银行提供的"对账单"如 8-4、表 8-5 所示。

表 8-4 银行存款日记账

存款种类:基本存款户

第×页

2020 年		凭证号		摘 要	结算凭证		收 入	支 出	借或贷	结 余	√
月	日	种类	号数		种类	号数					
6	25	银收	8	销售产品	托收	4 333	20 000		借	150 000	
	25	银付	11	采购 A 材料	转支	5 170		24 000	借	126 000	
	26	银付	12	采购运费	转支	5 171		1 000	借	125 000	

续 表

2020年		凭证号		摘 要	结算凭证		收 入	支 出	借或贷	结 余	✓
月	日	种类	号数		种类	号数					
	27	银付	13	提现	现支	4 293		20 180	借	104 820	
	27	银付	14	支付办公费	转支	5 172		720	借	104 100	
	28	银收	9	收前欠货款	电汇		11 200		借	115 300	
	29	银收	10	销售产品	转支	6 688	21 600		借	136 900	
	30	银付	15	付保险费	现支	4 294		8 400	借	128 500	

表 8-5 银行对账单

户名:A公司 账号:0011233

2020年		结算凭证			存 入	支 出	结 余
月	日	现金支票	转账支票	其 他			
6	24			托收	20 000		150 000
	25		5 170			24 000	126 000
	26		5 171			1 000	125 000
	27	4 293				20 180	104 820
	27		5 172			720	104 100
	28			托收	37 000		141 100
	28			电汇	11 200		152 300
	30			托收		14 500	137 800

要求:根据上述资料,找出未达账项并编制"银行存款余额调节表"。

任务二 实物资产的清查方法

企业的实物资产主要包括原材料、在产品、半成品、产成品等存货和固定资产。

一、实物资产的盘存制度

实物资产清查的主要工作是核对各项财产物资的账面结存数量与各项财产物资的实存数量是否一致,企业财产物资的数量要靠盘存来确定,常用的盘存方法有实地盘存制和永续盘存制两种。

(一) 实地盘存制

1. 概念

实地盘存制也称"定期盘存制""以存计销制",是指通过对期末财产物资的实地盘点,确定期末财产物资数量的方法。在该方法下,对各项财产物资平时在账簿中只登记增加数,不登记减少数,月末根据实地盘存的结存数来倒推当月财产物资的减少数,再据以登记有关账簿的一种方法。即：

$$本期发出数量 = 账面期初结存数量 + 本期账面增加合计数量 - 期末盘点实际结存数量$$

实地盘存制下账簿登记情况如表 8-6 所示。

表 8-6

2020 年		摘 要	收 入			发 出			结 存		
月	日		数量	单价	金额	数量	单价	金额	数量	单价	金额
3	1	上月结余							80	10	800
	5	购入	200	9	1 800						
	10	发出									
	17	购入	400	10	4 000						
	25	发出									
	31	合计	600		5 800	450			230		

上表中采用实地盘存制，本期发出数 450＝账面期初结存数 80＋本期账面增加合计数 600－期末盘点实际结存数 230。因此，采用实地盘存制，关键是确定期末财产物资的库存数量。

2. 优缺点及适用范围

采用实地盘存制，期初数在账上，期末数靠盘点，发出数靠计算。该方法无须通过账面连续记录得出期末财产物资数量，并假定除期末库存以外的财产物资均已出售从而倒推出本月减少的财产物资数量，因此采用实地盘存制，其优点是核算工作比较简单，不必逐笔登记存货减少的业务。正因为如此，实地盘存制无法连续反映财产物资的增减变化，把因失窃等管理不善而减少的财产物资也视为销售，所以该方法的缺点是无法结算出日常的账面余额，不能及时了解和掌握日常财产物资的账面结存额和财产物资的溢缺情况，且手续不严密，不利于管理。

该制度一般适用于一些价值低、品种杂、进出频繁的商品或材料物资。

（二）永续盘存制

1. 概念

永续盘存制也称"账面盘存制"，是对各项财产物资的增加或减少，都必须根据会计凭证逐笔或逐日在有关账簿中进行连续登记，并随时结算出该项物资的结存数的一种方法。即

$$账面期末数量 = 账面期初结存数量 + 本期账面增加合计数量 - 本期账面发出数量$$

永续盘存制下账簿登记情况如表 8-7 所示。

表 8-7

2020年		摘　要	收　入			发　出			结　存		
月	日		数量	单价	金额	数量	单价	金额	数量	单价	金额
3	1	上月结余							80	10	
	5	购入	200	9	1 800				280	800	
	10	发出				200			80		
	17	购入	400	10	4 000				480		
	25	发出				150			330		
	31	合计	600		5 800	350			330		

2. 优缺点及适用范围

采用永续盘存制,对各项财产物资平时在账簿中既登记增加数,又登记减少数,并随时结出财产物资结存数量,因此可随时反映出财产物资的收入、发出和结余情况,从数量和金额上进行双重控制,加强了对财产物资的管理,在实际工作中广泛应用该方法。其缺点是在财产品种复杂、繁多的企业,其明细分类核算工作量较大。

在实际工作中,除少数情况外,对财产物资的核算大多采用这种方法。

采用这种制度,也可能发生账实不符的情况,如变质、损坏、丢失等,所以仍需对各种财产物资进行清查盘点,以查明账实是否相符和账实不符的原因。

需要指出的是,无论永续盘存制还是实地盘存制均需要进行实地盘点,但两者盘点的目的不同,前者是为了达到账实一致,后者是为了倒算出发出数。

二、实物资产的清查方法

不同种类财产物资的实物形态、重量、体积、堆放的方式各不相同,清查的方法也各不相同。实物资产清查时,实物资产的保管员必须在场,并可参加盘点工作。常见的盘点方法有以下两种。

(一) 实地盘点法

实地盘点法是指在财产物资存放现场逐一清点数量或用计量仪器确定其实存数的方法。如以件或台为计量单位的产成品或机器设备,可以通过点数的方法确定实有数;又如以千克、吨等为计量单位的材料,则可以通过过秤来确定其实有数。

这种方法适用范围较广,大多数财产物资的清查都使用该种方法,但是工作量大,如果事先能按照财产物资的实物形态进行科学的码放,有助于提高盘点的速度。

(二) 技术推算法

技术推算法是指利用技术方法推算财产物资实存数的方法。该方法主要适用于那些大量成堆、价廉笨重且不能逐项清点的物资,如露天堆放的煤、砂石、焦炭等。但使用这种方法时,必须做到测定标准重量比较准确,整理后的形状符合规定要求。只有这样,计算出的实际数额才能接近实际。

无论采取何种方法对实物清查,都应按计划有步骤地进行,以免遗漏或重复。

为了明确经济责任,各项财产物资盘点结果,应如实登记在"盘存单"上,并由盘点人员和实物保管人员同时签章,作为各项财产物资实存数额的书面证明,其格式如表8-8所示。

表8-8 盘存单

单位名称:　　　　　　　　　　　盘点时间:　　　　　　　　　　　　编号:
财产类别:　　　　　　　　　　　存放地点:

序　号	名　称	规　格	计量单位	实存数量	单　价	金　额	备　注

盘点人(签章):　　　　　　　　　　　实物保管人(签章):

盘点结束后,将"盘存单"的实存数额与账面结存数额核对。若发现某些财产物资账实不符,应填制"实存账存对比表"(也称"盘盈或盘亏报告表"),用以确定财产物资盘盈或盘亏的数额。实存账存对比表是财产清查的重要报表,是调整账簿记录的原始凭证,也是分析差异原因,明确经济责任的重要依据,应认真填报。其格式如表8-9所示。

表8-9 实存账存对比表

单位名称:　　　　　　　　　　年　　月　　日

序　号	名　称	规　格	计量单位	单　价	实　存		账　存		盘　盈		盘　亏		备　注
					金额	数量	金额	数量	金额	数量	金额	数量	

盘点人(签章):　　　　　　　　　　　会计(签章):

任务三　往来款项的清查方法

往来款项是指单位与其他单位或个人之间的各种应收账款、应付账款、预收账款、预付账款及其他应收、应付款项。为了保证往来款项账目的正确性,并促使及时清算,防止长期拖欠,应对往来款项及时清查。

往来款项的清查一般采取"发函询证的方法"进行核对,即派人或以通信的方式,向往来结算单位核实账目。清查单位应在检查本单位各项往来款项正确性的基础上,按每一往来单位编制"往来款项对账单"一式两份,派人或发函送达对方。对方应在回单联上加盖公章退回,表示核对相符;如经核对不符,对方应在回单联上注明情况,或者另抄账单退回,以便进一步核对。核查过程中,如有未达账项,双方都应采用调节余额的方法,如有必要,可编制应收款项或应付款项余额调节表,核对是否相符。

"往来款项对账单"一般格式和内容如表8-10所示。

表 8-10　往来款项对账单

×××单位：
　　你单位 2020 年 10 月 18 日在我公司购入甲材料 1 000 千克，货款 12 800 元尚未支付，请核对后将回联单寄回。

清查单位：(盖章)
2020 年 12 月 25 日

沿此虚线裁开，将以下回联单寄回！

往来款项对账单(回联)
×××清查单位：
　　你单位寄来的"往来款项对账单"已收到，经核对相符无误。

×××单位：(盖章)
2020 年 12 月 29 日

往来款项清查结束后，应将清查结果编制"往来款项清查结果报告表"。对其中有财务纠纷的款项，以及无法收回或无法清偿的款项，应详细说明情况，报请财产清查小组或上级处理，以便尽快了结这些逾期的债权、债务。

"往来款项清查结果报告表"的格式如表 8-11 所示。

8-11　往来款项清查结果报告表

总账名称：　　　　　　年　月　日

明细账		清查结果		核对不符原因			备　注
名称	账面余额	核对相符金额	核对不符金额	未达账项金额	有争议款金额	其他	

清查人员签章：　　　　　　　　　记账人员签章：

往来款项清查结果经研究后，应按规定和批准意见处理。该收回的款项应积极催收，该归还的款项要及时主动归还；对有争议的账款要共同协商及时处理，不能协商解决的，可以通过法律途径进行调解或裁决；对确实无法收回或无法支付的款项应进行核销处理，但应在备查簿上进行记录。

学习情境三　财产物资清查结果的处理

财产清查后,会出现两种可能,即账实相符或不相符。如果实存数与账存数不一致,会出现两种情况:实存数大于账存数,称为盘盈;实存数小于账存数,称为盘亏。当实存数与账存数一致,但实存的财产物资有质量问题,不能按正常的财产物资使用,称为毁损。不论是盘盈,还是盘亏、毁损,都需要进行账务处理,调整账存数,使账存数与实存数一致,以保证账实相符。

一、财产清查结果的处理要求

(1)分析账实不符的原因和性质,提出处理建议。对于财产清查所发现的实存数量与账存数量的差异,应进行对比,核定其相差数额,然后调查并分析产生差异的原因,明确经济责任,提出处理意见,处理方案应按规定的程序报请审批。

(2)积极处理多余积压财产,清理往来款项。对于财产清查中发现的多余、积压物资,应根据不同情况处理。属于盲目采购或者盲目生产等原因造成的积压,一方面积极利用或者改造出售,另一方面要停止采购或生产。

(3)总结经验教训,建立健全各项管理制度。财产清查后,要针对存在的问题和不足,总结经验教训,采取必要的措施,建立健全财产管理制度,进一步提高财产管理水平。

(4)及时调整账簿记录,保证账实相符。对于财产清查中发现的盘盈或盘亏,应及时调整账面记录,以保证账实相符。要根据清查中取得的原始凭证编制记账凭证,登记有关账簿,使各种财产物资的账存数与实存数相一致,同时反映"待处理财产损溢"的发生额。

二、财产清查结果的处理步骤

对于财产清查中账实不符的情况,在进行会计处理时一般分两步。

(一) 审批之前的处理

财产清查中发现的盘盈、盘亏,在报经有关领导审批之前,根据"盘存单""实存账存对比表"等已经查实的资料,编制会计分录,在账簿上如实反映,使各项财产物资的账存数同实存数完全一致。同时,根据企业的管理权限,将处理建议报股东大会或董事会,或经理(厂长)会议或类似机构批准。

(二) 审批之后的处理

经批准后根据差异发生的原因和批准处理意见,进行差异处理,调整账项,并据以登记有关账簿。

三、财产清查结果的账务处理

(一) 账户设置

为了记录、反映财产物资的盘盈、盘亏和毁损情况,应设置"待处理财产损溢"账户,在该账户下设置"待处理固定资产损溢"和"待处理流动资产损溢"两个明细账户。"待处理财产损溢"账户属于双重性质账户,借方用来登记各项财产物资发生的盘亏、毁损数和经批准处理盘盈财产物资的转销数;贷方登记各项财产物资发生的盘盈数和经批准处理的盘亏、毁损财产物资转销数;期末如为借方余额,表示尚待处理的净损失,如为贷方余额,表示尚待处理的净溢余。对于等待批准处理的财产盘盈、盘亏,会计年终前应处理完毕。会计期末,该账户无余额。"待处理财产损溢"账户的基本结构如图 8-1 所示。

待处理财产损溢

借方	贷方
期初余额:尚待处理的财产物资净损失数 发生额:财产物资发生盘亏、毁损数或经批准转销的盘盈数	期初余额:尚待处理的财产物资的净溢余数 发生额:财产物资盘盈数或经批准转销的盘亏、毁损数
期末余额:尚待处理的财产物资的净损失数	期末余额:尚待处理的财产物资的净溢余数

图 8-1 "待处理财产损溢"账户基本结构图

(二) 库存现金清查结果的处理

对库存现金清查的结果,应根据不同情况处理:如属于违反库存现金管理的有关规定,应及时予以纠正。如属于账实不相符,应查明原因,并将短款或长款先记入"待处理财产损溢"账户。

1. 库存现金盘盈的账务处理

如为现金溢余,待查明原因后根据不同情况处理:属于应支付给有关人员或单位的,记入"其他应付款";属于无法查明原因的长款计入"营业外收入"。

典型工作任务

业务 8-1: 2020 年 11 月 30 日,南通长江自动化有限公司在财产清查中,发现库存现金溢余 50 元。"库存现金盘点报告表"如表 8-12 所示。

表 8-12 库存现金盘点报告表

2020 年 11 月 30 日　　　　　　　　　　　　　　　　单位:元

实存金额	账存金额	对比结果		备 注
		盘盈	盘亏	
550	500	50		

盘点人(签章):　　　　　　　　　　　出纳员(签章):

（1）批准前。

借:库存现金　　　　　　　　　　　　　　　　　　　　　50

　　贷:待处理财产损溢——待处理流动资产损溢　　　　　　　　50

经查,溢余原因如下:

库存现金长款批准处理书

11月30日盘点库存现金长款50元,无法查明具体原因,转作"营业外收入"。

批准人:总经理　王强

2020年11月30日

（2）批准后。

借:待处理财产损溢——待处理流动资产损溢　　　　　　　　50

　　贷:营业外收入　　　　　　　　　　　　　　　　　　　50

2. 库存现金盘亏的账务处理

如为现金短缺,待查明原因后根据不同情况处理:属于应由责任人赔偿或保险公司赔偿的部分,计入"其他应收款";属于无法查明原因的,计入"管理费用"。

典型工作任务

业务8-2:2020年11月30日,南通长江自动化有限公司在财产清查中,盘亏库存现金200元。

"库存现金盘点报告表"如表8-13所示。

表8-13　库存现金盘点报告表

2020年11月30日　　　　　　　　　　　　　　　　　　单位:元

实存金额	账存金额	对比结果		备　注
		盘盈	盘亏	
300	500		200	

盘点人(签章):　　　　　　　　　　　出纳员(签章):

（1）批准前。

借:待处理财产损溢——待处理流动资产损溢　　　　　　　200

　　贷:库存现金　　　　　　　　　　　　　　　　　　　200

经查,短缺原因如下:

库存现金短款批准处理书

11月30日盘点库存现金短款200元,经查明库存现金短缺中100元是属于出纳员的责任,应由出纳员钱某赔偿;另外100元无法查明原因,转作期间费用。

批准人:总经理　王强

2020年11月30日

（2）批准后。

借：其他应收款——×××　　　　　　　　　　　　100

　　管理费用　　　　　　　　　　　　　　　　　100

　　贷：待处理财产损溢——待处理流动资产损溢　　　　　　200

（三）存货清查结果的处理

1. 存货盘盈的账务处理

企业盘盈的各种材料、库存商品等存货，经查明是由于收发计量或核算上的误差等原因造成的，应及时调整存货入账户的手续，调整存货账户的实存数。按盘盈存货的同类或类似存货的市场价格调增存货入账价值，同时记入"待处理财产损溢"账户的贷方；经批准后再从"待处理财产损溢"科目转出，并冲减管理费用。

▌▌▌ 典型工作任务 ▌▌▌

业务 8－3：2020 年 11 月 30 日，南通长江自动化有限公司在财产清查中，盘盈 A 材料 100 千克，该材料的市场价格为每千克 30 元。

实存账存对比表如表 8－14 所示。

表 8－14　实存账存对比表

单位名称：南通长江自动化有限公司　　　　2020 年 11 月 30 日　　　　　　　　单位：元

名　称	规　格	计量单位	单　价	实　存		账　存		盘　盈		盘　亏		备　注
				金额	数量	金额	数量	金额	数量	金额	数量	
A 材料		吨	30	15 000	500	12 000	400	3 000	100			

盘点人（签章）：　　　　　　　　　　　会计（签章）：

（1）批准前。

借：原材料——A 材料　　　　　　　　　　　　　3 000

　　贷：待处理财产损溢——待处理流动资产损溢　　　　3 000

经查，盘盈原因如下：

> **原材料盘盈批准处理书**
>
> 　11 月 30 日盘点原材料盘盈 3 000 元，经查明该项盘盈系计量仪器不准所致，经批准并冲减管理费用。
>
> 　　　　　　　　　　　　　　　　　　批准人：总经理　王强
>
> 　　　　　　　　　　　　　　　　　　2020 年 11 月 30 日

（2）批准后。

借：待处理财产损溢——待处理流动资产损溢　　　　3 000

　　贷：管理费用　　　　　　　　　　　　　　　　3 000

2. 存货盘亏和毁损的账务处理

企业在财产清查中发现的存货盘亏和毁损,在报经批准前,应按其成本转入"待处理财产损溢"账户,贷记存货类账户,使账实相符。报经批准以后,再根据造成盘亏和毁损的原因,根据以下情况进行处理:

(1) 属于自然损耗产生的定额损耗,经批准后转作管理费用;

(2) 属于计量收发差错和管理不善等原因造成的超定额损耗,应先扣除残料价值和过失人的赔偿,然后将净损失记入管理费用;

(3) 属于自然灾害或意外事故造成的存货毁损,应先扣除残料价值和可以收回的保险赔偿,然后将净损失转作营业外支出。

典型工作任务

业务 8-4: 2020 年 11 月 30 日,南通长江自动化有限公司在财产清查中,盘亏 B 材料 10 千克,实际总成本 300 元,C 材料毁损 50 千克,实际总成本 1 000 元。

实存账存对比表如表 8-15 所示。

表 8-15 实存账存对比表

单位名称:南通长江自动化有限公司　　2020 年 11 月 30 日　　　　　　　　　单位:元

名　称	规　格	计量单位	单价	实　存		账　存		盘　亏		备　注
				金额	数量	金额	数量	金额	数量	
B 材料		千克	30	2 700	90	3 000	100	300	10	
C 材料		吨	20	9 000	450	10 000	500	1 000	50	

盘点人(签章):　　　　　　　　　　　　　　会计(签章):

(1) 批准前。

借:待处理财产损溢——待处理流动资产损溢　　　　　　　1 300

　　贷:原材料——B 材料　　　　　　　　　　　　　　　　　　300

　　　　　　　——C 材料　　　　　　　　　　　　　　　　　1 000

11 月 30 日,经南通长江自动化有限公司主管部门批准,上述盘亏的材料物资批复意见如下:

南通市×××局文件

通×发 2020 第 16 号

南通长江自动化有限公司:

　　关于你公司财产清查的申请批复意见如下:

　　(1) 盘亏 B 材料属于自然损耗产生的定额内损耗;

　　(2) 盘亏 C 材料系管理不善造成的毁损,预计可收回残料 400 元,向保管人员索赔 100 元。

财政局(盖章)　　　　　　　　　主管部门(盖章)

2020 年 11 月 30 日

（2）批准后。

借:管理费用　　　　　　　　　　　　　　　　800

　　其他应收款——×××　　　　　　　　　　100

　　原材料　　　　　　　　　　　　　　　　　400

　　贷:待处理财产损溢——待处理流动资产损溢　　　1 300

（四）固定资产清查结果的处理

1. 固定资产盘盈的账务处理

企业在财产清查中盘盈的固定资产,应作为前期差错处理。企业盘盈的固定资产,按管理权限报经批准应通过"以前年度损益调整"账户核算,并应按重置成本确定其入账价值,借记"固定资产"账户,贷记"以前年度损益调整"账户。

典型工作任务

业务 8-5:2020 年 12 月 30 日,南通长江自动化有限公司在财产清查过程中,发现一台未入账的设备,重置成本为 20 000 元(假定与其计税基础不存在差异)。

根据《企业会计准则第 28 号——会计政策、会计估计变更和差错更正》规定,该盘盈固定资产作为前期差错进行处理。假设不考虑增值税,该企业在盘盈固定资产时应做如下会计处理:

借:固定资产　　　　　　　　　　　　　　20 000

　　贷:以前年度损益调整　　　　　　　　　　　20 000

2. 固定资产盘亏的账务处理

企业发生固定资产盘亏时,按盘亏固定资产的净值,借记"待处理财产损溢"账户,按已计提的累计折旧,借记"累计折旧"账户,按固定资产的原价,贷记"固定资产"账户。报经批准后处理时,按可收回的保险赔偿或过失人赔偿,借记"其他应收款"账户,按净损失记入"营业外支出"账户的借方。

典型工作任务

业务 8-6:2020 年 11 月 30 日,南通长江自动化有限公司在财产清查过程中,发现短缺设备一台,账面原价 50 000 元,已提折旧 10 000 元。(假定不考虑增值税)

"固定资产盘点盈亏报告表"如表 8-16 所示。

表 8 - 16 固定资产盘点盈亏报告表

部门:二车间　　　　　　　　清查日期:2020 年 11 月 30 日

设备编号	设备名称	设备型号	数 量	盘 亏		备 注
				原值	累计折旧	
0016	机床	DA1R	1 台	50 000.00	10 000.00	
合 计						

车间主任:×××　　　　　　　　清查人员(签章):×××

(1) 批准前。

借:待处理财产损溢——待处理固定资产损溢　　　　40 000

　　累计折旧　　　　　　　　　　　　　　　　　　10 000

　　贷:固定资产　　　　　　　　　　　　　　　　　　　　50 000

11 月 30 日,经主管部门批准,上述盘亏的固定资产批复意见如下:

南通市×××局文件

通×发 2020 第 16 号

南通长江自动化有限公司:

　　关于你公司财产清查的申请批复意见如下:

　　盘亏机床属于合理损失,列入营业外支出。

财政局(盖章)　　　　　　　　　　　　　　　　　　主管部门(盖章)

　　　　　　　　　　　　　　　　　　　　　　　　　2020 年 11 月 30 日

---

(2) 批准后。

借:营业外支出　　　　　　　　　　　　　　　　　40 000

　　贷:待处理财产损溢——待处理固定资产损溢　　　　　40 000

复习思考题

1. 什么是财产清查?

2. 财产清查的类型有哪些?

3. 库存现金的清查方法是什么?

4. 银行存款的清查方法是什么? 银行存款清查的步骤是什么?

5. 实物清查的方法有哪些?

6. 两种盘存制度是什么? 有什么区别?

7. 往来款项的清查方法是什么?

8. 库存现金的盘盈、盘亏分别怎么进行处理?

9. 存货的盘盈、盘亏分别怎么进行处理?

10. 固定资产的盘盈、盘亏分别怎么进行处理?

技能实训

实训一:编制银行存款余额调节表

资料:某企业 2020 年 6 月 30 日银行存款日记账余额为 413 280 元,银行对账单余额为 418 900 元。经逐笔核对,双方记账均无差错,但发现有下列未达账项:

(1) 6 月 28 日,企业收到转账支票一张,计 46 800 元,企业已作存款收入入账,但尚未到银行办理入账手续,银行尚未入账。

(2) 6 月 29 日,企业开出转账支票一张,计 70 200 元,用以支付供货单位账款,企业已作存款付出入账,但支票尚未到达银行,银行尚未入账。

(3) 6 月 30 日,银行计算应付给企业存款利息 800 元,银行已登记入账,作为企业存款的增加,而企业未收到收款通知,尚未入账。

(4) 6 月 30 日,银行代企业付水电费 18 580 元,银行已登记入账,作为企业存款的减少,而企业尚未收到付款通知,尚未入账。

要求:编制该企业的银行存款余额调节表(见表 8-17)。

表 8-17　银行存款余额调节表

2020 年 6 月 30 日

项　目	金　额	项　目	金　额
银行存款日记账余额		银行对账单余额	
加:银行已收、企业未收		加:企业已收、银行未收	
减:银行已付、企业未付		减:企业已付、银行未付	
调节后存款余额		调节后存款余额	

实训二:财产清查结果的处理

资料:某企业 2020 年末发生以下经济业务:

(1) 盘盈甲材料 3 000 元,经核查,其中的 2 000 元属自然升溢造成,1 000 元属计量误差造成。

(2) 盘亏乙材料 9 000 元,经核查,其中的 1 800 元属定额内自然损耗造成的,1 200 元属管理不善造成的,1 000 元属保管员王某责任,责令其赔偿,从下月工资中扣除,5 000 元属自然灾害造成的损失,按规定保险公司应赔偿 4 000 元,其余计入营业外支出。

(3) 盘盈机器设备一台,属于未入账设备,重置成本为 10 000 元。

(4) 盘亏机床一台,账面价值为 43 000 元,已提折旧 13 000 元,经核查属于自然灾害所致,按规定应向保险公司索赔 25 000 元,款项未收到,其余作营业外支出处理。

(5) 短缺现金 200 元,决定由出纳员承担责任,尚未收到赔款。

要求:根据上述经济业务编制报经批准前和批准后的会计分录。

习题集

项目九
编制财务报表

学习情境一　认识财务报表

一、财务报表的概念与分类

(一) 财务报表的概念

财务报表是对企业财务状况、经营成果和现金流量的结构性表述。

财务报表至少包括以下几层含义：① 财务报表应当综合反映企业的生产经营状况，包括某一时点的财务状况和某一时期的经营成果与现金流量等信息，以勾画出企业经营情况的整体和全貌；② 财务报表必须形成一套系统的文件，不应是零星的或者不完整的信息。

财务报表是企业财务会计确认与计量的最终结果体现，是向投资者等财务报告使用者提供决策有用信息的媒介和渠道，是沟通投资者、债权人等使用者与企业管理层之间信息的桥梁和纽带。具体的说：

(1) 投资者。了解企业的获利能力和经营风险，评价其投资的获利水平。

(2) 潜在的投资者。了解企业的获利能力和经营风险，评价其投资的获利水平、企业的发展潜力。

(3) 债权人。了解企业的财务结构和支付能力，以便控制其风险。

(4) 潜在的债权人。做出是否放贷、放贷规模、利率高低等决策。

(5) 企业管理当局。了解企业的生产经营活动、财务状况和经营成果，做出决策，采取措施，改善管理。

(6) 政府。财务会计报告是经济管理和调控的重要依据，促进社会资源的合理配置。

财务会计报表至少应当包括：① 资产负债表；② 利润表；③ 现金流量表；④ 所有者权益（或股东权益）变动表；⑤ 附注。财务报表上述组成部分具有同等的重要程度。

(1) 资产负债表。

资产负债表是反映企业某一特定日期财务状况的报表。企业编制资产负债表的目的是通过如实反映企业的资产、负债和所有者权益金额及其结构情况，从而有助于使用者评价企业资产的质量以及短期偿债能力、长期偿债能力、利润分配能力等。

（2）利润表。

利润表是反映企业在一定会计期间的经营成果的会计报表。企业编制利润表的目的是通过如实反映企业实现的收入、发生的费用以及应当计入当期利润的利得和损失等金额及其结构情况，从而有助于使用者分析评价企业的盈利能力及其构成与质量。

（3）现金流量表。

现金流量表是反映企业在一定会计期间的现金和现金等价物流入和流出的会计报表。企业编制现金流量表的目的是通过如实反映企业各项活动的现金流入和现金流出，从而有助于使用者评价企业生产经营过程特别是经营活动中所形成的现金流量和资金周转情况。

（4）所有者权益变动表。

所有者权益变动表是反映构成企业所有者权益的各组成部分当期的增减变动情况的报表。

（5）附注。

附注是对在会计报表中列示项目所做的进一步说明，以及对未能在这些报表中列示项目的说明等。附注由若干附表和对有关项目的文字性说明组成。企业编制附注的目的是通过对报表本身做补充说明，以更加全面、系统地反映企业财务状况、经营成果和现金流量的全貌，从而有助于使用者提供更为有用的决策信息，帮助其做出更加科学合理的决策。

（二）财务报表的分类

财务报表可以按照不同的标准进行分类。

1. 按财务报表编报期间的不同，可以分为中期财务报表和年度财务报表

（1）中期财务报表。

中期财务报表是以短于一个完整会计年度的报告期间为基础编制的财务报表，包括月报、季报和半年报等。中期财务报表至少应包括资产负债表、利润表、现金流量表和附注。中期资产负债表、利润表和现金流量表应当是完整报表，其格式和内容应当与年度财务报表相一致。与年度财务报表相比，中期财务报表中的附注披露可适当简略。

（2）年度财务报表。

年度财务报表是指以一个完整会计年度的报告期间为基础编制的财务报表（以公历1月1日至12月31日为期间的报表）。年度财务报表一般包括资产负债表、利润表、现金流量表、所有者权益变动表和附注等内容。

2. 按财务报表编报主体的不同，可以分为个别财务报表和合并财务报表

（1）个别财务报表。

个别财务报表是由企业在自身会计核算基础上对账簿记录进行加工而编制的财务报表，它主要用以反映企业自身的财务状况、经营成果及现金流量情况。

（2）合并财务报表。

合并财务报表是以母公司和子公司组成的企业集团为会计主体，根据母公司和所属子公司的财务报表，由母公司编制的综合反映企业集团财务状况、经营成果及现金流量的财务报表。

3. 按照财务会计报表所反映的资金运动状况不同可以分为静态报表和动态报表

（1）静态报表。

静态报表是指综合反映企业某一特定日期资产、负债和所有者权益状况的报表,如资产负债表。

（2）动态报表。

动态报表是指综合反映企业一定期间的经营情况或现金流量情况的报表,如利润表、现金流量表等。

4. 按照会计报表的报送对象不同可以分为内部报表和外部报表

（1）内部报表。

内部报表是指为满足企业内部经营管理需要而编制的会计报表。

（2）外部报表。

外部报表是指企业向外提供的会计报表,主要提供给投资者、债权人、政府部门和社会公众等。资产负债表、利润表、现金流量表、所有者权益（或股东权益）变动表都是外部报表。

二、财务报表编制的基本要求

（一）以持续经营为基础编制

企业应当以持续经营为基础,根据实际发生的交易和事项,按照《企业会计准则——基本准则》和其他各项会计准则的规定进行确认和计量,在此基础上编制财务报表。若以持续经营为基础编制财务报表不再合理,企业应当采用其他基础编制财务报表,并在附注中声明财务报表未以持续经营为基础编制的事实、披露未以持续经营为基础编制的原因和财务报表的编制基础。

（二）按正确的会计基础编制

除现金流量表按照收付实现制原则编制外,企业应当按照权责发生制原则编制财务报表。

（三）至少按年编制财务报表

企业至少应当按年编制财务报表。年度财务报表涵盖的期间短于一年的,应当披露年度财务报表的涵盖期间、短于一年的原因以及报表数据不具可比性的事实。

（四）项目列报遵守重要性原则

重要性,是指在合理预期下,财务报表某项目的省略或错报会影响使用者据此做出经济决策的,该项目具有重要性。

重要性应当根据企业所处的具体环境,从项目的性质和金额两方面予以判断,且对各项目重要性的判断标准一经确定,不得随意变更。判断项目性质的重要性,应当考虑该项目在性质上是否属于企业日常活动、是否显著影响企业的财务状况、经营成果和现金流量等因素;判断项目金额大小的重要性,应当考虑该项目金额占资产总额、负债总额、所有者权益总额、营业收入总额、营业成本总额、净利润、综合收益总额等直接相关项目金额的比重或所属报表单列项目金额的比重。

性质或功能不同的项目,应当在财务报表中单独列报,但不具有重要性的项目除外。

性质或功能类似的项目,其所属类别具有重要性的,应当按其类别在财务报表中单独列报。

某些项目的重要性程度不足以在资产负债表、利润表、现金流量表或所有者权益变动表中单独列示,但对附注却具有重要性,则应当在附注中单独披露。《企业会计准则第 30 号——财务报表列报》规定在财务报表中单独列报的项目,应当单独列报。其他会计准则规定单独列报的项目,应当增加单独列报项目。

(五) 保持各个会计期间财务报表项目列报的一致性

财务报表项目的列报应当在各个会计期间保持一致,除会计准则要求改变财务报表项目的列报或企业经营业务的性质发生重大变化后,变更财务报表项目的列报能够提供更可靠、更相关的会计信息外,不得随意变更。

(六) 各项目之间的金额不得相互抵销

财务报表中的资产项目和负债项目的金额、收入项目和费用项目的金额、直接计入当期利润的利得项目和损失项目的金额不得相互抵销,但其他会计准则另有规定的除外。

一组类似交易形成的利得和损失应当以净额列示,但具有重要性的除外。

资产或负债项目按扣除备抵项目后的净额列示,不属于抵销。

非日常活动产生的利得和损失,以同一交易形成的收益扣减相关费用后的净额列示更能反映交易实质的,不属于抵销。

(七) 至少应当提供所有列报项目上一个可比会计期间的比较数据

当期财务报表的列报,至少应当提供所有列报项目上一个可比会计期间的比较数据,以及与理解当期财务报表相关的说明,但其他会计准则另有规定的除外。

财务报表的列报项目发生变更的,应当至少对可比期间的数据按照当期的列报要求进行调整,并在附注中披露调整的原因和性质,以及调整的各项目金额。对可比数据进行调整不切实可行的,应当在附注中披露不能调整的原因。

(八) 应当在财务报表的显著位置披露编报企业的名称等重要信息

企业应当在财务报表的显著位置(如表首)至少披露下列各项:① 编报企业的名称;② 资产负债表日或财务报表涵盖的会计期间;③ 人民币金额单位;④ 财务报表是合并财务报表的,应当予以标明。

三、财务报表编制的准备工作

在编制财务报表前,需要完成下列工作:

(1) 严格审核会计账簿的记录和有关资料;

(2) 进行全面财产清查、核实债务,并按规定程序报批,进行相应的会计处理;

(3) 按规定的结账日进行结账,结出有关会计账簿的余额和发生额,并核对各会计账簿之间的余额;

(4) 检查相关的会计核算是否按照国家统一的会计制度的规定进行;

(5) 检查是否存在因会计差错、会计政策变更等原因需要调整前期或本期相关项目的情况等。

学习情境二　编制资产负债表

一、资产负债表的概念与作用

(一) 资产负债表的概念

资产负债表是指反映企业在某一特定日期(如月末、季末、年末)财务状况的报表。资产负债表反映了企业所掌握的各种资产的分布和结构,企业所承担的各种负债,以及投资者在企业中所拥有的权益。

它是根据"资产＝负债＋所有者权益"的等式来编制的。

资产负债表是企业基本会计报表之一,是所有独立核算的企业单位都必须对外报送的会计报表。资产负债表属于静态报表。

(二) 资产负债表的作用

资产负债表的作用主要有:

(1) 可以提供某一日期资产的总额及其结构,表明企业拥有或控制的资源及其分布情况;

(2) 可以提供某一日期的负债总额及其结构,表明企业未来需要用多少资产或劳务清偿债务以及清偿时间;

(3) 可以反映所有者所拥有的权益,据以判断资本保值、增值的情况以及对负债的保障程度。

(4) 可以将期初数和期末数相对比,可以分析企业财务状况的变动趋势。

二、资产负债表的格式

资产负债表一般有表首、正表两部分。其中,表首概括地说明报表的名称、编制单位、编制日期、报表编号、货币名称、计量单位等,正表则列示了用以说明企业财务状况的各个项目。

它一般有两种格式:报告式资产负债表和账户式资产负债表。在我国,资产负债表采用账户式,即左侧列示资产;右侧列示负债和所有者权益。资产负债表左方各资产项目按资产流动性的大小进行排列,流动性大的排在前面,流动性小的排在后面。资产负债表右方为负债和所有者权益项目,一般按要求清偿时间的先后顺序排列,流动负债排在前面,非流动负债排在中间,不需要偿还的所有者权益项目排在后面。

我国企业资产负债表格式如表 9－1 所示。

表 9 - 1　资产负债表

会企 01 表

编制单位：　　　　　　　　　　　___年___月___日　　　　　　　　　　　单位：元

资　　产	期末余额	年初余额	负债和所有者权益	期末余额	年初余额
流动资产：			**流动负债：**		
货币资金			短期借款		
交易性金融资产			交易性金融负债		
应收票据			应付票据		
应收账款			应付账款		
预付款项			预收款项		
其他应收款			合同负债		
存货			应付职工薪酬		
合同资产			应交税费		
持有待售资产			其他应付款		
一年内到期的非流动性资产			一年内到期的非流动负债		
其他流动资产			其他流动负债		
流动资产合计			流动负债合计		
非流动资产：			**非流动负债：**		
债权投资			长期借款		
其他债权投资			应付债券		
长期应收款			长期应付款		
长期股权投资			预计负债		
其他权益工具投资			递延所得税负债		
投资性房地产			其他非流动负债		
固定资产			非流动负债合计		
在建工程			负债合计		
生产性生物资产			**所有者权益：**		
油气资产			实收资本（或股本）		
无形资产			其他权益工具		
开发支出			资本公积		
商誉			减：库存股		
长期待摊费用			其他综合收益		
递延所得税资产			盈余公积		
其他非流动资产			未分配利润		
非流动资产合计			所有者权益合计		
资产总计			**负债和所有者权益总计**		

三、资产负债表的编制方法

(一)"年初余额"各栏的编制方法

"年初余额"栏内各项数字,应根据上年末资产负债表的"期末余额"栏内所列数字填列。

(二)"期末余额"各栏的编制方法

"期末余额"栏主要有以下几种填列方法。

1. 根据总账账户余额直接填列

主要有"交易性金融资产""短期借款""应付票据""应交税费""应付职工薪酬""实收资本""资本公积""盈余公积"等项目。

一般情况下,资产类项目直接根据其总账账户的借方余额填列,负债及所有者权益类项目直接根据其总账账户的贷方余额填列。

需要注意的是,某些项目,如"应交税费""应付职工薪酬"等项目,是根据其总账账户的贷方期末余额直接填列的,但如果这些账户期末余额在借方,则以"-"号填列。

2. 根据几个总账账户的期末余额分析计算填列

(1)"货币资金"项目。需根据"库存现金""银行存款""其他货币资金"三个总账账户的期末余额的合计数填列。

(2)"存货"项目。需要根据"原材料""在途物资""库存商品""包装物""低值易耗品"和"生产成本"等账户的期末余额合计数减去"存货跌价准备"账户的期末余额后的净额填列。

(3)"其他应付款""其他应收款"项目。"其他应付款"项目,应根据"应付利息""应付股利""其他应付款"账户的期末余额填列。"其他应收款"项目,应根据"应收利息""应收股利""其他应收款"账户的期末余额,减去"坏账准备"账户中有关明细账中相关坏账准备期末余额后的金额填列。

(4)"未分配利润"项目。"未分配利润"项目根据"本年利润"期末余额和"未分配利润"期末余额分析计算填列。年度终了,该项目根据"利润分配"账户的期末余额填列。余额在贷方的,直接填列,余额在借方的,以"-"号填列。

【例 9-1】 某企业 2020 年 12 月 31 日结账后,"库存现金"账户余额为 12 000 元,"银行存款"账户余额为 4 500 000 元,"其他货币资金"账户余额为 1 500 000 元。

在资产负债表中,"货币资金"项目是根据"库存现金""银行存款"和"其他货币资金"三个总账账户的余额加总后的金额填列,因此,该企业 2020 年 12 月 31 日的资产负债表中,"货币资金"项目的金额为:12 000+4 500 000+1 500 000=6 012 000(元)。

3. 根据有关总账所属的明细账的期末余额分析计算填列

(1)"应付账款"项目。需要根据"应付账款"和"预付账款"两个账户所属的相关明细账户的期末贷方余额计算填列。

(2)"预付账款"项目。需要根据"预付账款"和"应付账款"两个账户所属的相关明细账户的期末借方余额计算填列。

(3)"应收账款"项目。需要根据"应收账款"和"预收账款"两个账户所属的相关明细账户的期末借方余额计算填列。

（4）"预收账款"项目。需要根据"预收账款"和"应收账款"两个账户所属的相关明细账户的期末贷方余额计算填列。

【**例 9 - 2**】 某企业 2020 年 12 月 31 日结账后，有关账户余额如表 9 - 2 所示。

表 9 - 2

账户名称	借方余额	贷方余额
应收账款	1 500 000	100 000
预付账款	700 000	50 000
应付账款	300 000	1 700 000
预收账款	500 000	1 300 000

该企业 2020 年 12 月 31 日的资产负债表中，相关项目的金额为：

"应收账款"项目金额＝1 500 000＋500 000＝2 000 000（元）

"预付款项"项目金额＝700 000＋300 000＝1 000 000（元）

"应付账款"项目金额＝50 000＋1 700 000＝1 750 000（元）

"预收款项"项目金额＝1 300 000＋100 000＝1 400 000（元）

4. 根据有关总账和明细账的期末余额分析计算填列

主要项目有"长期应收款""长期待摊费用""长期借款""应付债券""长期应付款"等，主要是根据其总账余额扣除其明细分类账户中将要在一年内到期的部分填列。

如"长期借款"项目，需要根据"长期借款"总账账户余额扣除"长期借款"账户所属的明细账户中将在一年内到期的长期借款后的金额计算填列。"长期借款"账户所属的明细账户中将在一年内到期的长期借款的金额记入"一年内到期的非流动负债"项目。

【**例 9 - 3**】 某企业 2020 年"长期借款"账户的期末余额为 388 000 元，其中，将于 1 年内到期的数额为 215 000 元。

该企业"长期借款"总账账户余额中，将于 1 年内到期的数额 215 000 元，应填列在流动负债下"一年内到期的非流动负债"项目中，所以，该企业 2020 年 12 月 31 日的资产负债表中，"长期借款"项目的金额＝388 000－215 000＝173 000（元）。

5. 根据有关资产类账户与其备抵账户抵销后的净额填列

（1）"应收账款""应收票据""其他应收""预付款项"项目。

"应收账款"根据"应收账款"和"预收账款"账户所属各明细账户的期末借方余额合计减去"坏账准备"账户中有关应收账款计提的坏账准备期末余额后的金额填列。

"其他应收款"根据"应收利息""应收股利"和"其他应收款"账户所属各明细账户的期末借方余额合计减去"坏账准备"账户中有关其他应收款计提的坏账准备期末余额后的金额填列。

"应收票据"根据"应收票据"账户的期末余额，减去"坏账准备"账户中有关应收票据计提的坏账准备期末余额后的金额填列。

"预付款项"项目，反映企业按照购货合同规定预付给供应单位的款项等。本项目应根据"预付账款"和"应付账款"账户所属各明细账户的期末借方余额合计数，减去"坏账准备"

账户中有关预付款项计提的坏账准备期末余额后的金额填列。

（2）"固定资产""无形资产"项目。

"固定资产"项目应根据"固定资产"账户的期末余额,减去"累计折旧"和"固定资产减值准备"以及"固定资产清理"账户期末余额后的金额填列。

"无形资产"项目应根据"无形资产"的期末余额,减去"累计摊销"和"无形资产减值准备"账户期末余额后的金额填列。

（3）"长期股权投资""在建工程"等项目。

"长期股权投资"项目根据"长期股权投资"账户的期末余额,减去"长期股权投资减值准备"账户的期末余额后的金额填列。

"在建工程"项目应根据"在建工程"账户的期末余额,减去"在建工程减值准备"账户期末余额后的金额填列。

【例9-4】 某企业2020年12月31日结账后,"其他应收款"账户余额为55 000元,"应收利息"账户余额为5 000元,"应收股利"账户余额为15 000元,"坏账准备"账户中有关其他应收款计提的坏账准备为2 000元。

在资产负债表中,"其他应收款"项目应当根据"应收利息""应收股利"和"其他应收款"账户所属各明细账户的期末借方余额合计减去"坏账准备"账户中有关其他应收款计提的坏账准备期末余额后的金额填列。因此,该企业2020年12月31日的资产负债表中,"其他应收款"账户的金额为:55 000＋5 000＋15 000－2 000＝73 000(元)。

【例9-5】 某企业2020年12月31日结账后,"长期股权投资"账户余额为120 000元,"长期股权投资减值准备"账户余额为7 000元。

该企业2020年12月31日的资产负债表中,"长期股权投资"项目的金额为:120 000－7 000＝113 000(元)。

【例9-6】 某企业2020年12月31日结账后,"固定资产"账户余额为1 200 000元,"累计折旧"账户余额为80 000元,"固定资产减值准备"账户余额为150 000元。

在资产负债表中,"固定资产"项目应当以"固定资产"账户余额减去"累计折旧"和"固定资产减值准备"两个总账账户余额后的金额填列,因此,该企业2020年12月31日的资产负债表中,"固定资产"项目的金额为:1 200 000－80 000－150 000＝970 000(元)。

【例9-7】 某企业2020年12月31日结账后,"无形资产"账户余额为484 000元,"累计摊销"账户余额为46 800元,"无形资产减值准备"账户余额为90 000元,

在资产负债表中,"无形资产"项目应当以"无形资产"账户余额减去"累计摊销"和"无形资产减值准备"两个总账账户余额后的金额填列,因此,该企业2020年12月31日的资产负债表中,"无形资产"项目的金额为:484 000－46 800－90 000＝347 200(元)。

6. 综合运用上述方法分析填列

"存货"项目需要根据"材料采购""在途物资""原材料""周转材料""库存商品""发出商品""委托加工物资""生产成本""材料成本差异"等总账账户期末余额的分析汇总数,再减去"存货跌价准备"账户余额后的净额填列。

"其他应收款"项目,应根据"应收利息""应收股利""其他应收款"账户的期末余额,减去"坏账准备"账户中有关明细账中相关坏账准备期末余额后的金额填列。

【例9-8】 某企业对材料采用计划成本法核算,2020年12月31日结账后,有关账户余额为:"材料采购"账户余额为150 000元(借方),"原材料"账户余额为2 500 000元(借方),"周转材料"账户余额为2 000 000元(借方),"库存商品"账户余额为1 800 000元(借方),"生产成本"账户余额为700 000元(借方),"材料成本差异"账户余额为130 000元(贷方),"存货跌价准备"账户余额为220 000元(贷方)。

"存货"项目的金额:150 000+2 500 000+2 000 000+1 800 000+700 000-130 000-220 000=6 800 000(元)。

四、资产负债表各项目的填列说明

(一) 资产项目的填列说明

(1)"货币资金"项目,反映企业库存现金、银行结算户存款、外埠存款、银行汇票存款、银行本票存款、信用卡存款、信用证保证金存款等的合计数。本项目应根据"库存现金""银行存款""其他货币资金"账户期末余额的合计数填列。

(2)"交易性金融资产"项目,反映企业持有的以公允价值计量且其变动计入当期损益的为交易目的所持有的债券投资、股票投资、基金投资、权证投资等金融资产。本项目应当根据"交易性金融资产"账户的期末余额填列。

(3)"应收票据"项目,反映企业因销售商品、提供劳务等而收到的商业汇票,包括银行承兑汇票和商业承兑汇票。本项目应根据"应收票据"账户的期末余额,减去"坏账准备"账户中有关应收票据计提的坏账准备期末余额后的净额填列。

(4)"应收账款"项目,反映企业因销售商品、提供劳务等经营活动应收取的款项。本项目应根据"应收账款"和"预收账款"账户所属各明细账户的期末借方余额合计减去"坏账准备"账户中有关应收账款计提的坏账准备期末余额后的金额填列。如"应收账款"账户所属明细账户期末有贷方余额的,应在本表"预收款项"项目内填列。

(5)"预付款项"项目,反映企业按照购货合同规定预付给供应单位的款项等。本项目应根据"预付账款"和"应付账款"账户所属各明细账户的期末借方余额合计数,减去"坏账准备"账户中有关预付款项计提的坏账准备期末余额后的净额填列。如"预付账款"账户所属各明细账户期末有贷方余额的,应在资产负债表"应付账款"项目内填列。

(6)"其他应收款"项目,反映企业除应收票据、应收账款、预付款项等经营活动以外的其他各种应收、暂付的款项。本项目应根据"应收利息""应收股利""其他应收款"账户的期末余额,减去"坏账准备"账户中有关明细账中相关坏账准备期末余额后的金额填列。

(7)"存货"项目,反映企业期末在库、在途和在加工中的各种存货的可变现净值。本项目应根据"材料采购""原材料""低值易耗品""库存商品""周转材料""委托加工物资""委托代销商品""生产成本"等账户的期末余额合计,减去"代销商品款""存货跌价准备"账户期末余额后的净额填列。材料采用计划成本核算,以及库存商品采用计划成本核算或售价核算的企业,还应按加或减材料成本差异、商品进销差价后的金额填列。

(8)"一年内到期的非流动资产"项目,反映企业将于一年内到期的非流动资产项目金额。本项目应根据有关账户的期末余额分析填列。

(9)"长期股权投资"项目,反映企业持有的对子公司、联营企业和合营企业的长期股权投资。本项目应根据"长期股权投资"账户的期末余额,减去"长期股权投资减值准备"账户的期末余额后的净额填列。

(10)"固定资产"项目,反映企业各种固定资产原价减去累计折旧和减值准备后的净值。本项目应根据"固定资产"账户的期末余额,减去"累计折旧"和"固定资产减值准备"以及"固定资产清理"账户期末余额后的净额填列。

(11)"在建工程"项目,反映企业期末各项未完工程的实际支出,包括交付安装的设备价值、未完建筑安装工程已经耗用的材料、工资和费用支出、预付出包工程的价款等项目的可收回金额。本项目应根据"在建工程"账户的期末余额,减去"在建工程减值准备"账户期末余额后的净额填列。

(12)"无形资产"项目,反映企业持有的无形资产,包括专利权、非专利技术、商标权、著作权、土地使用权等。本项目应根据"无形资产"的期末余额,减去"累计摊销"和"无形资产减值准备"账户期末余额后的金额填列。

(13)"开发支出"项目,反映企业开发无形资产过程中能够资本化形成无形资产成本的支出部分。本项目应当根据"研发支出"账户中所属的"资本化支出"明细账户期末余额填列。

(14)"长期待摊费用"项目,反映企业已经发生但应由本期和以后各期负担的分摊期限在1年以上的各项费用。长期待摊费用中在一年内(含一年)摊销的部分,在资产负债表"一年内到期的非流动资产"项目填列。本项目应根据"长期待摊费用"账户的期末余额减去将于一年内(含一年)摊销的数额后的金额分析填列。

(15)"其他非流动资产"项目,反映企业除长期股权投资、固定资产、在建工程、工程物资、无形资产等以外的其他非流动资产。本项目应根据有关账户的期末余额填列。

(二)负债项目的填列说明

(1)"短期借款"项目,反映企业向银行或其他金融机构等借入的期限在1年以下(含1年)的各种借款。本项目应根据"短期借款"账户的期末余额填列。

(2)"应付票据"项目,反映企业购买材料、商品和接受劳务供应等而开出、承兑的商业汇票,包括银行承兑汇票和商业承兑汇票。本项目应根据"应付票据"账户的期末余额填列。

(3)"应付账款"项目,反映企业因购买材料、商品和接受劳务供应等经营活动应支付的款项。本项目应根据"应付账款"和"预付账款"账户所属各明细账户的期末贷方余额合计数填列。如"应付账款"账户所属明细账户期末有借方余额的,应在资产负债表"预付款项"项目内填列。

(4)"预收款项"项目,反映企业按照销货合同规定预收供应单位的款项。本项目应根据"预收账款"和"应收账款"账户所属各明细账户的期末贷方余额合计数填列。如"预收账款"账户所属各明细账户期末有借方余额,应在资产负债表"应收账款"项目内填列。

(5)"应付职工薪酬"项目,反映企业根据有关规定应付给职工的工资、职工福利、社会保险费、住房公积金、工会经费、职工教育经费、非货币性福利、辞退福利等各种薪酬。外商投资企业按规定从净利润中提取的职工奖励及福利基金,也在本项目列示。

(6)"应交税费"项目,反映企业按照税法规定计算应交纳的各种税费,包括增值税、消费税、所得税、资源税、土地增值税、城市维护建设税、房产税、土地使用税、车船税、教育费附加、矿产资源补偿费等。企业代扣代缴的个人所得税,也通过本项目列示。企业所交纳的税金不需要预计应交数的,如印花税、耕地占用税等,不在本项目列示。本项目应根据"应交税费"账户的期末贷方余额填列;如"应交税费"账户期末为借方余额,应以"一"号填列。

(7)"其他应付款"项目,反映企业除应付票据、应付账款、预收款项、应付职工薪酬、应交税费等经营活动以外的其他各项应付、暂收的款项。本项目应根据"其他应付款""应付股利""应付利息"账户的期末余额填列。

(8)"一年内到期的非流动负债"项目,反映企业非流动负债中将于资产负债表日后一年内到期部分的金额,如将于一年内偿还的长期借款。本项目应根据有关账户的期末余额分析填列。

(9)"长期借款"项目,反映企业向银行或其他金融机构借入的期限在1年以上(不含1年)的各项借款。本项目应根据"长期借款"账户的期末余额填列。

(10)"应付债券"项目,反映企业为筹集长期资金而发行的债券本金(和利息)。本项目应根据"应付债券"账户的期末余额填列。

(11)"其他非流动负债"项目,反映企业除长期借款、应付债券等项目以外的其他非流动负债。本项目应根据有关账户的期末余额填列。其他非流动负债项目应根据有关账户期末余额减去将于1年内(含1年)到期偿还数后的余额分析填列。非流动负债各项目中将于1年内(含1年)到期的非流动负债,应在"一年内到期的非流动负债"项目内反映。

(三)所有者权益项目的填列说明

(1)"实收资本(或股本)"项目,反映企业各投资者实际投入的资本(或股本)总额。本项目应根据"实收资本"(或"股本")账户的期末余额填列。

(2)"资本公积"项目,反映企业资本公积的期末余额。本项目应根据"资本公积"账户的期末余额填列。

(3)"盈余公积"项目,反映企业盈余公积的期末余额。本项目应根据"盈余公积"账户的期末余额填列。

(4)"未分配利润"项目,反映企业尚未分配的利润。本项目应根据"本年利润"账户和"利润分配"账户的余额计算填列。未弥补的亏损在本项目内以"一"号填列。

【例9-9】东方公司2020年12月31日,总分类账户和有关明细分类账户的余额如下。总分类账户余额如表9-3所示。

表9-3　总分类账户余额表

账户名称	借方余额	账户名称	贷方余额
库存现金	1 000	短期借款	140 000
银行存款	102 000	应付账款	42 600
应收票据	10 000	预收账款	2 500
应收账款	73 000	应付职工薪酬	15 410
预付账款	3 800	应交税费	8 430
其他应收款	6 400	应付股利	25 960

账户名称	借方余额	账户名称	贷方余额
原材料	161 400	其他应付款	4 200
生产成本	86 200	累计折旧	70 000
库存商品	147 800	长期借款	240 000
固定资产	466 000	实收资本	480 000
无形资产	18 000	资本公积	2 000
利润分配	73 030	盈余公积	37 130
		本年利润	80 400
合　计	1 148 630		1 148 630

明细分类账户余额如下所示：

（1）"应收账款——A 公司"借方余额 78 000 元；"应收账款——B 公司"贷方余额 5 000 元。

（2）"应付账款——C 公司"借方余额 6 000 元；"应付账款——D 公司"贷方余额 48 600 元。

（3）"预收账款——甲工厂"贷方余额 2 500 元。

（4）"预付账款——乙工厂"借方余额 3 800 元。

（5）"长期借款"账户中有 20 000 元系一年内到期借款。

"资产负债表"部分项目的编制如下：

（1）货币资金＝1 000＋102 000＝103 000（元）

（2）应收账款＝78 000＋0＝78 000（元）

（3）预收款项＝2 500＋5 000＝7 500（元）

（4）应付账款＝48 600＋0＝48 600（元）

（5）预付款项＝3 800＋6 000＝9 800（元）

（6）存货＝161 400＋86 200＋147 800＝395 400（元）

（7）未分配利润＝80 400－73 030＝7 370（元）

（8）长期借款＝240 000－20 000＝220 000（元）

（9）一年内到期的非流动负债＝20 000（元）

（10）固定资产＝466 000－70 000＝396 000（元）

学习情境三 编制利润表

一、利润表的概念与作用

(一) 利润表的概念

利润表,是指反映企业一定会计期间(如月度、季度、年度)经营成果的报表。例如,年度利润表反映的是某年度 1 月 1 日至 12 月 31 日的经营成果,由于表内数据说明的是某一期间的情况,因此利润表属于动态报表。利润表是以"收入－费用＝利润"这一会计等式作为编制依据的。

(二) 利润表的意义

利润表的列报必须充分反映企业经营业绩的主要来源和构成,有助于使用者判断净利润的质量及其风险,有助于使用者预测净利润的持续性,从而做出正确的决策。其意义在于:

(1) 通过提供利润表,可以从总体上了解企业在一定会计期间收入、成本、费用及净利润(或亏损)的实现及构成情况,帮助财务报表使用者全面了解企业的经营成果。

(2) 通过利润表提供的不同时期的数字比较(本期金额、上期金额),可以分析企业的获利能力及利润的未来趋势,了解投资者投入资本的保值增值情况,从而为其做出经济决策提供依据。

由于利润既是企业经营业绩的综合体现,又是企业进行利润分配的主要依据,因此,利润表是会计报表中的一张主要报表。

二、利润表的结构

利润表一般由表首、正表两部分组成。表首部分应列明企业的名称和编制的期间、货币单位和报表编号。其中利润表的"会计期间"一般为公历月、季、半年和年。企业应按期编制利润表。

正表部分反映企业在报告期间的各项收入、各项成本费用和利润,将不同性质的收入和费用类别进行对比,从而可以得出一些中间性的利润数据,便于使用者理解企业经营成果的不同来源。

按照我国《企业会计准则》的规定,企业的利润表采用多步式。

格式如表 9-4 所示。

表 9－4 利润表

会企 02 表

编制单位：　　　　　　　　　___ 年___月　　　　　　　　　单位：元

项　目	本期金额	上期金额
一、营业收入		
减：营业成本		
税金及附加		
销售费用		
管理费用		
研发费用		
财务费用		
其中：利息费用		
利息收入		
加：其他收益		
投资收益（损失以"－"号填列）		
其中：对联营企业和合营企业的投资收益		
公允价值变动收益（损失以"－"号填列）		
资产减值损失（损失以"－"号填列）		
信用减值损失（损失以"－"号填列）		
资产处置收益（损失以"－"号填列）		
二、营业利润（亏损以"－"号填列）		
加：营业外收入		
减：营业外支出		
三、利润总额（亏损总额以"－"号填列）		
减：所得税费用		
四、净利润（净亏损以"－"号填列）		
五、其他综合收益的税后净额		
（一）以后不能重分类进损益的其他综合收益		
（二）以后将重分类进损益的其他综合收益		
六、综合收益总额		
七、每股收益		
（一）基本每股收益		
（二）稀释每股收益		

我国多步式利润表一般分三步计算出净利润。

第一步，以营业收入为基础，计算出营业利润。

营业利润＝营业收入－营业成本－税金及附加－销售费用－管理费用－财务费用＋投资收益（损失为负数）＋公允价值变动收益（损失为负数）＋资产减值损失（损失为负数）＋信用减值损失（损失为负数）＋资产处置收益（损失为负数）

其中，　　　　　营业收入＝主营业务收入＋其他业务收入

营业成本＝主营业务成本＋其他业务成本

第二步，以营业利润为基础，计算出利润总额。

利润总额＝营业利润＋营业外收入－营业外支出

第三步，以利润总额为基础，计算出净利润（或亏损）。

净利润＝利润总额－所得税费用

普通股或潜在普通股已公开交易的企业，以及正处于公开发行普通股或潜在普通股过程中的企业，还应当在利润表中列示每股收益信息。每股收益包括基本每股收益和稀释每股收益两项指标。

三、利润表的编制方法

月度利润表的各项目应填列"本期金额"栏和"上期金额"栏，"本期金额"栏内的各项数据，一般应根据期末结转前各损益类账户本期发生额分析计算填列，"上期金额"栏的数字，应根据上年该期利润表中"本期金额"栏内所列数字填列。

年度利润表的各项目应填列"本年金额"栏和"上年金额"栏，"本年金额"栏根据各损益类账户的本年累计发生额进行填列。"上年金额"栏的数字，应根据上年利润表中"本年金额"栏内所列数字填列。

（一）本期金额栏的填列

利润表中，"本期金额"栏内的各项数据，一般应根据期末结转前各损益类账户本期发生额分析计算填列，具体填列方法归纳起来有以下几种。

1. 收入类项目的填列

收入类项目大多是根据收入类账户期末结转前贷方发生额减去借方发生额后的差额填列，若差额为负数，以"－"号填列。

（1）"营业收入"项目，反映企业经营主要业务和其他业务所确认的收入总额。本项目应根据"主营业务收入"和"其他业务收入"账户的发生额分析填列。

（2）"其他收益"项目，反映记入其他收益的政府补助等。本项目应根据"其他收益"账户的发生额分析填列。

（3）"投资收益"项目，反映企业以各种方式对外投资所取得的收益。本项目应根据"投资收益"账户的发生额分析填列。如为投资损失，本项目以"－"号填列。

（4）"公允价值变动收益"项目，反映企业应当计入当期损益的资产或负债公允价值变动收益。本项目应根据"公允价值变动损益"账户的发生额分析填列，如为净损失，本项目以"－"号填列。

（5）"资产处置收益"项目，反映企业出售持有待售的非流动资产产生的利得或损失和

因债务重组、非货币性资产交换产生的利得或损失。本项目应根据"资产处置损益"账户的发生额分析填列,如为处置损失,本项目以"一"号填列。

(6)"营业外收入"项目,反映企业发生的与经营业务无直接关系的各项收入。本项目应根据"营业外收入"账户的发生额分析填列。

2. 费用类项目的填列

费用类项目大多是根据费用类账户期末结转前借方发生额减去贷方发生额后的差额填列,若差额为负数,以"一"号填列。

(1)"营业成本"项目,反映企业经营主要业务和其他业务所发生的成本总额。本项目应根据"主营业务成本"和"其他业务成本"账户的发生额分析填列。

(2)"税金及附加"项目,反映企业经营业务应负担的消费税、城市建设维护税、资源税、土地增值税和教育费附加等。本项目应根据"税金及附加"账户的发生额分析填列。

(3)"销售费用"项目,反映企业在销售商品过程中发生的包装费、广告费等费用和为销售本企业商品而专设的销售机构的职工薪酬、业务费等经营费用。本项目应根据"销售费用"账户的发生额分析填列。

(4)"管理费用"项目,反映企业为组织和管理生产经营发生的管理费用扣除研发费用后的金额。本项目应根据"管理费用"的发生额分析填列。

(5)"研发费用"项目,反映企业进行研究与开发过程中发生的费用化支出。本项目应根据"管理费用"账户下的"研发费用"明细账户的发生额分析填列。

(6)"财务费用"项目,反映企业筹集生产经营所需资金等而发生的筹资费用。本项目应根据"财务费用"账户的发生额分析填列。

其中,"利息费用"项目反映企业筹集生产经营所需资金等而发生的应予费用化的利息支出,该项目应根据"财务费用"账户的相关明细账户的发生额分析填列。

"利息收入"项目反映企业确认的利息收入,该项目应根据"财务费用"账户的相关明细账户的发生额分析填列。

(7)"资产减值损失"项目,反映企业各项资产发生的减值损失。本项目应根据"资产减值损失"账户的发生额分析填列。

(8)"信用减值损失"项目,反映企业计提的各项金融工具减值准备所形成的预期信用损失。本项目应根据"信用减值损失"账户的发生额分析填列。

(9)"营业外支出"项目,反映企业发生的与经营业务无直接关系的各项支出。本项目应根据"营业外支出"账户的发生额分析填列。

(10)"所得税费用"项目,反映企业应从当期利润总额中扣除的所得税费用。本项目应根据"所得税费用"账户的发生额分析填列。

3. 自然计算项目的填列

利润表中有些项目,应通过表中有关项目自然计算后的金额填列。

(1)"营业利润"项目,反映企业实现的营业利润。如为亏损,本项目以"一"号填列。

(2)"利润总额"项目,反映企业实现的利润。如为亏损,本项目以"一"号填列。

(3)"净利润"项目,反映企业实现的净利润。如为亏损,本项目以"一"号填列。

（二）上期金额栏的填列方法

利润表中"上期金额"栏的数字,应根据上年该期利润表中"本期金额"栏内所列数字填列。如果上年该期利润表规定的各个项目名称和内容与本期不一致的,应对上年该期利润表各项目的名称和数字按本期的规定进行调整,填入"上期金额"栏内。

【例9-10】　截至2020年12月31日,东方公司"主营业务收入"账户发生额为2 000 000元,"主营业务成本"账户发生额为540 000元,"其他业务收入"账户发生额为510 000元,"其他业务成本"账户发生额为160 000元,"税金及附加"账户发生额为800 000元,"销售费用"账户发生额为62 000元,"管理费用"账户发生额为50 000元,"财务费用"账户发生额为180 000元,"资产减值损失"账户发生额为60 000元,"公允价值变动损益"账户借方发生额为460 000元(无贷方发生额),"投资收益"账户贷方发生额为850 000元(无借方发生额),"营业外收入"账户发生额为90 000元,"营业外支出"账户发生额为30 000元,"所得税费用"账户发生额为182 600元。

东方公司2020年度利润表中的营业收入、营业利润、利润总额、净利润的计算如下:

营业收入＝2 000 000＋510 000＝2 510 000(元)

营业成本＝540 000＋160 000＝700 000(元)

营业利润＝2510 000－700 000－800 000－62 000－50 000－180 000－60 000－460 000＋850 000＝1 048 000(元)

利润总额＝1 048 000＋90 000－30 000＝1 108 000(元)

净利润＝1 108 000－182 600＝925 400(元)

▌▌▌典型工作任务▌▌▌

东方公司2020年损益类账户本月发生额如表9-5所示。

表9-5　　　　　　　　　　　　　　　　　　　　　　　　　　　　　　　单位:元

账户名称	借方发生额	贷方发生额
主营业务收入		1 248 000
其他业务收入		2 000
主营业务成本	890 600	
其他业务成本	1 200	
税金及附加	4 200	
销售费用	48 610	
管理费用	148 080	
财务费用	28 130	
资产减值损失	4 500	
营业外收入		15 370
营业外支出	20 050	
所得税费用	30 000	

根据上列资料,编制下列"利润表"(见表9-6)。

表9-6 利润表

会企02表

编制单位:东方公司　　　　　　　　　2020年12月　　　　　　　　　单位:元

项　　目	本期金额	上期金额
一、营业收入	1 250 000	
减:营业成本	891 800	
税金及附加	4 200	
销售费用	48 610	
管理费用	148 080	
研发费用		
财务费用	28 130	
其中:利息费用		
利息收入		
加:其他收益		
投资收益(损失以"—"号填列)		
其中:对联营企业和合营企业的投资收益		
公允价值变动收益(损失以"—"号填列)		
资产减值损失(损失以"—"号填列)	−4 500	
信用减值损失(损失以"—"号填列)		
资产处置收益(损失以"—"号填列)		
二、营业利润(亏损以"—"号填列)	124 680	
加:营业外收入	15 370	
减:营业外支出	20 050	
三、利润总额(亏损总额以"—"号填列)	120 000	
减:所得税费用	30 000	
四、净利润(净亏损以"—"号填列)	90 000	
五、其他综合收益的税后净额		
(一)以后不能重分类进损益的其他综合收益		
(二)以后将重分类进损益的其他综合收益		
六、综合收益总额	90 000	
七、每股收益		
(一)基本每股收益		
(二)稀释每股收益		

复习思考题

1. 什么是财务报表?
2. 财务报表的类型有哪些?
3. 什么是资产负债表?我国资产负债表的格式是什么?
4. 根据若干个总账账户的期末余额分析计算填列有哪几个,怎么填写?
5. 根据有关总账所属的明细账的期末余额计算填列有哪几个,怎么填写?
6. 根据有关资产账户与其备抵账户相抵后的净额填列有哪些?怎么填写?
7. 什么是利润表?我国利润表的格式是什么?
8. 营业利润、利润总额、净利润的计算公式分别是什么?

技能实训

实训一:填制资产负债表项目

资料:某公司 2020 年 11 月 30 日账户余额如下(见表 9-7、表 9-8):

表 9-7 总分类账户余额表

总账科目	借方余额	总账科目	贷方余额
库存现金	1 000	短期借款	40 000
银行存款	30 740	应付账款	64 800
应收账款	53 400	预收账款	65 000
预付账款	40 000	应交税费	16 400
原材料	56 000	应付利息	14 000
生产成本	12 800	长期借款	150 000
库存商品	72 460	实收资本	454 000
周转材料	2 000	累计折旧	100 000
固定资产	650 000	本年利润	248 000
利润分配	90 000		
应付职工薪酬	5 000		

表 9-8   明细分类账户余额表

账户名称	明细分类账户余额	
	借方	贷方
应收账款——A厂	70 000	
——B厂		16 600
预付账款——C厂	55 000	
——D厂		15 000
应付账款——E厂		70 000
——F厂	5 200	
预收账款——G厂		70 000
——H厂	5 000	

长期借款中,其中一年内到期的为 50 000 元。

要求:根据上述资料计算该公司月末资产负债表中下列项目的金额(写出计算过程)。

(1) 货币资金=   (2) 应收账款=

(3) 预付款项=   (4) 应付账款=

(5) 预收款项=   (6) 存货=

(7) 固定资产=   (8) 未分配利润=

(9) 应付职工薪酬=   (10) 短期借款=

(11) 实收资本=   (12) 应交税费=

(13) 长期借款=

实训二:计算利润表项目

资料:文峰公司 2020 年 10 月份各损益类科目发生额如下(见表 9-9):

表 9-9   单位:元

科　目	借方发生额	贷方发生额	科　目	借方发生额	贷方发生额
主营业务收入		196 000	其他业务收入		10 000
主营业务成本	110 000		其他业务成本	4 000	
税金及附加	6 000		投资收益		3 600
销售费用	5 000		营业外收入		8 000
管理费用	18 000		营业外支出	5 000	
财务费用	4 600		所得税费用	16 250	

要求:根据上述资料计算利润表中的下列项目(无纳税调整事项,所得税税率 25%)。

(1) 营业收入=

(2) 营业成本=

(3) 营业利润=

(4) 利润总额=

(5) 净利润=

项目十

账务处理程序

学习情境一　认识账务处理程序

一、账务处理程序的概念

账务处理程序也称会计核算组织程序或会计核算形式,是指会计凭证、会计账簿、会计报表相结合的方式,包括会计凭证和账簿的种类、格式,会计凭证与账簿之间的联系方法,由原始凭证到编制记账凭证,登记明细分类账和总分类账,编制财务报表的工作程序和方法等。具体地说,就是通过凭证、账簿、报表组织体系,按一定的步骤或程序将三者有机结合起来,最终产生并提供有用的会计信息。

账务处理程序主要包括两部分内容:第一,建立凭证、账簿和报表组织体系。其中凭证组织是指会计凭证的种类、格式及各种凭证之间的关系;账簿组织是指账簿的种类、格式及各种账簿之间的关系;报表组织是指报表的种类、格式及各种报表之间的关系。上述三种组织构成了一个完整的体系,其核心是账簿组织。第二,记账步骤(程序),是指从会计凭证的取得、填制到账簿的登记,再到财务报表的编制这一整个过程的具体步骤。填制和审核会计凭证、登记会计账簿和编制财务报表是会计核算的基本环节。为保证账簿记录的正确性和完整性,通常还需要在编制财务报表之前增加一些环节,如进行账项调整和进行试算平衡等。

二、账务处理程序的意义

科学、合理地选择适用本单位的账务处理程序,对于提高会计核算工作效率,保证会计核算工作质量,有效地组织会计核算具有重要意义。

(1) 有利于会计工作程序的规范化,保证会计信息加工过程的严密性,提高会计信息质量。

(2) 有利于提高会计核算资料的质量,保证会计记录的正确性、完整性,增强会计信息的可靠性。

(3) 有利于减少不必要的会计核算环节,提高会计核算工作的效率,保证会计信息的及时性。

三、账务处理程序的种类

在会计实践中,不同的账簿组织、记账程序和记账方法,及其不同的结合方式,形成了不同种类的账务处理程序。现代社会生活中,我国的账务处理程序有五种:记账凭证账务处理程序、汇总记账凭证账务处理程序、科目汇总表账务处理程序、多栏式日记账账务处理程序和日记总账账务处理程序。在我国,企业常用的账务处理程序主要有记账凭证账务处理程序、汇总记账凭证账务处理程序和科目汇总表账务处理程序。以上账务处理程序有很多相同点,其区别主要表现在登记总账的依据和方法不同。

应当指出,账务处理程序的形式多种多样,目前还在不断地发展,本书只介绍几种常见的账务处理程序。

四、建立账务处理程序的要求

选择科学、合理的会计账务处理程序是组织会计工作、进行会计核算的前提,虽然在实际工作中有不同的会计账务处理程序,但是它们都应符合以下四点要求:

(1) 要适合本单位所属行业的特点,即在设计会计账务处理程序时,要考虑自身企业单位组织规模的大小,经济业务性质和简繁程度。

(2) 要能够正确、及时和完整地提供本单位的各方面会计信息,在保证会计信息质量的前提下,满足本单位各部门、人员和社会各相关行业的信息需要。

(3) 适当的会计账务处理程序还应当力求简化,减少不必要的环节,节约人力、物力和财力,不断提高会计工作的效率。

(4) 要有利于建立会计工作的岗位责任制,有利于会计人员分工协作和内部控制。

学习情境二　记账凭证账务处理程序

任务一　记账凭证账务处理程序概述

一、记账凭证账务处理程序的概念

记账凭证账务处理程序是指对发生的经济业务事项,都要根据原始凭证或汇总原始凭证编制记账凭证,然后直接根据记账凭证逐笔登记总分类账的一种账务处理程序。

记账凭证账务处理程序是一种最基本的账务处理程序,其他各种账务处理程序基本上都是在它的基础上发展起来的。

二、记账凭证账务处理程序的账簿设置

采用记账凭证账务处理程序时,一般应设置库存现金日记账、银行存款日记账、总分类

账和明细分类账。库存现金、银行存款日记账和总分类账均采用三栏式;明细分类账可根据需要用三栏式或数量金额式或多栏式。记账凭证可选用一种通用格式,也可选用收款凭证、付款凭证和转账凭证三种专用格式。

三、记账凭证账务处理程序的核算步骤

(1)根据原始凭证编制汇总原始凭证;

(2)根据原始凭证或汇总原始凭证编制收款凭证、付款凭记和转账凭证,也可采用通用的记账凭证;

(3)根据收款凭证、付款凭证逐笔登记库存现金日记账和银行存款日记账;

(4)根据原始凭证、汇总原始凭证和记账凭证,登记各种明细分类账;

(5)根据记账凭证逐笔登记总分类账;

(6)期末,将库存现金日记账、银行存款日记账和明细分类账的余额与有关总分类账的余额核对相符;

(7)期末,根据总分类账和明细分类账的记录,编制会计报表。

记账凭证账务处理程序核算步骤如图 10 - 1 所示。

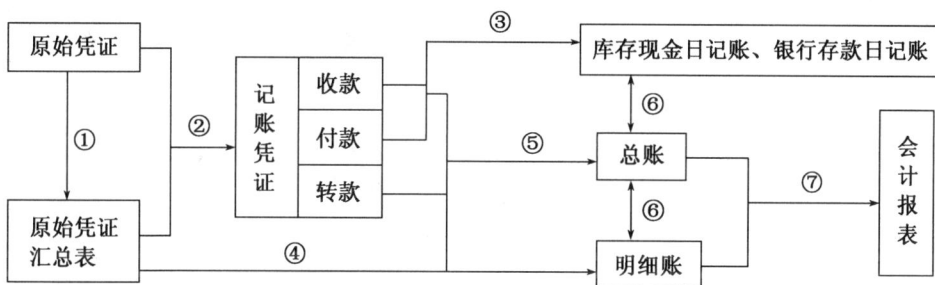

图 10 - 1　记账凭证账务处理程序核算步骤

注:"→"表示填制或登记,"↔"表示相互核对。

四、记账凭证账务处理程序的特点、优缺点及适用范围

(一) 特点

记账凭证账务处理程序是最基本的账务处理程序,其他各种账务处理程序都是在这种账务处理程序的基础上发展而形成的。它的特点是直接根据各种记账凭证逐笔登记总分类账。

(二) 优缺点

记账凭证账务处理程序的优点是简单明了,易于理解,总分类账可以详细地反映经济业务的发生情况。

记账凭证账务处理程序的缺点是登记总分类账的工作量较大。

(三) 适用范围

记账凭证账务程序只适用于一些规模较小、经济业务量较少的单位。

任务二 记账凭证账务处理程序的应用

▌▌▌典型工作任务▌▌▌

一、东方工厂 2020 年 5 月相关资料如下。

1. 2020 年 5 月初各类总账账户余额如表 10-1 所示。

表 10-1 东方工厂总账账户余额表 单位:元

账户名称	金 额	账户名称	金 额
银行存款	26 000	累计折旧	8 500
库存现金	1 700	短期借款	10 000
原材料	5 000	长期借款	70 000
库存商品	3 000	应付账款	8 200
生产成本	1 200	应交税费	900
预付账款	600	应付利息	800
应收账款	1 000	本年利润	6 300
其他应收款	1 200	实收资本	15 000
固定资产	80 000		
合 计	119 700	合 计	119 700

2. 5 月初有关"原材料"明细账余额如下:

甲材料,500 千克,每千克 4 元,金额 2 000 元;乙材料,1 500 千克,每千克 2 元,金额 3 000 元。

3. 该厂 5 月份发生下列经济业务:

(1) 1 日,购入甲材料 2 000 千克,每千克 4 元;乙材料 3 000 千克,每千克 2 元,增值税税额 1 820 元,货款及税款以银行存款支付。

(2) 2 日,上述甲、乙两种材料运到本厂验收入库,并按实际采购成本入账。

(3) 4 日,生产 A 产品,领用甲材料 1 000 千克,每千克 4 元;乙材料 1 500 千克,每千克 2 元。

(4) 6 日,向上海工厂销售 A 产品 200 件,每件售价 200 元,货款 40 000 元,应交增值税 5 200 元,款已收存银行。

(5) 9 日,以银行存款支付 A 产品广告费 200 元。

(6) 10 日,从银行提取现金 20 000 元,准备发放职工工资。

(7) 11 日,以现金 20 000 元支付本月职工工资。

（8）31日，结转本月应付职工工资20 000元，其中A产品生产工人工资10 000元，车间管理人员工资6 000元，厂部管理人员工资4 000元。

（9）31日，按职工工资总额的14%提取职工福利费。

（10）31日，提取本月固定资产折旧3 000元，其中，生产车间固定资产折旧2 000元，行政管理部门固定资产折旧1 000元。

（11）31日，结转本月产品负担的制造费用。

（12）31日，本月A产品全部完工，结转完工产品成本。

（13）31日，结转已售产品成本（单位成本93元）。

（14）31日，将费用类账户、收入类账户结转至"本年利润"账户。

（15）31日，按利润总额的25%计算应交的所得税并结转所得税费用。

二、根据上述经济业务，按时间顺序填制通用记账凭证（见表10－2）。

表10－2　通用记账凭证

2020年 月	2020年 日	凭证号数	摘　要	一级科目	明细科目	借方金额	贷方金额
5	1	记1	购材料付款	在途物资	甲材料	8 000	
					乙材料	6 000	
				应交税费	增值税（进项）	1 820	
				银行存款			15 820
5	2	记2	材料验收入库	原材料	甲材料	8 000	
					乙材料	6 000	
				在途物资	甲材料		8 000
					乙材料		6 000
5	4	记3	生产产品领材料	生产成本	A产品	7 000	
				原材料	甲材料		4 000
					乙材料		3 000
5	6	记4	销售产品款项	银行存款		45 200	
			存入银行	主营业务收入	A产品		40 000
				应交税费	增值税（销项）		5 200
5	9	记5	支付广告费	销售费用		200	
				银行存款			200
5	10	记6	提现	库存现金		20 000	
				银行存款			20 000
5	11	记7	发放职工工资	应付职工薪酬	工资	20 000	
				库存现金			20 000

续 表

2020年 月	2020年 日	凭证 号数	摘 要	一级科目	明细科目	借方金额	贷方金额
5	31	记8	结转本月职工工资	生产成本	A产品	10 000	
				制造费用		6 000	
				管理费用		4 000	
				应付职工薪酬	工资		20 000
5	31	记9	提取职工福利费	生产成本	A产品	1 400	
				制造费用		840	
				管理费用		560	
				应付职工薪酬	职工福利		2 800
5	31	记10	提取本月折旧费	制造费用		2 000	
				管理费用		1 000	
				累计折旧			3 000
5	31	记11	结转制造费用	生产成本	A产品	8 840	
				制造费用			8 840
5	31	记12	结转完工产品成本	库存商品	A产品	28 440	
				生产成本	A产品		28 440
5	31	记13	结转已售产品成本	主营业务成本	A产品	18 600	
				库存商品	A产品		18 600
5	31	记14	结转费用类账户	本年利润		24 360	
				管理费用			5 560
				销售费用			200
				主营业务成本			18 600
5	31	记15	结转收入类账户	主营业务收入		40 000	
				本年利润			40 000
5	31	记16	计算所得税费用	所得税费用		3 910	
				应交税费	应交所得税		3 910
5	31	记17	结转所得税费用	本年利润		3 910	
				所得税费用			3 910

三、根据记账凭证登记日记账(以银行存款日记账为例,如表10-3所示)。

表10-3　银行存款日记账

2020年		凭证号数	摘　要	对方科目	收　入	支　出	结　余
月	日						
5	1		期初余额				26 000
	1	记1	购材料付款	在途物资		15 820	10 180
	6	记4	销售产品收款	主营业务收入	45 200		55 380
	9	记5	支付广告费	销售费用		200	55 180
	10	记6	提现	库存现金		20 000	35 180
	31		本月合计		45 200	36 020	35 180

四、登记明细分类账(以原材料中甲材料明细账为例,如表10-4所示)。

表10-4　原材料明细账

类别:甲材料　　　　　　　　　　　　　　　　　　　　　　　　　　　　　　　　　　计量单位:千克

2020年		凭证号数	摘　要	收　入			发　出			结　存		
月	日			数量	单价	金额	数量	单价	金额	数量	单价	金额
5	1		期初余额							500	4	2 000
	2	记2	材料入库	2 000	4	8 000				2 500	4	10 000
	4	记3	生产领材料				1 000	4	4 000	1 500	4	6 000
	31		本月合计	2 000		8 000	1 000		4 000	1 500		6 000

五、登记总分类账(以原材料、银行存款总账为例,如表10-5、10-6所示)。

表10-5　原材料(总账)

单位:元

2020年		凭证号数	摘　要	借方	贷方	借或贷	余　额
月	日						
5	1		期初余额			借	5 000
	2	记2	材料入库	14 000		借	19 000
	4	记3	生产领材料		7 000	借	12 000
	31		本月合计	14 000	7 000	借	12 000

表 10 - 6   银行存款(总账)   单位:元

2020 年		凭证 号数	摘　要	借　方	贷　方	借或贷	余　额
月	日						
5	1		期初余额			借	26 000
	1	记1	购材料付款		15 820	借	10 180
	6	记4	销售产品收款	45 200		借	55 380
	9	记5	支付广告费		200	借	55 180
	10	记6	提现		20 000	借	35 180
	31		本月合计	45 200	36 020	借	35 180

六、将总账与日记账核对,总账与所属明细账核对。

(略)

七、编制试算平衡表(如表 10 - 7 所示)。

表 10 - 7   试算平衡表

2020 年 5 月   单位:元

账户名称	期初余额		本期发生额		期末余额	
	借方	贷方	借方	贷方	借方	贷方
银行存款	26 000		45 200	36 020	35 180	
库存现金	1 700		20 000	20 000	1 700	
在途物资			14 000	14 000		
原材料	5 000		14 000	7 000	12 000	
库存商品	3 000		28 440	18 600	12 840	
生产成本	1 200		27 240	28 440		
预付账款	600				600	
应收账款	1 000				1 000	
其他应收款	1 200				1 200	
固定资产	80 000				80 000	
累计折旧		8 500		3 000		11 500
短期借款		10 000				10 000
长期借款		70 000				70 000
应付账款		8 200				8 200
应交税费			1 820	9 110		8 190
应付利息		800				800
应付职工薪酬		900	20 000	22 800		2 800

续　表

账户名称	期初余额		本期发生额		期末余额	
	借方	贷方	借方	贷方	借方	贷方
实收资本		800				15 000
制造费用			8 840	8 840		
本年利润		15 000	28 270	40 000		18 030
销售费用			200	200		
主营业务成本			18 600	18 600		
管理费用		6 300	5 560	5 560		
主营业务收入			40 000	40 000		
所得税费用			3 910	3 910		
合　计	119 700	119 700	276 080	276 080	144 520	144 520

八、编制会计报表(编制资产负债表和利润表,如表10-8、10-9所示)。

表 10-8　资产负债表

编制单位:东方工厂　　　　　　　　　2020 年 5 月 31 日　　　　　　　　　单位:元

资　产	期末余额	年初余额	负债和所有者权益(或股东权益)	期末余额	年初余额
流动资产:			**流动负债:**		
货币资金	36 880		短期借款	10 000	
交易性金融资产			交易性金融负债		
应收票据			衍生金融负债		
应收账款	1 000		应付票据		
应收账款融资			应付账款	8 200	
预付款项	600		预收款项		
其他应收款	1 200		应付职工薪酬	2 800	
存货	24 840		应交税费	8 190	
合同资产			其他应付款	800	
一年内到期的非流动性资产			一年内到期的非流动负债		
流动资产合计	64 520		其他流动负债		
非流动资产:			流动负债合计	29 990	
债权投资			**非流动负债:**		
其他债券投资			长期借款	70 000	

资 产	期末余额	年初余额	负债和所有者权益（或股东权益）	期末余额	年初余额
长期应收款			应付债券		
长期股权投资			长期应付款		
投资性房地产			专项应付款		
固定资产	68 500		预计负债		
在建工程			递延所得税负债		
工程物资			其他非流动负债		
生产性生物资产			非流动负债合计	70 000	
油气资产			**负债合计**	99 990	
无形资产			**所有者权益（或股东权益）：**		
开发支出			实收资本（或股本）	15 000	
商誉			资本公积		
长期待摊费用			减：库存股		
递延所得税资产			其他综合收益		
其他非流动资产			盈余公积		
非流动资产合计	68 500		未分配利润	18 030	
			所有者权益（或股东权益）合计	33 030	
资产总计	133 020		**负债和所有者权益（或股东权益）总计**	133 020	

表 10 - 9 利润表

会企 02 表

编制单位：东方工厂　　　　　　　　　2020　年　5　月　　　　　　　　　单位：元

项　　目	本期金额	上期金额
一、营业收入	40 000	
减：营业成本	18 600	
税金及附加		
销售费用	200	
管理费用	5 560	
研发费用		
财务费用		

续 表

项　　目	本期金额	上期金额
其中:利息费用		
利息收入		
加:其他收益		
投资收益(损失以"一"号填列)		
其中:对联营企业和合营企业的投资收益		
公允价值变动收益(损失以"一"号填列)		
资产减值损失(损失以"一"号填列)		
信用减值损失(损失以"一"号填列)		
资产处置收益(损失以"一"号填列)		
二、营业利润(亏损以"一"号填列)	15 640	
加:营业外收入		
减:营业外支出		
三、利润总额(亏损总额以"一"号填列)	15 640	
减:所得税费用	3 910	
四、净利润(净亏损以"一"号填列)	11 730	
五、其他综合收益的税后净额		
(一)以后不能重分类进损益的其他综合收益		
(二)以后将重分类进损益的其他综合收益		
六、综合收益总额	11 730	
七、每股收益		
(一)基本每股收益		
(二)稀释每股收益		

学习情境三　科目汇总表账务处理程序

任务一　科目汇总表账务处理程序概述

一、科目汇总表账务处理程序的概念

科目汇总表账务处理程序也称记账凭证汇总表账务处理程序,它是根据记账凭证定期编制科目汇总表,再根据科目汇总表登记总分类账的一种账务处理程序。

在科目汇总表账务处理程序下,其账簿设置、各种记账凭证的格式与记账凭证账务处理程序基本相同,只是还需要增设科目汇总表。

二、科目汇总表的编制方法

科目汇总表,也称记账凭证汇总表,是指根据一定时期内的全部记账凭证(收款凭证、付款凭证和转账凭证或通用记账凭证),按相同的账户进行归类,定期汇总计算出每一账户的本期借方、贷方发生额所编制的汇总表。

其格式有两种,如表 10 - 10、表 10 - 11 所示。

表 10 - 10　科目汇总表

会计科目	本期发生额		总账页数	记账凭证起讫号数
	借方	贷方		
合　计				

表 10 - 11　科目汇总表

会计科目	1—10 日发生额		11—20 日发生额		21—31 日发生额		合　计	
	借方	贷方	借方	贷方	借方	贷方	借方	贷方
合　计								

科目汇总表的编制方法是将一定时期内的全部记账凭证按照相同账户归类,汇总计算出每一总账账户的本期借方发生额和贷方发生额合计数,填入表内,全部账户的借方发生额合计数应与贷方发生额合计数相等。

业务量较多的企业,可以每旬汇总一次,业务量较少的可以半个月或一个月汇总一次,每次汇总都应注明汇总记账凭证的起讫字号,以便检查。

为了便于编制科目汇总表,使得在分别汇总计算其借方和贷方金额时不易发生差错,平时填制转账凭证时,应尽可能使账户的对应关系保持"一借一贷",避免"一借多贷""一贷多借"和"多借多贷"。

科目汇总表的作用与汇总记账凭证相似,但它们的结构不同,填制的方法也不相同。汇总记账凭证是以每一账户的贷方(或借方)分别按相对应的借方(或贷方)账户汇总一定时期内的借贷方发生额;科目汇总表则定期汇总每一账户的本期借、贷方发生额,并不按对应账户汇总。因此,汇总记账凭证能够反映各账户之间的对应关系,而科目汇总表不能反映各账户之间的对应关系。

三、科目汇总表账务处理程序的核算步骤

(1) 根据原始凭证编制汇总原始凭证;

(2) 根据原始凭证或汇总原始凭证编制收款凭证、付款凭证和转账凭证,也可采用通用的记账凭证;

(3) 根据收款凭证、付款凭证逐笔登记库存现金日记账和银行存款日记账;

(4) 根据原始凭证、汇总原始凭证和记账凭证,登记各种明细分类账;

(5) 根据各种记账凭证编制科目汇总表;

(6) 根据科目汇总表登记总分类账;

(7) 期末,将库存现金日记账、银行存款日记账和明细分类账的余额与有关总分类账的余额核对相符;

(8) 期末,根据总分类账和明细分类账的记录编制会计报表。

科目汇总表账务处理程序的步骤,可用图 10 - 2 表示。

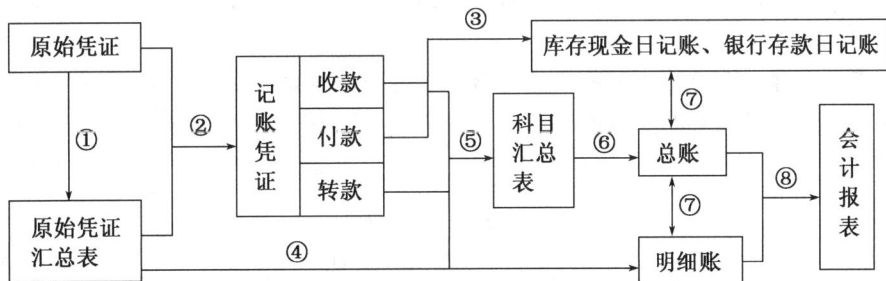

图 10 - 2　科目汇总表账务处理程序核算步骤

注:"→"表示填制或登记,"↔"表示相互核对。

四、科目汇总表账务处理程序的特点、优缺点和适用范围

(一) 特点

科目汇总表账务处理程序的特点是定期地将所有的记账凭证编制成科目汇总表,然后再根据科目汇总表登记总分类账。

(二) 优缺点

科目汇总表账务处理程序的优点是减轻了登记总分类账的工作量,并可做到试算平衡,简明易懂,方便易学。科目汇总表账务处理程序的缺点是按照相同账户归类编制的科目汇总表只反映各账户的借方本期发生额和贷方本期发生额,不能反映账户的对应关系,不便于查对账目。

(三) 适用范围

科目汇总表账务处理程序一般适用于业务量较多的单位。

任务二　科目汇总表账务处理程序的应用

▌▌▌ 典型工作任务 ▌▌▌

运用前文中东方工厂 2020 年 5 月份有关资料,会计核算采用科目汇总表账务处理程序,具体步骤如下:

(1) 按时间顺序填制通用记账凭证,如表 10 - 2 所示。

(2) 根据记账凭证登记日记账,以银行存款日记账为例,如表 10 - 3 所示。

(3) 登记明细分类账,以原材料中甲材料明细账为例,如表 10 - 4 所示。

(4) 根据通用记账凭证编制科目汇总表,如表 10 - 12 所示。

(5) 根据科目汇总表登记总分类账,以原材料、银行存款总账为例,如表 10 - 13、10 - 14 所示。

(6) 将日记账和明细分类账的余额与有关总分类账的余额核对相符。

(7) 根据总分类账和明细分类账编制会计报表,编制资产负债表和利润表,如表 10 - 8、10 - 9 所示。

表 10 - 12　科目汇总表

2020 年 5 月 1 日—31 日　　　　　　　　　　　　　　　　　　　汇字 1 号

会计科目	借方发生额	贷方发生额
银行存款	45 200	36 020
库存现金	20 000	20 000
在途物资	14 000	14 000

续　表

会计科目	借方发生额	贷方发生额
原材料	14 000	7 000
库存商品	28 440	18 600
生产成本	27 240	28 440
累计折旧		3 000
应交税费	1 820	9 110
应付职工薪酬	20 000	22 800
制造费用	8 840	8 840
本年利润	28 270	40 000
销售费用	200	200
主营业务成本	18 600	18 600
管理费用	5 560	5 560
主营业务收入	40 000	40 000
所得税费用	3 910	3 910
合　计	276 080	276 080

表 10－13　原材料(总账)

单位:元

2020年 月	日	凭证号数	摘　要	借　方	贷　方	借或贷	余　额
5	1		期初余额			借	5 000
	31	科汇	1—31日发生额	14 000	7 000	借	12 000
	31		本月合计	14 000	7 000	借	12 000

表 10－14　银行存款(总账)

单位:元

2020年 月	日	凭证号数	摘　要	借　方	贷　方	借或贷	余　额
5	1		期初余额			借	26 000
	31	科汇	1—31日发生额	45 200	36 020	借	35 180
	31		本月合计	45 200	36 020	借	35 180

学习情境四　汇总记账凭证账务处理程序

一、汇总记账凭证账务处理程序的概念

汇总记账凭证账务处理程序是根据原始凭证或汇总原始凭证编制记账凭证,再定期根据记账凭证分类编制汇总收款凭证、汇总付款凭证和汇总转账凭证(也可采用通用的统一格式),然后根据汇总记账凭证登记总分类账的一种账务处理程序。

在汇总记账凭证账务处理程序下,其账簿设置、各种记账凭证的格式与记账凭证账务处理程序基本相同,只是还需要增设汇总记账凭证。

二、汇总记账凭证的编制方法

汇总记账凭证的编制是按每个账户设置,并按账户借方或贷方的对应账户进行汇总。汇总记账凭证分为汇总收款凭证、汇总付款凭证和汇总转账凭证三种格式,因此汇总编制的方法也各有不同。

(一) 汇总收款凭证的编制

汇总收款凭证,是指按"库存现金"和"银行存款"账户的借方分别设置的一种汇总记账凭证。它汇总了一定时期内库存现金和银行存款的收款业务。

汇总收款凭证的编制方法是将一定时期内全部库存现金和银行存款收款凭证,分别按其对应贷方账户进行归类,计算出每一贷方账户发生额合计数,填入汇总收款凭证中。一般可 5 天、10 天或 15 天汇总一次,月终计算出合计数,据以登记总分类账。其格式如表10-15 所示。

表 10-15　汇总收款凭证

借方科目:银行存款　　　　　　　　　年　月　　　　　　　　　汇收第　　号

贷方科目	金　额			合　计
	1—10 日收款凭证 第　号至第　号	11—20 日收款凭证 第　号至第　号	21—31 日收款凭证 第　号至第　号	
合　计				

(二) 汇总付款凭证的编制

汇总付款凭证,是指按"库存现金"和"银行存款"账户的贷方分别设置的一种汇总记账凭证。它汇总了一定时期内库存现金和银行存款的付款业务。

汇总付款凭证的编制方法是将一定时期内全部库存现金和银行存款付款凭证,分别按

其对应借方账户进行归类,计算出每一借方账户发生额合计数,填入汇总付款凭证中。一般可 5 天、10 天或 15 天汇总一次,月终计算出合计数,据以登记总分类账。其格式如表 10 - 16 所示。

表 10 - 16　汇总付款凭证

贷方科目:银行存款　　　　　　　　　　　年　　月　　　　　　　　　汇付第　　　号

借方科目	金　额			合　计
	1—10 日付款凭证第　　号至第　　号	11—20 日付款凭证第　　号至第　　号	21—31 日付款凭证第　　号至第　　号	
合　计				

(三) 汇总转账凭证的编制

汇总转账凭证,是指按每一贷方账户分别设置,用来汇总一定时期内转账业务的一种汇总记账凭证。

汇总转账凭证的编制方法是将一定时期内全部转账凭证按照每一账户的贷方设置并按其对应的借方账户进行归类,计算出每一借方账户发生额的合计数,填入汇总转账凭证。一般可 5 天、10 天或 15 天汇总一次,月终计算出合计数,据以登记总分类账。为了便于填制汇总转账凭证,在填制转账凭证时,应尽可能使账户的对应关系保持“一借一贷”或“一贷多借”,避免“一借多贷”或“多借多贷”。其格式如表 10 - 17 所示。

表 10 - 17　汇总转账凭证

贷方科目:　　　　　　　　　　　　　　年　　月　　　　　　　　　汇转第　　　号

借方科目	金　额			合　计
	1—10 日转账凭证第　　号至第　　号	11—20 日转账凭证第　　号至第　　号	21—31 日转账凭证第　　号至第　　号	
合　计				

编制完汇总记账凭证,据以登记总分类账。总分类账的登记在月终进行。根据汇总收款凭证的合计数,记入总分类账“库存现金”和“银行存款”账户的借方,以及有关账户的贷方;根据汇总付款凭证的合计数,记入总分类账“库存现金”或“银行存款”账户的贷方,以及有关账户的借方;根据汇总转账凭证的合计数,记入总分类账户开设账户的贷方,以及有关账户的借方。

三、汇总记账凭证账务处理程序的核算步骤

（1）根据原始凭证编制汇总原始凭证；

（2）根据原始凭证或汇总原始凭证，编制收款凭证、付款凭证和转账凭证，也可采用通用的记账凭证；

（3）根据收款凭证、付款凭证逐笔登记库存现金日记账和银行存款日记账；

（4）根据原始凭证、汇总原始凭证和记账凭证，登记各种明细分类账；

（5）根据各种记账凭证编制有关汇总记账凭证；

（6）根据各种汇总记账凭证登记总分类账；

（7）期末，库存现金日记账、银行存款日记账和明细分类账的余额同有关总分类账的余额核对相符；

（8）期末，根据总分类账和明细分类账的记录，编制会计报表。

汇总记账凭证账务处理程序的步骤，可用图 10－3 表示。

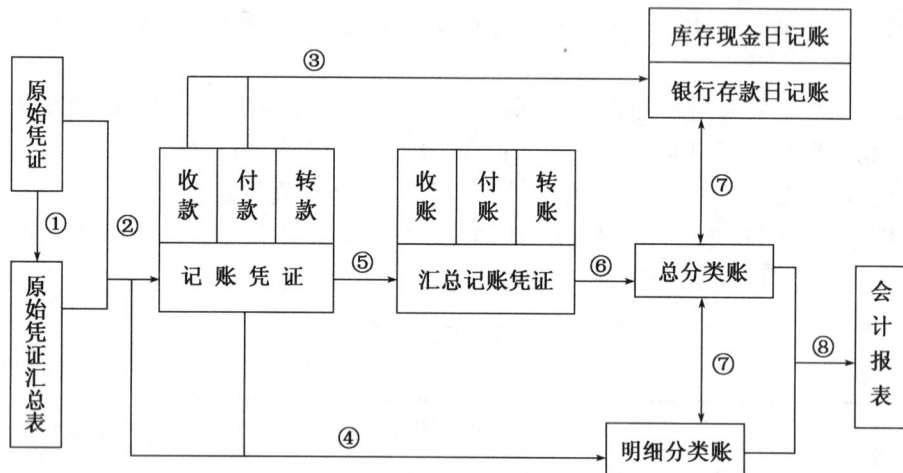

图 10－3　汇总记账凭证账务处理程序核算步骤

注："→"表示填制或登记，"↔"表示相互核对。

四、汇总记账凭证账务处理程序的特点、优缺点与适用范围

（一）特点

汇总记账凭证账务处理程序，与前述的记账凭证账务处理程序的区别主要在总分类账的登记上。它的特点是定期(5 天、10 天或 15 天)将全部记账凭证按收、付款凭证和转账凭证分别归类编制成汇总记账凭证，然后再根据汇总记账凭证登记总分类账。

（二）优缺点

汇总记账凭证账务处理程序的优点是：由于汇总记账凭证是根据一定时期内的全部记账凭证，按照账户对应关系进行归类、汇总编制的，便于了解账户之间的对应关系，了解经济业务的来龙去脉，便于查对账目；总分类账根据汇总记账凭证于月终一次登记入账，减轻了

登记总分类账的工作量。

汇总记账凭证账务处理程序的缺点是:汇总转账凭证是按每一贷方账户设置,而不是按经济业务的性质归类、汇总,因而不利于会计核算的日常分工。另外,当转账凭证较多时,编制汇总转账凭证的工作量较大。

(三)适用范围

汇总记账凭证账务处理程序通常适用于规模大、经济业务较多的单位。

复习思考题

1. 账务处理程序的概念、内容及分类分别是什么?
2. 记账凭证账务处理程序的一般步骤是什么?
3. 记账凭证账务处理程序的特点、优缺点、适用范围分别是什么?
4. 汇总记账凭证账务处理程序的一般步骤是什么?
5. 汇总记账凭证账务处理程序的特点、优缺点与适用范围是什么?
6. 科目汇总表账务处理程序的一般步骤是什么?
7. 科目汇总表账务处理程序的特点、优缺点与适用范围是什么?

技能实训

实训:科目汇总表账务处理程序

资料:1. 光明工厂 2020 年 8 月全部账户期初余额如表 10-18 所示。

表 10-18

账户名称	借方余额	账户名称	贷方余额
库存现金	2 100	短期借款	230 000
银行存款	250 000	应付账款	126 000
应收账款	85 500	应交税费	1 600
库存商品	120 000	实收资本	700 000
固定资产	600 000		

2. 光明工厂 2020 年 8 月发生下列经济业务:

(1) 2 日,某工厂购入甲材料 10 000 千克,每千克 5 元,计 50 000 元,增值税税额 6 500 元,货款及税金开出三个月期的商业汇票支付,材料已验收入库。

(2) 8 日,以银行存款支付广告费 5 000 元。

(3) 12 日,以银行存款支付办公用品费 600 元。

（4）15 日，厂部职工出差预借差旅费 2 000 元，以现金支付。

（5）20 日，收回某单位前欠货款 50 000 元，存入银行。

（6）21 日，从银行提取现金 2 000 元。

（7）22 日，厂部职工出差归来，报销差旅费 1 800 元，多余现金交财务科。

（8）30 日，仓库发出材料，用于产品生产，其中，A 产品领用甲材料 2 000 千克，计10 000 元，B 产品领用甲材料 500 千克，计 2 500 元。

（9）30 日，计提本月固定资产折旧 4 400 元，其中生产车间负担 3 000 元，企业管理部门负担 1 400 元。

（10）30 日，分转结转本月职工工资 100 000 元，其中，A 产品生产工人工资 50 000 元，B 产品生产工人工资 30 000 元，车间管理人员工资 5 000 元，厂部管理人员工资 15 000 元。

（11）30 日，本月份 A 产品完工入库，产品成本为 65 000 元。

（12）30 日，本月销售 A 产品，货款为 100 000 元，增值税税额 13 000 元，货款及税款已收存银行。

（13）30 日，本月销售 A 产品生产成本为 75 000 元，结转本月产品销售成本。

（14）30 日，计算本月应交的城市维护建设税 1 000 元。

（15）31 日，将费用类账户、收入类账户结转至"本年利润"账户。

（16）31 日，按利润总额的 25% 计算并结转应交的所得税。

要求：（1）根据所给的业务编制记账凭证。

（2）根据记账凭证登记银行存款日记账、库存现金日记账。

（3）根据记账凭证登记相关明细账。

（4）根据记账凭证编制科目汇总表。

（5）根据科目汇总表登记总账。

（6）结出各账户的本期发生额及期末余额。

（7）编制总分类账户试算平衡表。

（8）编制 2020 年 8 月 31 日资产负债表和 2020 年 8 月利润表。

习题集

项目十一
管理会计档案

学习情境一　会计档案的保管

任务一　认知会计档案

一、会计档案的概念和作用

(一) 会计档案的概念

会计档案是指会计凭证、会计账簿和财务报告等会计核算专业资料,是记录和反映企事业单位经济业务发生情况的重要史料和证据,属于单位的重要经济档案,是检查企事业单位过去经济活动的重要依据,也是国家档案的重要组成部分。

会计档案是国家档案的重要组成部分,也是各单位的重要档案,它是对一个单位经济活动的记录和反映,通过会计档案,可以了解每项经济业务的来龙去脉;可以检查一个单位是否遵守财经纪律,在会计资料中有无弄虚作假、违法乱纪等行为;会计档案还可以为国家、单位提供详尽的经济资料,为国家制定宏观经济政策及单位制定经营决策提供参考。

《会计法》规定:"各单位对会计凭证、会计账簿、财务会计报告和其他会计资料应建立档案,妥善保管。会计档案的保管期限和销毁办法,由国务院财政部门会同有关部门制定"。因此,法律主要依据是《会计档案管理办法》,由国务院财政部门和国家档案局会同制定。

(二) 会计档案的作用

会计档案是各单位在办理会计事务中形成的记录企业经济业务的会计资料,是会计活动的客观产物,是检查各单位遵守财经纪律情况的客观依据,也是各单位总结经营管理经验的重要参考资料。

加强会计档案的管理具有重要意义,其重要作用表现在以下方面:

(1) 会计档案是总结经验、揭露责任事故、打击经济领域犯罪、分析和判断事故原因的重要依据。

(2) 利用会计档案提供的过去经济活动的史料,有助于各单位进行经济前景的预测,进而进行经营决策,编制财务、成本计划。

(3) 利用会计档案资料,可以为解决经济纠纷、处理遗留的经济事务提供依据。

此外,会计档案在经济学的研究活动中发挥着重要史料价值的作用。因此,各单位必须加强对会计档案管理工作的领导,建立会计档案的立卷、归档、保管、查阅和销毁等管理制度,保证会计档案妥善保管、有序存放、方便查阅,严防损毁、散失和泄密。

二、会计档案的内容

会计档案的内容一般指会计凭证、会计账簿、财务会计报告以及其他会计核算资料等四个部分。

(1) 会计凭证类。会计凭证是记录经济业务、明确经济责任的书面证明。它包括自制原始凭证、外来原始凭证、原始凭证汇总表、记账凭证(收款凭证、付款凭证、转账凭证三种)、记账凭证汇总表、银行存款(借款)对账单、银行存款余额调节表等内容。

(2) 会计账簿类。会计账簿是由一定格式、相互联结的账页组成,以会计凭证为依据,全面、连续、系统地记录各项经济业务的簿籍。它包括总分类账、各类明细分类账、库存现金日记账、银行存款日记账、固定资产卡片以及辅助登记备查簿等。

(3) 财务会计报告类。财务会计报告是反映企业会计财务状况和经营成果的总结性书面文件,主要分为月度、季度、半年度、年度财务会计报告和其他财务会计报告。其包括资产负债表、利润表、现金流量表等。

(4) 其他类。其他会计核算资料属于经济业务范畴,是与会计核算、会计监督紧密相关的,由会计部门负责办理的有关数据资料。其包括银行存款余额调节表、银行对账单、纳税申报表、会计档案移交清册、会计档案保管清册、会计档案销毁清册、会计档案鉴定意见书等。实行会计电算化单位存贮在磁性介质上的会计数据、程序文件及其他会计核算资料均应视同会计档案一并管理。

三、会计档案的种类及分类方法

(一) 会计档案的种类

会计档案是会计活动中形成的客观记录,是一种有专业性的档案。

(1) 按会计工作性质可分为公司或企业会计档案、预算会计档案和银行会计档案。

(2) 按管理期限可分为永久会计档案和定期会计档案。

(二) 会计档案的分类方法

(1) 年度——形成分类法。即把一个年度内形成的会计档案分为凭证、账簿、财务报告和其他四大类,然后分别组成若干保管单位(卷)。

适用范围:企业、事业单位。

(2) 年度——机构分类法。即把一个年度内形成的会计档案按机构分开,然后在机构内再按凭证、账簿、财务报告和其他四类分别组成保管单位。

适用范围:各级财政、税务等部门和所属单位较多的大型企业。

任务二　保管会计档案

一、会计档案的归档

(一) 会计档案的归档和保管要求

(1) 各单位每年形成的会计档案,都应由会计机构按照归档的要求,负责整理立卷,装订成册,编制会计档案保管清册。

(2) 当年形成的会计档案,在会计年度终了后,可暂由本单位会计机构保管1年。期满之后,应由会计机构编制移交清册,移交本单位的档案机构统一保管。

(3) 移交本单位档案机构保管的会计档案,原则上应当保持原卷册的封装,不得随意拆封。个别需要拆封重新整理的,档案机构应当会同会计机构和经办人员共同拆封整理,以分清责任。

(4) 交接会计档案时交接双方应当办理交接手续。

① 移交会计档案的单位,应当编制会计档案移交清册。

② 交接会计档案时,交接双方应当按照会计档案移交清册所列内容逐项交接,并由交接双方的单位负责人监交。

③ 交接完毕后,交接双方经办人员和监交人员应当在会计档案移交清册上签名或者盖章。

(5) 未设立档案机构的单位,会计档案应当在会计机构内部指定专人保管,但出纳人员不得兼任会计档案的保管工作。

(6) 对会计档案应当科学管理,做到妥善保管、存放有序、查找方便。同时,严格执行安全和保密制度,不得随意堆放,严防毁损、散失和泄密。

(7) 采用电子计算机进行会计核算的单位,应当保存打印的纸质会计档案。

(8) 会计档案的保管要求:

① 会计档案室应选择在干燥防水的地方,并远离易燃品堆放地,周围应备有适应的防火器材;

② 采用透明塑料膜作防尘罩、防尘布,遮盖所有档案架和堵塞鼠洞;

③ 会计档案室内应经常用消毒药剂喷洒,经常保持清洁卫生,以防虫蛀;

④ 会计档案室保持通风透光,并有适当的空间、通道和查阅地方,以利查阅,并防止潮湿;

⑤ 设置归档登记簿、档案目录登记簿、档案借阅登记簿,严防毁坏损失、散失和泄密;

⑥ 会计电算化档案保管要注意防盗、防磁等安全措施。

(9) 单位变更以后的会计档案应视不同情况进行归档保管。

① 单位终止。单位因撤销、解散、破产或者其他原因而终止的,在终止和办理注销登记手续之前形成的会计档案,应当由终止单位的业务主管部门或者财产所有者代管或者移交有关档案馆代管。

② 单位分立。

a. 单位分立后原单位存续的,其会计档案应当由分立后的存续方统一保管,其他方可查阅、复制与其业务相关的会计档案。

b. 单位分立后原单位解散的,其会计档案应当经各方协商后由其中一方代管或者移交档案馆代管,各方可以查阅、复制与其相关的会计档案。

c. 单位分立中未结清的会计事项所涉及的原始凭证,应当单独抽出由业务相关方保存。

d. 单位因业务移交其他单位办理所涉及的会计档案,应当由原单位保管,承接业务单位可以查阅、复制与其业务相关的会计档案,对其中未结清的会计事项所涉及的原始凭证,应当单独抽出由业务承接单位保存,并按照规定办理交接手续。

③ 单位合并。

a. 单位合并后原单位解散或者一方存续其他方解散的,原各单位的会计档案应当由合并后的单位(存续方)统一保管。

b. 单位合并后原各单位仍然存续的,其会计档案仍应当由原各单位保管。

(二) 会计档案的归档程序

(1) 对会计档案进行整理立卷。会计年度终了后,对会计资料进行整理立卷。会计档案的整理一般采用"三统一"的办法,即分类标准统一、档案形成统一、管理要求统一,并分门别类按各卷顺序编号。

① 分类标准统一。

一般将财务会计资料分成一类账簿,二类凭证,三类报表,四类文字资料及其他。

② 档案形成统一。

案册封面、档案卡夹、存放柜和存放序列统一。

③ 管理要求统一。

建立财务会计资料档案簿、会计资料档案目录;会计凭证装订成册,报表和文字资料分类立卷,其他零星资料按年度排序汇编装订成册。

(2) 对会计档案进行编制卷号。会计档案整理立卷后,会计机构首先要按不同要求对各类会计档案编制卷号。

(3) 编制保管清册。对会计档案编制卷号后,会计机构应当编制会计档案保管清册,将会计档案的名称、种类、卷号、数量、起止日期、应保管期限等一一登记入册,并一式两份。

二、会计档案的保管期限

会计档案的保管期限,从会计年度终了后的第一天算起。会计档案的保管期限分为永久、定期两类。定期保管期限一般分为 10 年和 30 年。企业和其他组织会计档案保管期限表如表 11-1 所示,财政总预算、行政单位、事业单位和税收会计档案保管期限表如表 11-2 所示。

表 11-1　企业和其他组织会计档案保管期限表

序　号	档案名称	保管期限	备　注
一	**会计凭证**		
1	原始凭证	30 年	
2	记账凭证	30 年	
二	**会计账簿**		
3	总账	30 年	
4	明细账	30 年	
5	日记账	30 年	
6	固定资产卡片		固定资产报废清理后保管 5 年
7	其他辅助性账簿	30 年	
三	**财务会计报告**		
8	月度、季度、半年度财务会计报告	10 年	
9	年度财务会计报告	永久	
四	**其他会计资料**		
10	银行存款余额调节表	10 年	
11	银行对账单	10 年	
12	纳税申报表	10 年	
13	会计档案移交清册	30 年	
14	会计档案保管清册	永久	
15	会计档案销毁清册	永久	
16	会计档案鉴定意见书	永久	

表 11-2　财政总预算、行政单位、事业单位和税收会计档案保管期限表

序　号	档案名称	保管期限			备　注
		财政总预算	行政单位事业单位	税收会计	
一	**会计凭证**				
1	国家金库编送的各种报表及缴库退库凭证	10 年		10 年	
2	各收入机关编送的报表	10 年			
3	行政单位和事业单位的各种会计凭证		30 年		包括原始凭证、记账凭证和传票汇总表

续 表

序 号	档案名称	保管期限			备 注
		财政总预算	行政单位事业单位	税收会计	
4	财政总预算拨款凭证和其他会计凭证	30年			包括拨款凭证和其他会计凭证
二	**会计账簿**				
5	日记账		30年	30年	
6	总账	30年	30年	30年	
7	税收日记账(总账)			30年	
8	明细分类、分户账或登记簿	30年	30年	30年	
9	行政单位和事业单位固定资产卡片				固定资产报废清理后保管5年
三	**财务会计报告**				
10	政府综合财务报告	永久			下级财政、本级部门和单位报送的保管2年
11	部门财务报告		永久		所属单位报送的保管2年
12	财政总决算	永久			下级财政、本级部门和单位报送的保管2年
13	部门决算		永久		所属单位报送的保管2年
14	税收年报(决算)			永久	
15	国家金库年报(决算)	10年			
16	基本建设拨、贷款年报(决算)	10年			
17	行政单位和事业单位会计月、季度报表		10年		所属单位报送的保管2年
18	税收会计报表			10年	所属税务机关报送的保管2年
四	**其他会计资料**				
19	银行存款余额调节表	10年	10年		
20	银行对账单	10年	10年	10年	
21	会计档案移交清册	30年	30年	30年	
22	会计档案保管清册	永久	永久	永久	
23	会计档案销毁清册	永久	永久	永久	
24	会计档案鉴定意见书	永久	永久	永久	

三、会计档案的查阅和复制

（1）各单位保存的会计档案为本单位提供查阅使用，原则上不得借出。如有特殊需要，经本单位负责人批准，可以提供查阅或者复制，并办理登记手续。

（2）外部人员查阅会计档案时，应持有单位正式介绍信，经本单位负责人批准后，方可办理查阅手续；单位内部人员查阅会计档案时，应经会计主管人员或单位负责人批准后，办理查阅手续。

（3）办理查阅手续时，查阅人应认真填写档案查阅登记簿，将查阅人姓名、单位、日期、数量、内容、归档等情况登记清楚。

（4）查阅或者复制会计档案的人员，严禁在会计档案上涂画、标记、拆散原卷册，也不得抽换、携带外出或复制原件（如有特殊情况，须经领导批准后方能携带外出或复制原件）。借出的会计档案，会计档案管理人员要按期如数收回，并办理注销借阅手续。

为了全面反映会计档案情况，立档部门应设置"会计档案备查表"及时记载会计档案的保存数、借阅数和归档数，做到心中有数、不出差错。

四、会计档案的销毁

（一）保管期满的会计档案销毁

（1）由本单位档案机构提出销毁意见，编制"会计档案销毁清册"。

（2）将已编制好的销毁清册及销毁意见报本单位负责人，单位负责人审核后，应在销毁清册上签署意见。

（3）会计档案销毁前，监销人员要按照清册所列的内容，对要销毁的会计档案进行清点核对，检查会计档案是否已保管期满、内容和卷号是否相符、编号是否连续等。

（4）销毁会计档案时，应按规定指派人员监销。

① 一般企事业单位的会计档案，由单位档案机构和会计机构共同派员监销。

② 国家机关的会计档案，应由同级财政、审计部门派员监销。

③ 财政部门的会计档案，应由同级审计部门派员监销。

（5）会计档案销毁后，经办人在"销毁清册"上签章，注明"已销毁"字样和销毁日期，以示负责。同时将监销情况写出书面报告一式两份，一份报本单位领导，一份归入档案备查。

（二）会计档案销毁应注意的其他事项

（1）对于保管期满但未结清的债权债务的原始凭证和涉及其他未了事项的原始凭证，不得销毁，应单独抽出立卷，由档案部门保管到未了事项完结时为止。单独抽出立卷的会计档案应当在会计档案销毁清册和会计档案保管清册中列明。

（2）正在建设期间的建设单位的会计档案，不论是否已满保管期限，一律不得销毁，必须妥善保管，待项目办理竣工决算后，按规定的交接手续交给接收单位。

（3）会计档案销毁清册，应由单位档案部门永久保存。

学习情境二　会计资料的整理与装订

任务一　会计凭证的整理与装订

一、会计凭证的整理

会计凭证是记录经济业务、明确经济责任、按一定格式编制的据以登记会计账簿的书面证明。

会计凭证一般每月装订一次。装订好的凭证一般是按年分月妥善保管归档。会计凭证装订前的整理工作具体包括以下几方面。

（1）原始凭证的定期整理包括对原始凭证进行排序、粘贴和折叠。具体做法包括以下几点：

① 如果原始凭证纸张面积大于记账凭证，可按记账凭证的面积尺寸，先自右向左，再自下而上两次折叠。注意应把凭证的左上角或左侧让出来，以便装订后，还可以展开阅读。

② 对于纸张面积小无法进行装订的原始凭证，一般不能直接装订，可按一定的顺序和类别粘贴在"原始凭证粘贴单"上。粘贴时对小票进行排序，适当重叠，但要露出数字和编号，粘贴时以胶水为宜。

③ 对于纸张面积略小于记账凭证的原始凭证可用大头针或回形针直接别在记账凭证之后，装订时抽去大头针或回形针即可。

（2）将本月的各种记账凭证，连同所附属的原始凭证或原始凭证汇总表，进行分类整理并按顺序排列，检查记载的日期、编号是否齐全。

（3）按记账凭证汇总日期归集（如按上、中、下旬汇总归集）确定装订成册的本数。

（4）摘除凭证内的金属物（如订书钉、大头针、回形针）。对大的张页或附件要折叠成同记账凭证大小，且要避开装订线，以便翻阅，保持数字完整。

（5）整理检查记账凭证顺序号，如有颠倒要重新排列，发现缺号要查明原因。再检查附件有否漏缺，领料单、入库单、工资、奖金发放单是否随附齐全。

（6）记账凭证上有关人员（如财务主管、复核、记账、制单等）的印章是否齐全。

（7）定期（每天或每旬或每月）装订成册，加具封面、封底等。

① 对于某些性质相同的，且数量很多的，或随时需要查阅的原始凭证，如收料单、发料单可以单独装订保管，在封面上既要注明记账凭证的日期、编号及种类，同时还要在记账凭证上注明"附件另订"和原始凭证的名称和编号。

② 对于各种经济合同，存出保证金收据、契约、提货单及重要的涉外文件等凭证，另编目录，单独登记保存，并在有关记账凭证和原始凭证上面相互注明日期和编号。

二、会计凭证的装订

会计凭证的装订是指把定期整理完毕的会计凭证按照编号顺序,外加封面、封底,装订成册,并在装订线上加贴封签。

装订前,准备好电钻或装订机,还有线绳、剪刀、铁夹、胶水、凭证封皮、包角纸。

(一) 装订要求

(1) 整齐、美观、牢固。凭证厚度一般为 1.5 厘米,最多不超过 3 厘米,如果本月凭证过多,可装订为多本;

(2) 银行对账单、银行存款余额调节表不是原始凭证,但却是重要的会计资料,要单独装订保存;

(3) 凭证中不能有大头针、回形针、订书钉等金属物;

(4) 凭证外面要加封面,封面纸用尚好的牛皮纸印制,封面规格略大于所附记账凭证;

(5) 装订凭证应使用棉线,结扣应是活的,线绳结要打在凭证背面,并放在凭证包角的里面,装订时尽可能缩小所占部位,使记账凭证及其附件保持尽可能大的显露面,以便于事后查阅;线绳结要打在凭证背面。

(二) 装订方法

会计将记账凭证整理完成后,就可以开始装订了,会计凭证一般每月装订一次。记账凭证的装订方法有多种,通常有"角订法"和"侧订法"等。

(1) "侧订法"就是左侧打孔装订,东北多用此法。如图 11-1(a)~(c)所示距左边沿 1.5 厘米处均匀打 2 个孔或 3 个孔,穿好线绳,在背面打结系紧后,剪掉多余绳头,用胶水粘好封皮。

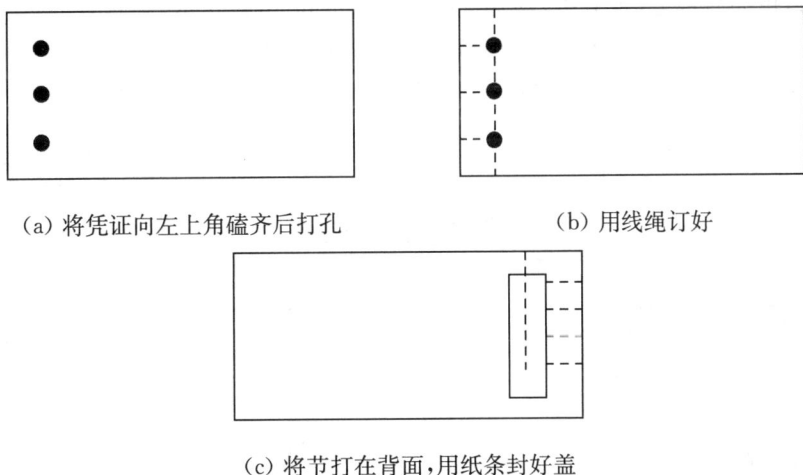

(a) 将凭证向左上角磕齐后打孔　　　　　　(b) 用线绳订好

(c) 将节打在背面,用纸条封好盖

图 11-1　"侧订法"的装订步骤

(2) "角订法"就是左上角打孔装订,南方多用此法。分别距左边沿、上边沿 1.5 厘米各打 1 孔,然后按图 11-2 所示穿线装订。

打眼、穿线位置

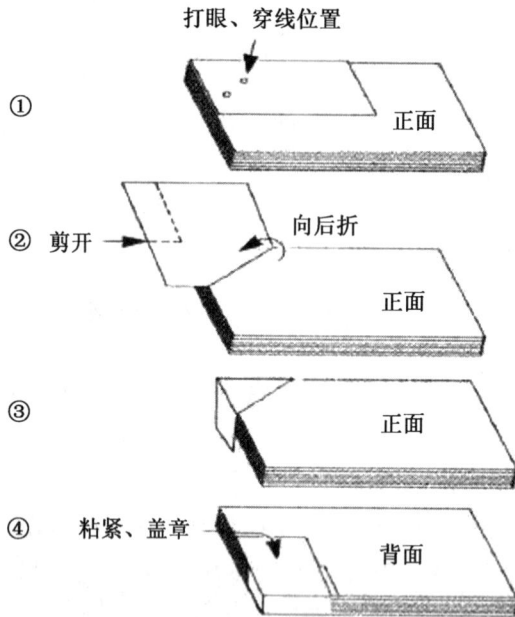

① 正面

② 剪开 → 向后折

正面

③ 正面

④ 粘紧、盖章 背面

图 11 - 2 "角订法"的装订步骤

（三）装订后的注意事项

（1）每本封面上填写好单位名称、年度、月份、记账凭证种类、起迄日期、起迄号数，以及记账凭证和原始凭证的张数、会计主管人员和装订人员签章，并在封签处加盖会计主管的骑缝图章，以明确责任。

（2）把装订好的凭证进行包角，可以采用把封面纸裁出两条，一条横向放在前面，一条竖向放在后面，用打孔机在凭证册的左上方斜着打两个眼，用线穿上，系牢，把横向条纸按装订斜着折角，再向后包上（包上角），粘牢；把竖向纸条同样，包左角，然后压出一个立面，写上凭证年月日和凭证号区间。也可以去文具店买专门的包角的纸，填写完整相关内容。

（3）在封面上编好卷号，按编号顺序入柜，并要在显露处标明凭证种类编号，以便于调阅（见图 11 - 3）。

测书号	本月共 册
	本月第 册

会计凭证封面

自 年 月 日起至 月 日止

记账凭证种类	凭单起迄号数			附原始凭证张数	
收款凭证	共	张自第	号至第 号	共	张
付款凭证	共	张自第	号至第 号	共	张
转账凭证	共	张自第	号至第 号	共	张
记账凭证	共	张自第	号至第 号	共	张
备 注					

亚兴纸品193-15

20 年 月 日装订

会计主管人员 复核 装订员

图 11 - 3 会计凭证封面

最后,装订好的凭证如图 11 - 4 所示。

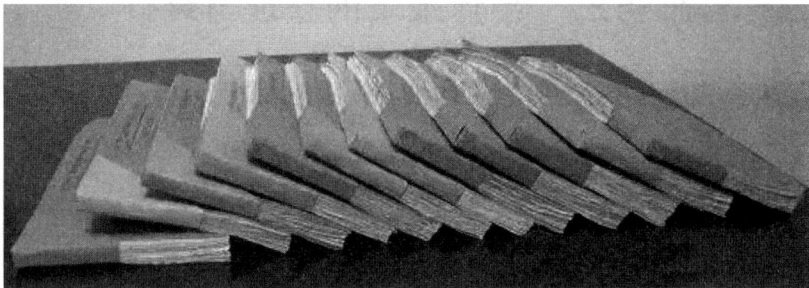

图 11 - 4　装订好的记账凭证

任务二　会计账簿的整理与装订

期末,会计人员还应当将会计账簿装订成册。传统的手工做账,账簿分为订本式和活页式。总账和日记账采用的是订本式,因此期末不需要重新装订;明细账一般采用活页式,在期末需要装订成册。实现会计电算化的单位,期末也要打印出所有账页,然后再装订成册。

一、会计账簿的整理

会计账簿在装订前应从以下几个方面进行整理:

(1) 按资产类、负债类、所有者权益类、成本类、损益类账户的顺序进行整理。

(2) 按整理的顺序逐张编号,不得有折角、缺角,错页、掉页、加空白纸的现象。

(3) 填制账簿启用表及账户目录表。账簿扉页应附启用页,因此在装订账簿时应附上账簿启用表。此外,为了方便查阅账簿,还要附上目录表。实务中,一般将这两张表合二为一,正面为启用表,背面为目录表。附好后,即可填写启用表和目录表。

二、会计账簿的装订

整理完账簿后,就可以将账簿装订成册了。

(1) 按会计账簿封面、账簿启用表、账户目录、该账簿按页数顺序排列的账页、会计账簿装订封底的顺序从上到下排列并对齐装订。

(2) 打孔处用账页钉将账簿固定。

(3) 如果账簿封面没有写账簿名称,还要在封面填上账簿名称。编好卷号,会计主管人员和装订人(经办人)签章。

(4) 账簿装订后的其他要求。

第一,会计账簿的封口要严密,封口处要加盖有关印章。

第二,封面应齐全、平整,并注明所属年度及账簿名称、编号,编号为一年一编,编号顺序为总账、库存现金日记账、银行存款日记账、各分户明细账。

第三,会计账簿按保管期限分别编制卷号,如库存现金日记账全年按顺序编制卷号;总账、各类明细账、辅助账全年按顺序编制卷号。

任务三 会计报表的整理与装订

会计报表编制完成及时报送后,留存的报表按月装订成册并谨防丢失。小企业可按季装订成册。

一、报表的整理

(1) 整理的报表主要包括资产负债表、利润表、现金流量表,整理前摘除报表上的订书钉、回形针,并按 A4 纸尺寸对报表封面进行裁剪。

(2) 整理时,应将报表的上边、左边分别对其压平,以防止折角,如有损坏部位要先进行修补。

二、报表的装订

整理完成后,就可以将报表装订成册了。报表装订的具体方法是:

(1) 会计报表装订顺序为:会计报表封面、会计报表编制说明、各种会计报表按会计报表的编号顺序排列、会计报表的封底;将会计报表封面、整理后的会计报表、会计报表封底从上到下排列并对齐,然后直接装订成册。

(2) 报表封面内容主要包括企业名称、报表所属期、企业负责人、财务负责人、制表人、编报日期等。

(3) 按保管期限编制卷号。

学习情境三 会计工作交接

会计工作交接是指会计人员工作调动或者因故离职时,与接替人员办理交接手续的一种工作程序。

会计人员工作交接是会计工作中的一项重要内容。做好会计交接工作,可以使会计工作前后衔接,保证会计工作连续进行;做好会计交接工作,可以防止因会计人员的更换出现账目不清、财务混乱等现象;做好会计交接工作,也是分清移交人员和接管人员责任的有效措施。

《会计法》第四十一条规定:"会计人员调动工作或者离职,必须与接管人员办清交接手续。一般会计人员办理交接手续,由会计机构负责人(会计主管人员)监交;会计机构负责人(会计主管人员)办理交接手续,由单位负责人监交,必要时主管单位可以派人会同监交。"这是对会计人员工作交接问题做出的法律规定。

一、会计工作交接的适用范围

(1) 临时离职或因病不能工作、需要接替或代理的,会计机构负责人(会计主管人员)或单位负责人必须指定专人接替或者代理,并办理会计工作交接手续。

(2)临时离职或因病不能工作的会计人员恢复工作时,应当与接替或代理人员办理交接手续。

(3)移交人员因病或其他特殊原因不能亲自办理移交手续的,经单位负责人批准,可由移交人委托他人代办交接,但委托人应当对所移交的会计凭证、会计账簿、财务会计报告和其他有关资料的真实性、完整性承担法律责任。

二、会计工作交接的交接内容

(一)物品交接

凭证、账簿、报表及附注、文件、工具、印章和其他资料(如会议记录簿、发票登记簿、工资表、文书档案等),会计软件、数据磁盘及相关电子资料等。

(二)工作流程

工作流程具体企业具体分析,会计需要在交接时将企业的性质、业务交代清楚。并能给出每月的期末结账操作指南、每月的主要工作事项、信息系统使用指南、日常业务处理流程等。

(三)事项交接

跟交接人再三确认好企业正在进行的一些业务处理的关键点,近期的重大财务事项等;也要告知交接人近期需解决的一些重要事项。

会计人员工作调动或者因故离职,必须将本人所经管的会计工作全部移交给接替人员。没有办清交接手续的,不得调动或者离职。这是《会计法》与《会计基础工作规范》对会计人员交接工作做出的明确规定。

三、会计工作交接的程序

(一)交接前的准备工作

(1)因为会计人员涉及的工作内容重要且广泛,务必提前向企业提出会计交接申请。内容大致包括申请人姓名、交接原由、交接时间、交接的具体安排、有无重大报告事项等。

(2)已经受理的经济业务尚未填制会计凭证的应当填制完毕。

(3)尚未登记的账目应当登记完毕,结出余额,并在最后一笔余额后加盖经办人印章。

(4)整理好应该移交的各项资料,对未了事项和遗留问题要写出书面说明材料。

(5)编制移交清册,列明应该移交的会计凭证、会计账簿、财务会计报告、公章、现金、有价证券、支票簿、发票、文件、其他会计资料和物品等内容;实行会计电算化的单位,从事该项工作的移交人员应在移交清册上列明会计软件及密码、数据盘、磁带等内容。

(6)会计机构负责人(会计主管人员)移交时,应将财务会计工作、重大财务收支问题和会计人员等情况等向接替人员介绍清楚。

(二)按照移交清册逐项移交

接管人员应认真按照移交清册逐项点收。具体要求是:

（1）对于现金,要根据会计账簿记录余额进行当面点交,不得短缺,接替人员发现不一致或"白条抵库"现象时,移交人员在规定期限内负责查清处理。

（2）有价证券的数量要与会计账簿记录一致,有价证券面额与发行价不一致时,按照会计账簿余额交接。

（3）所有会计资料必须完整无缺。如有短缺,必须查明原因,并在移交清册中加以说明,由移交人负责。

（4）银行存款账户余额要与银行对账单核对相符,如有未达账项,应编制银行存款余额调节表调节相符;各种财产物资和债权债务的明细账户余额,要与总账有关账户的余额核对相符;对重要实物要实地盘点;对余额较大的往来账户要与往来单位、个人核对。

（5）公章、收据、空白支票、发票、科目印章以及其他物品等必须交接清楚。

（6）实行会计电算化的单位,交接双方应在电子计算机上对有关数据进行实际操作,确认有关数字正确无误后,方可交接。

（三）专人负责监交

对监交的具体要求是:

（1）一般会计人员办理交接手续,由会计机构负责人(会计主管人员)监交。

（2）会计机构负责人(会计主管人员)办理交接手续,由单位负责人监交,必要时主管单位可以派人会同监交。

主管部门派人会同监交的情况:

① 所属单位负责人不能监交。如因单位撤并而办理交接手续等。

② 所属单位负责人不能尽快监交。如主管单位责成所属单位撤换不合格的会计机构负责人(会计主管人员),所属单位负责人却以种种借口拖延不办理交接手续时,主管单位就应派人督促会同监交等。

③ 不宜由所属单位负责人单独监交,而需要主管单位会同监交。如所属单位负责人与办理交接手续的会计机构负责人(会计主管人员)有矛盾,交接时需要主管单位派人会同监交,以防可能发生单位负责人借机刁难等。

④ 主管单位认为交接中存在某种问题需要派人监交时,也可派人会同监交。

（四）交接后的有关事项

（1）会计工作交接完毕后,交接双方和监交人在移交清册上签名或盖章,并应在移交清册上注明单位名称,交接日期,交接双方和监交人的职务、姓名,移交清册页数以及需要说明的问题和意见等。

（2）接管人员应继续使用移交前的账簿,不得擅自另立账簿,以保证会计记录前后衔接,内容完整。

（3）移交清册一般应填制一式三份,交接双方各执一份,存档一份。

（五）交接后的责任界定

交接工作完成后,移交人员所移交的会计凭证、会计账簿、财务会计报告和其他会计资料是在其经办会计工作期间内发生的,应当对这些会计资料的真实性、完整性负责,即便接替人员在交接时因疏忽没有发现所接会计资料在真实性、完整性方面的问题,如事后发现仍应由原移交人员负责,原移交人员不应以会计资料已移交而推脱责任。

复习思考题

1. 会计档案的概念、内容分别是什么?
2. 会计档案的保管期限一般包括哪些? 哪些是永久保管,哪些是保管 10 年,哪些是保管 30 年?
3. 会计档案的查阅、复制与销毁分别有什么注意事项?
4. 什么是会计交接? 有哪些要求?
5. 会计工作交接的程序是什么?

技能实训

根据项目十的实训资料,练习装订会计档案。

习题集

参考文献

［1］中华人民共和国会计法(2017年).

［2］中华人民共和国公司法(2018年).

［3］企业会计准则(2006年,2014年修订).

［4］会计基础工作规范(1996年).

［5］增值税会计处理规定(2018年).

［6］会计档案管理办法(2016年).

［7］财政部会计资格评价中心.初级会计实务［M］.北京:中国财政经济出版社,2019.

［8］江苏省会计从业资格考试研究编审组.会计基础［M］.北京:经济科学出版社,2016.

［9］郑在柏.基础会计［M］.苏州:苏州大学出版社,2017.

［10］李占国.基础会计学［M］.3版.北京:高等教育出版社,2017.

［11］魏芳,刘勇强.基础会计学［M］.3版.北京:高等教育出版社,2018.

［12］陈东升.会计基础［M］.上海:立信会计出版社,2016.